ドクター・ハック

Friedrich Wilhelm Hack

日本の運命を二度にぎった男

中田整一

Seiichi Nakata

平凡社

ドクター・ハック◉目次

装幀　間村俊一
カバー写真　ベルリン時代のドクター・ハック

序章

神戸港に降り立った密使

アーノルド・ファンク監督によって日独合作映画の主演に抜擢された新人女優・原節子（協力・川喜多記念映画文化財団）

日独合作映画、陰の立案者

ふりかえってみると、それはこの国が運命の岐路にたった年のことであった。

この年は二月に入ると、日本列島には異常な寒波がおそった。とりわけ帝都東京は、四十九年ぶりの記録的な大雪に見舞われた年として記憶に刻まれている。

一九三六年（昭和十一年）二月八日、日本郵船の貨客船諏訪丸は、長い航海を終えようとしていた。

その日、神戸港には氷雨が降っていた。市街の背に連なる六甲の山並みは雪模様である。山肌に淡く雪化粧を重ねつつあった。

前進と減速、後進を繰り返すエンジン音の響きが、ひときわ高く港にこだました。船は舳先をめぐらすと、ゆっくりと予定の午前十時きっかりに岸壁に横づけになった。

一月二日にフランスのマルセイユを出港して以来、地中海からスエズ運河、インド洋を経ておよそ四十日におよぶ長旅を終えたのだ。

あいにくの天候にもかかわらず、神戸港の埠頭は歓迎の人波であふれていた。タラップを降り立つドイツ人の一行を出迎えた日独合作映画の関係者とファンたちである。

航海の途中で、諏訪丸のデッキで撮影された一枚の記念写真が残されている。

諏訪丸の船上にて、日独合作映画の撮影隊一行。後列右がドクター・ハック。１人おいてアーノルド・ファンク監督。２人おいてエリザベート夫人

ドイツの山岳映画の巨匠として世界的に知られたアーノルド・ファンク監督（当時、四十五歳）とエリザベート夫人、女優のルート・エヴェラー、助監督のカール・ブーフホルツとヘルバート・チャーデンフ、撮影助手のワルター・リムル、編集技師のアリス・ルートウッヒ女史、監督秘書のミンナ・リュック、新聞記者のベーツなど総勢九名のドイツ映画撮影隊の一行だ。それに世話人の東和商事ドイツ駐在員の林文三郎であった。

ファンク監督は、一九二八年、冬季オリンピックの記録映画『銀界征服』が日本で上映されて以来、山岳やスキー映画の第一人者としてわが国でも知られていた。この時、ファンク夫人は、生後十カ月の一人息子ハンスも伴っていた。

そしてもう一人、撮影隊の一行に混じって英国紳士風の男が控えめに写っている。写真の後列右端に、ソフト帽を目深にかぶり、眉目秀麗、長身で整った身だしなみである。みんなからドクター・ハックと呼ばれた人物である。ファンク監督とは大学時代の友人だった。

この時、四十七歳のハックは、ある重大な外交交渉に関わる密命を帯びていた。ナチス総統アドルフ・ヒトラーの側近、ヨアヒム・フォン・リッベントロップ（後の外相）とベルリンの日本陸軍駐在武官・大島浩との間に進んでいた話だった。

リッベントロップは、ナチス高官の中でも国民啓蒙宣伝大臣のヨーゼフ・ゲッベルスと並んでヒトラーに寵愛をうけた人物である。ナチス第三帝国の終焉まで総統に魅了され、忠誠を尽くしていた。結果としてユダヤ人の大虐殺にも手を染めた男となった。

ハックの来日の目的については、これから撮影を開始する映画のプロデューサーというふれ込み以外に、かれの真の狙いと素顔を知っていた者はだれもいなかった。

ハックは、日独接近の外交交渉の舞台裏を明かす、リッベントロップをはじめナチスの高官に宛てて書いた克明な報告書の手控えを今日に残している。ドイツ語でタイプされたこの極秘文書の文字からは、ハックの果たした役割の重要さが真に迫って伝わってくる。

その中に明らかにハック以外の人物が作成したと思われる奇妙な文書が数枚混じっていた。その一枚は、ハックの訪日の目的と日本での面会予定者をリストアップしたものだ。

ドクター・ハックは、一月二日マルセイユ発の客船「スワマル」で東京に向かった。東京到着は二月六日の予定である。かれの今度の旅行の目的は商用であり、日独映画の下打ち合わせ、日本政府要人との会談、飛行機本体および備品を含む機械、工具類の売り込み、そして日本陸海軍の要人との商談となっている。

諏訪丸の到着予定日は、実際より二日早くなっているが、ほぼ正確だ。ドクター・ハックの職業は、ドイツの軍用飛行機や船舶、それらの関連技術の輸入に携わる日本海軍および陸軍のエージェントだった。特に海軍とは密接なつながりをもっていた。

ここでは武器商人の表向きの顔だけにふれているが、秘密の任務を遂行する情報員としてのもう一つの顔は秘められている。

訪日の目的については、ハックの本来のビジネスに加えて「日独映画の下打ち合わせ」、さらに東京において実に多彩な日本の要路の人物たちとの面会が予定されている。だが、かれが大島武官から託された政治的な使命については、全く伏せられていた。

この時は、むしろそちらの使命のほうが差し迫った重要な課題だったのだ。

少し長くなるが原文のままに主だった面会相手を挙げてみる。

1. 陸軍関係
参謀本部参謀総長、参謀本部参謀次長、陸軍大臣

2. 海軍関係
ドクター・ハックは、海軍大臣および軍令部の要人に接待される模様。又、個人的にドクター・ハックは、海軍省の要職にある多くの人々と旧知の間柄である。

3. 外務省関係
ドクター・ハックは、外務省欧亜局長（註・東郷茂徳、のち外相。妻エディッドはドイツ人）とはたいへん親しい間柄である。又その他数多くの外務省関係者とも旧知の仲である。

4. 皇族関係
天皇の侍従武官二人、一人は陸軍出身もう一人は海軍出身、この二人はドクター・ハックの友人でもある。宮中における天皇主催のレセプションも予定されている。

5. 満州関係
大島少将は、特別にドクター・ハックを関東軍司令官に紹介してくれるはずだ。関東軍司令官は、満州国の大使も兼ねている。ドクター・ハックには溥儀皇帝との会見も予定されている。

6. 経済界の要人

ドクター・ハックは日本の経済界の指導的役割を果たしている三井、三菱、大倉、住友および銀行関係者と旧知の間柄である。その他鉄鋼連盟会長や航空機製造会社、エンジン・メーカーの社長クラスの日本人と知り合いである。

以上

この予定表は、ハック訪日の直前、一九三五年（昭和十年）十二月末に書かれたと思われる。だれが、何のためにこの文書を書いたのかは不明だが、もし内容が事実とすれば、ハックがこれまで日本でいかに幅広い人脈を作り上げていたかがわかる。このとき満州国皇帝溥儀への拝謁についてはは確かに実現されている。ハックは会見の様子を詳しく記録に残しているからだ。

以上の事柄から推察しても、かれの訪日がたんなる映画のプロデューサーとしてのビジネスだけではなかったことは明らかだった。

この男の来日は、やがてその後の日本にとって、二つの歴史的な物語が生まれる重要な意味をもっていたのである。

一つは偶然によって、もう一つは、いわば歴史の必然がもたらした結果だった。偶然とは、その頃、女優としてデビューしたばかりの十五歳の一人の少女に、出世作が生まれるきっかけとなった物語である。

彼女がスターダムにのし上がる眩《まばゆ》いばかりの華麗な映画人生の出発点となったのだ。

その女優の名を「原節子」という。

ハックは、この日独合作映画の制作の陰の立案者であり、事業の重要な推進役の一人であった。

そして必然とは、日本がナチス・ドイツに傾斜してゆく激動の時代への不幸の種を蒔く国際的な出来事にあった。

日独接近と往年の大女優原節子の誕生が複雑にからみあって歴史の歯車が回転していった二つの物語――。

この時点でハックも、自身の行動が、やがて極東の小さな島国を欧州の動乱の渦に巻きこんでいく、危うい世界史の転換点に立つことなどいかほどに洞察しえただろうか。折しも、ドイツ国民が待望久しい救世主としてヒトラーを熱狂的に受け入れていた時代である。

ドイツ国民が被ったベルサイユ条約の屈辱と経済的な窮乏から脱出をはかろうとする熱い思いが、ナチス・ヒトラーの政権を誕生させた。

一九三三年（昭和八年）一月三十日のことである。

だが、首相に就任したヒトラーは、三月には全権賦与法を成立させ最も民主的といわれたワイマール憲法を葬って国家を乗っ取り、七月には新党禁止令を公布してナチスの一党独裁を完成した。わずか半年余りの間に、謀略と煽動と暴力と宣伝の限りを尽くして独裁体制を築きあげたのだ。

さらに三五年九月には、ユダヤ人迫害のために、かれらから市民権をうばうニュルンベルク法を公布して、ドイツを途轍もない目標に向かってひきずり始めたのである。ハックがヒトラーの悪魔性に気づいて訣別するまでには、まだしばらくの時間が必要だった。

これはハックだけではなく、当時、歴史の荷車を押していたドイツ国民のほとんどが、「平和」を声高に叫びつづけるヒトラーの悪の本質を見破ることは困難だった。

その頃、日本へ向かったドクター・ハックを追いかけるように、ベルリンからある重大な極秘情報がもたらされた。ハックが、出発直前に市内バイエリッシュ・プラッツにある日本海軍武官事務所を挨拶に訪れて、かれの口から漏らした秘密である。

この時の一通の至急電によって東京の海軍省と外務省の中枢には激震が走っていた。

それは武官府の嘱託で事務官の酒井直衛という人物にハックがささやいた一言だった。二人は、ドイツで友好親善団体の「日独協会」を立ち上げた二十年来の盟友である。

酒井に耳打ちした情報も、そのタイミングはハックが書いたシナリオの筋書に沿ったものだった。

ハックは日本の運命を二度にぎった。

その後の日本の運命を左右する一連の動きについては、ハックが記録していた前述の報告書の手控えをもとに後に詳しく記そう。

日本に対する敬愛

この朝、神戸港にファンク監督を出迎えたのは、日独合作映画の共同制作者である東和商事の川喜多長政夫人のかしこや、京都で新興の映画スタジオ会社「J・O映画」を経営する大澤善夫などの顔ぶれだった。

日本とドイツによるわが国最初の国際共同制作となる国策映画の題名は、今日、日本版が『新しき土』、ドイツ版が『武士《サムライ》の娘』として知られている。

日本版の共同監督にはファンクが選んだ知性派の伊丹万作（三十六歳）が起用され、脚本はファンク監督自身が手がけてドイツ版の制作にあたった。

神戸での入国手続きを終えたドイツ人の一行は、午後二時十四分、三宮発の電車で京都へ向かった。今度で十回目の訪日となるハックを除いては、映画スタッフの全員が日本は初めての国だった。一行は、中京区河原町御池の京都ホテルに旅装を解いた。

京都ホテルは、一九二八年（昭和三年）に、それまでの木造モルタルの洋風建築からルネッサンス様式の七階建て、鉄筋コンクリート造りに建て替えた目抜き通りの瀟洒《しょうしゃ》な建物である。ホテルには、ほぼ同じ時期に、英国の文豪バーナード・ショーやホームラン王ベーブ・ルースが来たこと、そして確かにこの日、「アーノルド・ファンク博士一行」が宿泊したことが宿の記録に残されている。

ドイツ撮影隊の一行にとって、ホテルの窓から見はるかす雪景色の古都の眺望は、思わず息をのむほどに新鮮だった。

高瀬川と鴨川の水面には、流れる雲がそのかたちを映している。三条大橋の向こう岸には町屋の甍が幾重にも波打っていた。遠景には点々と散在する寺塔の屋根と雪を戴いた比叡山がある。この山に連なる東山三十六峰の風景は、水墨画の世界をかもして圧巻だった。ドイツ人の旅情を慰めるのに十分な古都の佇まいである。

ファンク監督にとって初めて見る京都の景観は、日本の伝統文化の心髄を強烈に印象づけた。かれの芸術的直観は映画の構想の中にも生かされることになった。

一行の中ではただ一人、ドクター・ハックにとって、京都は曾遊の地だった。

初来日となった二十五年前、若き日の二年間を東京で暮らした時も、京都へは四季折々、すっかり魅せられて何度も通っていた。

二十代のハックは、京都、時には奈良まで足を延ばし、京師の古美術に魅了されていった。仏像や寺院建築に刺戟されて歴史的な知識を深め、日本人の精神文化まで極めようとつとめた。そのために日本語の習得に全身全霊をささげる打ち込みようだった。

四方を山に囲まれた古都で聴く梵鐘ののどかな響きは、故郷のシュヴァルツバルト山地（黒い森）の森に囲まれたフライブルクの教会の鐘の音に通じる懐かしいものがあった。

ハックは、終生、日本と日本人へ敬愛の念をいだきつづけた男である。かれは信義や名誉を重んじる日本人の「武士道」の精神に心酔した。西洋の合理主義よりもむしろ義理や人情を重んじる日本人的なエトスをもった稀有なドイツ人だった。

京都ホテルで日本最初の一夜を明かした一行には、明くる九日、矢継ぎ早の多忙なスケジュールが用意されていた。

午前十時、車を連ねて映画撮影のスタジオに予定された太秦のＪ・Ｏ映画（一九三七年に合併後、東宝映画）のスタジオの下見に向かった。

Ｊ・Ｏ映画は、プリンストン大学を卒業し、アメリカで映画事情を研究した事業家の大澤善夫が、帰国後、一九三二年（昭和七年）に、太秦の蚕《かいこ》の社《やしろ》に建てた最新設備を誇るトーキー映画専門の貸しスタジオである。トーキー映画は、音声と映像がシンクロした当時の映画界に一大革命を起こした新しい技術だった。

一九二七年秋、ニューヨークのブロードウェイで封切られたワーナー・ブラザーズ制作、アル・ジョルスン主演の『ジャズ・シンガー』というトーキー映画が大ヒットした。経営危機にあった小さな映画会社のワーナー・ブラザーズも、この一本で莫大な興行収入をあげて立ち直ったのである。

以後、映画は、無声映画の時代からトーキーへと移っていった。

日本でも一九三一年、本格的なトーキー映画、五所平之助監督『マダムと女房』が登場するなど、映画の歴史の転換期を迎えていたのである。

新人女優・原節子

二〇一三年の秋、わたしは、当時の様子を知る数少ない存命者で、ドイツ版『武士《サムライ》の娘』のフィルム編集者アリス・ルートウッヒの助手を務めた岸富美子（東京・清瀬市　九十四歳）に教わって、蚕の社のJ・Oスタジオの跡地を訪ねた。

現在、当時の映画関係者で長寿を保っているのは、岸と主役の原節子の二人だけであろう。

四条大宮の始発駅から昔ながらの京福電鉄の嵐山電車で、京都市街の裏町を抜けて洛西へカタコトと二十分ほど揺られると五つ目の停車駅が蚕ノ社だった。

「J・Oスタジオは、田んぼの中に木造で、会社の大きな看板を掲げて建っていました」と岸が語ってくれた七十八年前の土地の面影は、現在は全く失せている。

J・Oスタジオの二千坪の敷地と道路一つ隔てた社主の大澤善夫の別邸跡地は、現在、大日本印刷京都工場となっており、周囲には新築の住宅が密集していた。

当時の面影といえば、住宅地の奥に三本足の鳥居の神社として知られる蚕の社（木島神社）の境内の森が残されているだけだ。

ファンク監督が、J・O映画のスタジオを訪れたとき、スタジオセットの中ではちょうど、山中貞雄監督の『河内山宗俊』の撮影が佳境に入っていた。

舞台をのぞいたファンクは、俳優たちの演技に目をとめた。そのとき、一瞬、視線が釘付けになった一人の女優がいたのである。

主役の可憐な少女「お浪」を演じていた美少女だった。

職業的な直感が閃いたファンク監督は、同行した新聞記者に思わずこう漏らしている。

「新鮮で素晴らしい、私の映画にはこの人を使いたいものだ」（大阪毎日新聞・昭和十一年二月十一日）

これが前年、『ためらふ勿れ若人よ』で日活多摩川撮影所からデビューして八カ月、間もなく十六歳の誕生日を迎えようとする原節子だった。

『河内山宗俊』は、原の七本目の作品である。

その年九月から『武士の娘』のフィルム編集の助手に採用される岸富美子も、このとき撮影の現場をのぞいていた。

「原節子さんと私は、当時、同じ年齢の十五歳です。J・Oスタジオで原さんに出会ったとき、なんて美しい人だろうと、ほんとうに羨ましく思いましたよ」

しかし、この時点までは、主演女優としてファンク監督の念頭にあったのは、日本映画を代表する田中絹代だった。原を抜擢するにしても主役の起用にまでは思いを致していなかったに違い

ファンク夫人が所蔵していた田中絹代のサイン入りブロマイド

ない。

ずっと後の話になるが、わたしはドイツのフライブルクでファンク監督の夫人、エリザベートに会った。そのとき、彼女は、五十年間も大切に保存していた田中絹代のサイン入りのブロマイドとスナップ写真の二枚を取り出しながら、はっきりとこう言った。

「日本へ行く前は、ファンクは、田中絹代さんを主役に考えていました」

所蔵の一枚は、ファンクが田中絹代からもらった肖像写真。もう一枚はファンクと和服姿の田中が台本に見入る風景だった。

田中絹代の起用は、ベルリンで田中の主演映画を見て決めていたという。田中自身も、川喜多を通して声をかけられて大いに乗り気になっていたのである。

しかし、大阪毎日新聞の記者は、二月十一日の記事の結びでこう予言している。

「田中絹代とか大原雅子とかいろいろ噂されていたファンク映画の主演女優は、案外この日活の新進女優（原節子）に落着くかもしれない」

京都のJ・Oスタジオでのファンク監督と新人女優原節子との運命的な出会い——。二月九日は、やがて原節子が日本の映画史上に燦然と輝き、世界的な大女優への花道を踏み出す記念すべき一日となった。

原節子は『映画スター自叙伝集　このままの生き方で』（丸ノ内書房、一九四八年）の中で、こう振り返っている。二十八歳のときである。


この『河内山宗俊』の撮影中にファンクさんが見えられたわけです。そのとき、私の出番はさきにすんで、髪はそのままでしたがお化粧はおとしかかっていました。そこへ、「外国の偉い人がきたから、一緒に記念撮影をして下さい。」

と云われましたので、お化粧はおとしているし面倒くさいし、断ったのです。それでも、

「どうしても……。」

と云うので、渋々出てゆきました。その写真は今も持っていますが、「外国の偉い人」と云われただけで、映画監督とは知りません。ただ通り一ぺんの旅行者だと思っていたわけです。


京都でスタジオ視察を終えたファンク監督は、この夜、大阪の朝日会館で催された歓迎の講演会に臨んだ。ファンクは、大勢のファンを前にドイツと日本の精神的な絆を強める「国策映画」を作ることを暗にこう匂わせた。

「日本の心を撮影してドイツのみならず広く世界に紹介したいと思います！」

東京駅で歓迎される撮影隊

日本人の勇ましく潔い大和魂と哲学者フィヒテの思想に支えられたドイツ国民との親和性を熱く語ったのである。

明くる十日、一行は京都から特急富士号で東へ向かった。車窓の風景でファンク監督が驚嘆したのは、富士山の迫力だった。

「スイスの山々と同じ観念を持っていたことを今更ながら恥じ入ったのは、この聖山の持つ迫力です」（東京朝日新聞・昭和十一年二月十一日）

十七年間、山の写真を撮り続けてきた山岳監督として、左右に雄大な裾野をひく富士山の「威容」に感嘆の声をあげた。

さらにファンクの心を惹いたのは、道中の田園風景と東海道の松並木の美しさだった。欧州にはない日本画の世界である。

ファンク監督は、富士山の見える田園風景を映画の中で必ず撮ろうと決めた。これは『武士の娘』の冒頭シーンで鮮やかに生かされている。

やがて富士号は午後三時二十五分に東京駅に

到着した。

ここでもホームを埋め尽くしたファンの間に万歳の嵐が巻き起こった。待ち構えたカメラのフラッシュの雨の中を、ファンク監督たちは、出迎えた外務省やドイツ大使館の外交官たちと固い握手を交わした。

そして一行は、麴町区平河町の東京万平ホテルに入った。

翌朝の新聞は「山岳映画王入京」と東京駅頭のファンクを写真入りで一面に大きく報道した。ドイツ撮影隊の来日は、一九三六年の初頭を飾るこの国のビッグニュースとなったのである。

翌日からしばらくは、関係者への挨拶、講演会、相次ぐ歓迎行事と、ドイツの撮影隊は連日、目のまわるようなスケジュールに追われた。

それは日独初の合作映画『新しき土』への日本側の期待を物語るものだった。

ヒトラーと日本を結びつけた「十字架」

ドクター・ハックについても、新聞各紙の紙面にその名前と肩書がしばしば登場する。しかし、「指揮者ハック氏」、あるいは「ファンクの親友」というもので、かれの来日の真の目的に気づいた記事は全くなかった。

新聞記者たちの目もまんまとくらまし、ハックのカムフラージュは、完全に成功したかに見えた。ところが、二月十日、ハックを日比谷の帝国ホテルに呼び出して密かに面会した人物がいた。

新任のベルリン駐在海軍武官として間もなくドイツに赴任する海軍省・小島秀雄中佐である。小島には、前任の海軍武官横井忠雄中佐から一月下旬、一通の電報が届いていた。

「ハックは私に何の挨拶もなく日本へ出発した。かれは大島武官から何らかの指示を受けているに違いない」

横井武官は、部下である酒井直衛からの一報を受けてただちに手を打ったのである。小島中佐にハックの東京到着を待ち受けて、急ぎ、会うことを打電していた。

ハックと小島は、一九二三年（大正十二年）から二年間、小島がドイツに駐在した時以来の旧知の間柄だった。

「私はハックに会うなり、率直に使命をたずねた。君はファンクの映画で日本へ来たというが、本当の目的はいったい何だね。正直に話して欲しい」

東京外国語大学で海軍の委託学生としてドイツ語を学んだことがある小島は語学も堪能だった。

小島の問いかけにハックは、

「大島武官から、日本の指導階級が、日独間の緊密な友好関係を協定化することについて、日本側がどのような反応をしめすか見てきてくれという依頼を受けてきた」

自分が帯びて来た密命について包み隠さず誠実に答えた。海軍が、日独接近にどう反応するか、ハックの最も知りたいところでもあったからである。

この時、海軍中央は、日本とドイツとの間の「友好関係の協定化」の意味するものがナチスとの軍事協定にまで発展することを真剣に危惧していたのである。小島は、ハックから日独接近の具体的な情報をつかむと、ただちに大角岑生《おおすみみねお》海軍大臣に報告した。

さらに数日後、たまたま賜暇帰省中の駐独大使の武者小路《むしやのこうじ》公共《きんとも》のもとにも駆けつけて一部始終を伝えたのである。

ベルリンにおける陸軍の動きをつかんではいなかった武者小路は、小島の報告に大きな衝撃を受けた。

駐独大使としての面目は丸つぶれだった。

ベルリンで陸軍の大島武官によって極秘裏に進められていた共産主義ソビエトに対抗する共同防衛をうたったナチス・ドイツとの「日独防共協定」――。外務省と海軍が、ドイツとの政治的結びつきをめざす協定の概要を知ったのは、ハックの訪日と時期を同じくしていたのである。実は、ハック訪日の日程も大島武官の要望をいれて組んだものだった。

ドクター・ハックは、日本がナチス・ドイツと接近したとき、最初の扉を開いた人物であり、内幕に深く関わった日独交渉の立役者だったのである。

ヒトラーと日本を結びつけた重い「十字架」を背負って生きた男だった。

そして、この時すでに、ハックには、東京で虎視眈々と国際諜報機関の大物スパイの目が鋭く注がれていたのだが、かれは知る由もなかった。

さらに重大なことに、この間、帝都の一隅では、やがてドイツ撮影隊の一行も巻き込む日本を震撼させる大事件が密かに準備されつつあったのである。

第一章

フライブルク

若き日のドクター・ハック

埋もれていた「覚書」

一九八五年（昭和六十年）の六月下旬、当時まだ西ドイツとよばれていた頃の第三の都市、ミュンヘン市内ベルグラード通りのマンションに、ハックの甥のレイナルド・ハック（当時六十七歳）を訪ねた。この国には梅雨はなく、すでに夏だった。

自宅は電車通りに面した賑やかな市街の一角にあった。玄関の扉に「Hack」と掲げられた表札を見たとき、ドクター・ハックが一瞬、身近に感じられた。

レイナルドは、近くのエリザベート通りで眼科のクリニックを開業する医師である。かれは、ドクター・ハックの兄、ドイツ海軍の潜水艦艦長で後にジャーナリストとなったウィルヘルムの長男だった。フライブルク大学の医学部教授だった祖父、ハインリッヒ・ハックの血筋は、孫のレイナルドに受け継がれていた。叔父のドクター・ハックは、生涯を独身で通したために、遺産は甥のレイナルドが相続していた。

通された応接間には、ドクター・ハックの美術への関心を物語る遺品の数々が飾られていた。歌麿や北斎とおもわれる浮世絵、古伊万里の深鉢や大壺、釣灯籠、蒔絵の工芸品、それに唐三彩の陶器など値打ちのありそうな日本と中国の古美術品だ。

ふと壁に視線をそそぐと、満州国の皇帝溥儀の肖像写真が無造作に掛けてあった。写真には、年号と溥儀直筆とおぼしきサインも認めてあった。しかし、わたしはなぜハックが、溥儀のサイン入りの写真をもっていたのか、一瞥したまま気にとめることもなかった。

日本人に初めて会うというレイナルド医師は、ヨットが趣味で、地中海での早めのバカンスを切り上げて帰ってきたという。

かれは真っ黒に日焼けした顔をほころばせながら、話の口火をきった。

「叔父のフリードリッヒは、生涯のほとんどを日本のために捧げたといっていいでしょう。日本が好きで好きでたまりませんでした」

四十年ほど昔のことであっても、よほど鮮烈だったのだろう、叔父の日本への熱い思いを繰り返し強調した。

「私たち家族にとっては、フリードリッヒ叔父は、まるでコメット（彗星）からやってきた人のようでした。突然、何カ月もどこかに消えてしまって、音沙汰がなくなる日がつづくかと思うと、ある日、前触れもなく戻ってきて、兄弟、つまり私の両親のところへひょっこり顔をだすのです」

　生涯を流浪の旅人としてすごしたドクター・ハックにとって、海軍軍人であった兄の家族が、最も家庭のぬくもりが感じられる憩いの場だったのだろう。レイナルドは、インターンの医師だった頃に、叔父の病床に付き添った。そしてドクター・ハックが波乱に満ちた人生の体験を語るのを

ハックの甥のレイナルド医師

聞いていた。

「私自身、叔父が亡くなる前の半年間スイスに住みました。そして最期を看取りました。生前、叔父に回顧録をぜひ書くように勧めたのですが、叔父は関係者がまだ生存しているから、書かないのだと言っていました。ところが、私は叔父の死後、遺品を整理していて、その中に遺稿を発見したのです」

ハックは、スパイとしての覆面を被ったまま、第二次世界大戦が終わって間もない一九四九年、亡命先のスイスのチューリッヒで客死していた。かれは、人生の痕跡すら残すことを望んでいなかった。関わった相手の秘密を固く守り通して信義を貫く生涯を遂げていたのである。

最期に臨んで甥のレイナルドには短い遺言を残していた。

「墓もいらぬ、名もいらぬ、流浪の旅人としてこのまま静かに眠らせてほしい」

この日、レイナルド医師は、事前に準備していた書類の束と十数枚ばかりの在りし日のハックの写真を奥の部屋から運び出して机の上においた。複写して今もわたしの手もとにおいているハックの手書きの文字からは、時代の緊張が伝わってくるようだ。レイナルド医師が保存していたドクター・ハックの遺稿は、一九三〇年代半ばの日独接近の真相に迫る秘録だった。

後日に書いたと思われる回想録も混じっていたが、仕事上の必要に迫られて書いた日々の覚書がほとんどだった。リッベントロップなどナチス高官に宛てた報告書、日記風の回想、ベルリンの日本海軍武官事務所宛ての秘密情報の報告書など、ドイツ語のタイプや走り書きによるメモ類である。ハックの覚書は日独防共協定の締結交渉の詳細なプロセスが俯瞰できる記録だった。

そのうえ、第二次世界大戦中の、スイスからベルリンの日本海軍武官事務所に送った欧州の戦況やヒトラーの恐怖政治がドイツ国民を窮地に追い込んでいく有様など、およそ十年間のスリルに富んだ小説を地で行くような話題が満載されていたのである。

日独接近の舞台裏で、終始、日本側に立っていたいわば二重スパイのドクター・ハックの秘録が、目の前で明らかにされることになった。

ハックとゲヴェールニッツ父子

はるか欧州に目を向けると、ドイツ・アルプスの近くに、日本の運命に関わり歴史の舞台となった美しい町がある。

フランスとスイスとの国境に接する山紫水明の古都、フライブルク――。

旧市街の中央にはフライブルク大聖堂の尖塔が高く聳え、「ベッヒレ」とよばれる水路には、シュヴァルツバルト山地からの清流が豊かにほとばしっている。フライブルクは、古くから南ドイツの要害にある交易の町として栄えてきた。

「自由《フライ》の砦《ブルク》」の名が、そのまま町名となり今日に至っている。

一四五七年創立のフライブルク大学など大学や研究機関が数多く存在する、人口二万五千人の学術都市、環境都市である。

一九三五年（昭和十年）に始まった日本とドイツとの奇妙な結びつきの源流は、このアルプスの麓の町にあった。

日独合作映画『武士《サムライ》の娘』（日本版『新しき土』）も、日独防共協定の秘密交渉も、共にフライブルクとの縁で始まったのである。そしてこの二つの出来事において重要な役割を担ったのが、フライブルクで生まれ育ったドクター・ハックだった。

一九二七年、フライブルク・イム・ブライスガウの戸籍吏の発行印がある出生証明書が残っている。通称ドクター・ハックことフリードリッヒ・ハックは、一八八七年十月にこの地で生まれた。

父のハインリッヒ・ハックはフライブルク大学医学部教授で医学博士、母のヘンリエッタは児童文学者だった。教育環境に恵まれたハックは、この両親の三人兄弟の末っ子として育てられた。家族の宗教はプロテスタントだった。

一八九七年九月に地元のギムナジウム（九年制教育機関、中・高の一貫校）に入学した。

一九〇六年七月に、ここを卒業したときの第九学年の成績は、学校における道徳的態度「良」、勤勉さ「良」、必須科目のドイツ語、ギリシャ語、フランス語が「優」、ラテン語、数学、歴史、物理、哲学入門、体育は「良」。選択科目の英語が「良」と、記録が残っている。

語学系に高い評価が与えられて、ドイツ語、フランス語、英語、さらに日本語まで操ったハックのその後の片鱗がのぞいている。

ハックの大学資格試験成績証明書には、校長からのメッセージが添えられている。

この成績証明書は、同君が国家経済の勉学に専念したいと考えている大学入学資格証明と同一のものとし、総合評価は、優とする。同君の将来を祈り、ここに卒業を認める。

一九〇六年七月十日

試験委員会代表　グロースヘルツォークリッヒェス・ギムナジウム校長

ハックは、優秀な成績でギムナジウムを卒業して、同じ年に大学入学資格試験のアビトゥアに合格した。そして志望の国家経済学をスイスのジュネーブ、ドイツのミュンヘン、ベルリンの各大学で学んだ。やがて故郷のフライブルクに戻り、一九一〇年、フライブルク大学経済学部で経済学の博士号を取得した。博士論文のテーマは、中国の通貨と銀行制度についてだった。

フライブルク大学でハックに経済学を教えたのがゲヴェールニッツ教授である。博士論文もゲヴェールニッツの指導を受けた。

当時、ゲヴェールニッツ教授は、ドイツ連邦議会のフライブルク選挙区の自由党議員であった。さらにドイツ自由主義者、一流の経済学者として国の内外で名声を博していた。

かれは後に、ワイマール憲法の起草にも関わった。世界平和の達成のためにはアメリカやイギリスとドイツの接近をはかることが大切だと信じ、その実現のために一身をささげた人物だった。その著書『イギリス帝国主義と自由貿易』は、米国や英国、そして日本でも翻訳されて、日本人の知己も多い学者だった。このことがのちに、ハックと日本との繋がりの遠因となる。ちなみにゲヴェールニッツ家は、リヒテンシュタインの王族の縁戚だったといわれる。

教授に傾倒したハックは、学生時代に自宅への訪問も許された。論文の指導を受けるようになってからは、さらに姿を見かけることも多くなった。

二十代半ばのハックは、見栄えがよく、長身で筋骨たくましい、テニスの名手だった。甘いマスクの風貌は、ドイツ人というよりしばしばイギリス人に間違えられるほどだった。

ゲヴェールニッツ教授の家庭では、息子のゲーロー少年が、ハックによくなついて親しくなった。ゲーローは、人の気をまぎらすことがうまく、誰とでも友達になれた。ハックにテニスの手ほどきを受けるのが楽しみだった。

ハックの訪問の日は、ゲヴェールニッツ家あげての歓迎ぶりで、教授の論文指導が終わった夜は、ハックを囲み家族そろっての晩餐となることも珍しくはなかった。

後年、第二次世界大戦中のまさに奇跡的な、ハックとゲーロー・フォン・ゲヴェールニッツとのスイスにおける偶然の再会が、日本の運命に大きく関わってくるのだが、これは後の話である。ゲーローは、長じて反ナチスの抵抗運動の闘士となっていた。

欧州における米国の諜報機関、戦略情報局（OSS、Office of Strategic Service。CIAの前身）の対ドイツ部門長であるアレン・ダレス（戦後は米国CIA長官、国務長官のフォスター・ダレスの実弟）の片腕となっていたのである。

敵国ドイツの情報を収集するOSSのスイスの本拠地は、首都ベルンにおかれていた。

フリードリッヒ・ハックは、博士号を授与されたことで、権威を重んじるドイツでは社会的信用が高まった。

かれがドクター・ハックとよばれたのは、経済学博士の称号を持ったことから来ているのである。

この頃、フライブルク大学に、地質学を専攻し博士号を取得したハックの友人がいた。かれよりも二歳年下だったが、テニスを通じて親しくなった。一八八九年、ドイツ西南部のプファルツ地方フランケンタールの生まれ、卒業後は畑違いの映画界に入って成功したアーノルド・ファンクである。

ファンクが、映像表現の手法にして成功した山岳映画のジャンルも、地質学の研究にアルプスを渉猟し、山登りに夢中の青春時代を送ったことから生まれたものだった。のちに、二十数年の歳月を経て、ハックが『武士《サムライ》の娘』の監督にファンクを推薦したのは、異業種の世界で成功していた大学時代の交友関係から生まれたものだった。

春秋の筆法をもってすれば、フライブルクは日本映画の歴史ともまんざら無縁ではない。ファンク監督の『武士の娘』の主演に原節子を起用したのもさることながら、かれは、当時垂涎の的だった初めてのツァイスのズームレンズを日本に持ち込んでドイツの撮影技法を伝えることに貢献したからだ。

ハックは、フライブルク大学卒業後、一九一一年春から一二年の夏にかけてハンブルク大学の植民地研究所で研究に従事し大学で経済学の講師を務めている。

こうやって若き日のハックの進路を辿ってみると、かれは医学博士の父親のように大学か研究機関で学者の道を歩むにふさわしい人生を歩いていた。また当の本人もそのつもりであったに違いない。だが人間の運命は、時として小さな個人の意思とは別の力学で変わっていくことも決して珍しいことではない。

満鉄への入社

ハックに人生の転機が訪れたのは、一九一二年の秋のことであった。

フライブルク大学の恩師、ゲヴェールニッツ教授から日本への就職の誘いが来た。日露戦争後の一九〇六年、日本がロシアから権益を譲渡されて設立した南満州鉄道株式会社（満鉄）の東京に置かれた東亜経済調査局（満鉄調査部の前身）からだった。満鉄が、ドイツ人専門家の協力で満州と近接地域の経済や土地の慣習を調査し、その後の経営に役立てる経済資料の収集と科学的分析などの調査活動を開始した頃である。

ハックが東亜経済調査局で調査、情報収集とその分析に携わったことは、のちのもう一つの顔となる敏腕の情報員としての方向をきずく下地となったに違いない。

東京市麻布区狸穴四番地にあった東京支社には、初代総裁の後藤新平が招聘したドイツ人顧問のゲハイムラー・ヴィーネフエルトがいた。ヴィーネフエルトは、のちに兵器産業のクルップ社総支配人から駐米ドイツ大使に起用された大物財界人だった。ハックは、ヴィーネフエルトの満鉄顧問事務所の秘書として採用されたのである。

この間、南満州鉄道の設立に関係あった寺内正毅《まさたけ》大将（のち元帥、伯爵）や後藤新平の知遇も得ている。

ゲヴェールニッツ教授が、ハックを推薦したのは、国家経済学と植民地経営の研究に研鑽をつんだ教え子の優れた学識と将来性を見込んでいたからだった。

ハックは、まさにゲヴェールニッツ教授の眼鏡にかなった学究の徒だった。ハックにとって満鉄顧問の秘書という日本での仕事についたことが、やがて人生そのものを大きく規定することになる。極東の小さな島国で二等国家とみなされていた日本が、やがて世界の一等国、五大国の一つと称えられ、栄光の坂を駆けあがっていく歴程を、その目で確かめる目撃者となることができたのだ。

ハックは、この国が興隆し、膨張して、やがて戦争で破滅の淵に立つ波乱の軌跡に、最期の瞬間にまで立ち会う男となった。

アメリカのプリンストン大学の卒業生で、第二次世界大戦中、アメリカ戦略情報局OSSの対ドイツ部門が本拠をおくスイスの責任者をつとめたアレン・ダレスが、戦後、母校に寄贈したダレス文書の中にハックの記録がある。大戦中、ハックと接触があったアメリカ内務省の情報担当官ロバート・プラトゥ（戦後、スタンフォード大学教授）が記していたハックの人物像である。

ハックは、ドイツ人としての持ち前の気質から、当初、ドイツと日本の親善を考え、日独防共協定をおしすすめる。しかし、日本の武官（註・大島浩）がドイツへ渡り交渉をはじめると、ハックもリッベントロップやヒトラーに会ううち、ナチスの政治的野望を見ぬき、反対に協定を阻止しようと試みる。しかし、ときすでに遅く、ハックはナチスに逮捕される。その後日本人のはからいで釈放される。ナチスの勝利、日本の参戦と、極東の勝利に酔った日本の武官は、ハックを避けるようになる。一時チューリッヒに引っ込んだハックは、偶然恩師の息子（註・ゲーロー・ゲヴェールニッツ）に会い、彼を通じてダレスと会見する。結果として、ハックはダレスを裏切らず、日本のためを思い心から努力をしたと確信する。

ここには、終戦間際、日米の和平工作に関わり、日本の運命を二度にぎった男の人生を端的に言いえている。

一九一二年の晩秋、ハックは、ベルリンからシベリア鉄道経由で日本へ向かった。秋とはいえすでに鉄道の沿線は極寒の冬を迎えつつあった。車窓には曇天の空の下に広漠たる大雪原が果てしなく流れていった。

単調な旅の途中、ハックは、バイカル湖近くのイルクーツクの駅から、恩師のゲヴェールニッツ教授へ、シベリア横断の感想と極東へ赴く喜びを記した葉書をよこしている。教授の息子のゲーローは、海外への冒険旅行に憧れていただけに、ハックから届いた葉書のことは、少年時代の思い出として、のちのちまで印象深く記憶に刻んでいた。

ハックは、シベリアから満州、朝鮮と、そこで二週間を過ごした後、釜山から関釜連絡船で対馬海峡をわたり、大陸からの玄関口であった下関を経て東京へ着いた。

この年七月は、日本では明治天皇が崩御され、元号が明治から大正へと替わっていた。

ベルリンから東京への旅――。

人生で初めて体験した大旅行だった。だが、異なる民俗と言語の人々に出会ったすべての事柄が、若者の知的な好奇心を満たすのに充分な旅となった。

日本では、満鉄総裁顧問のヴィーネフエルトが、クルップ社総支配人に転出した後、ハックが、後任のポストに就いた。

この間、二年余り、ハックは、持ち前の学究心から日本語の習得と日本文化の研究に懸命に力を注いでいた。だが、運命は若者を放っておいてはおかなかった。ハックの語学力と日本への造詣を最大限にいかす機会が、突如、降ってわいてきたのである。

暴風雨の中で

一九一四年七月――。

日本の夏は蒸し暑い。北欧型の涼しい気候に慣れたドイツ人には耐えがたいものである。ハックは、夏季の長い休暇を中国で過ごすための旅に出た。

このときの旅の記録を、短い手記に残している。

ハックは上海に遊び、さらに北に向かい山東半島のドイツの租借地、青島《チンタオ》を旅行して帰京する予定だった。黄海に臨む青島は、膠州湾《こうしゅう》の南東端に位置する夏は涼しく風光明媚な港湾都市である。ハックの旅は、上海の古い友人に再会するため、長崎から船で中国をめざすことに始まった。

初めて訪れた長崎では教会のある異国情緒豊かな町の風情に、ひとときの安らぎと郷愁をおぼえた。船が、かつてオランダ船が出入りした出島や山手のグラバー邸を左舷に見やりながら、長崎の深い入り江を出港したときはすばらしい天気に恵まれていた。台風警報が出ていたが、上海のイエズス会気象観測所からの無線通信で、台風の進路について、かなり明るい見通しの予報が届いていた。

ところが数時間後に急に雲行きが怪しくなってきた。

船が五島列島を過ぎたころ、突然、猛烈な雨と強風が襲ってきた。船の通信アンテナなど一切が吹き飛ばされてしまった。船は何度か四十五度以上も傾いて、船室の家具は左右に揺れ動いた。まっすぐに立っているのもやっとの状態だった。救命ボートは全部流されて、デッキキャビンに寝ていたハックは、いよいよ最期かと必死の思いだった。

大波が船を左舷から叩いた。海水に浸かり入ってきた激流が足元をすくった。波に流されまいと必死で手すりにしがみついていた。他の船客のことなど顧みる余裕もなかった。

そのとき、ひとりのイギリス人の将校が、不安に怯える人々の船室をのぞきに来たのである。船客であるこの男は、みんなに励ましの言葉をかけてくれた。

「安心なさい。私たちは皆、神の手の中にあるのです」

男の声は、ハックの耳にもはっきりと届いた。

中年の彫りの深い顔立ちの男だった。

ハックはイギリス人の思いやりのある行動と勇気とに感動した。

しばらくして、ロープが張られ、かれはデッキからサロンへと助け出された。そこでは看護婦を名のる若い女性がわが身の危険も顧みず船客の一人ひとりに声をかけて、健康状態をたずね薬さえ与えようとしていた。

〈いったいこの人たちはどういう優しい心根の持ち主なのか〉

ハックは危難にのぞんで真っ先に他人に手をさしのべようとする誇り高い崇高な精神の人々の行動に、一瞬、天啓に打たれたような衝撃をうけた。

暴風雨は夜通し吹き荒れた。だが、次の朝になると、昨夜の嵐が嘘のようにまぶしいほどの太陽が照りつけた。船の航路の先には上海の街が蜃気楼のように浮かび上がってきた。

船客たちはようやく生きている実感をえて、米、英、独、仏など西洋列強の豪華なビルが林立する上海租界のバンド（埠頭）に着いた。ここは揚子江の支流である黄浦江を遡ったジャンクやハシケが行き交う西欧的景観にあふれた国際都市である。

欧州人の船客たちの不安な心もやっと平静をとりもどした。

ハックにとっては、暴風雨のなかで九死に一生を得た経験は終生忘れ難い記憶となった。軍人と看護婦の行動は青年の心の中に、その後の生き方につながる教訓をもたらした。危難にのぞんだとき、騎士道の精神による勇気と礼節、名誉と女性や弱者への奉仕を重んじる心の涵養すべきを悟ったのだった。

第一次世界大戦で俘虜に

八月上旬、ドクター・ハックは、上海で友人との再会をはたした後、七百キロほど北の青島《チンタオ》に到着した。このとき、ハックの運命の歯車が回りだしたのである。

海辺の避暑地でゆっくりと英気を養う予定だった。

青島は、一八九七年十一月、山東省張家荘での教会のドイツ人宣教師殺害事件をきっかけに、ドイツ東アジア艦隊が小さな漁村を無血占領した土地である。翌年ドイツは、独清条約を締結して周辺並びに膠州湾《こうしゆう》沿岸に九十九年間の広大な租借地を獲得した。ここはドイツが開発を進めた「東洋の小ベルリン」とよばれた都市だった。

ドイツ帝国の海軍省直轄の膠州湾租借地には、総督府がおかれた。

ドイツ政府の手で山東鉄道や青島市街の建設が進められたのである。市の中心部のウィルヘルム海岸通りには、豪華なプリンツ・ハインリヒ・ホテルが建設された。さらに周辺には総督官邸、カトリック天主堂、ドイツ人子女のための小学校や高等女学校、東洋一の青島屠畜場やゲルマニア麦酒会社（青島ビールの前身）などドイツ風の街並みがつぎつぎと整備されていった。

青島の防備のためには、巨費を投じて砲台とドイツ帝国海軍膠州隊のイルティス兵営や第三海兵大隊のビスマルク兵営などを建設して堅固な要塞化がはかられていた。


ハックが、青島に到着した矢先のことである——。

遠く欧州に轟いた一発の銃声が、かれの運命を左右する衝撃波となって青島へも伝わってきた。

二カ月ほど前の六月二十八日、ボスニアの首都サラエヴォで起きたオーストリア＝ハンガリー帝国の皇太子フェルディナント大公夫妻の暗殺事件をきっかけに、第一次世界大戦が勃発したのだ。

三国同盟（独・墺・伊）と三国協商（英・仏・露）の欧州諸国の複雑な対立を背景にして、世界を第一次世界大戦の渦に巻き込む国家総力戦が始まった。その頃、日英同盟によってイギリスと手を結んでいた日本は、英国の要請をうけて三国協商側につき世界大戦に参戦したのである。

日英連合軍との衝突を前にした七月二十八日、青島要塞司令官の膠州総督マイヤー・ワルデック大佐は、北京および天津駐屯のドイツ帝国海軍東アジア分遣隊に青島集結の秘密命令をだしていた。

さらに八月三日、東アジアに在住する予備役、後備役（予備役を終えた者）のドイツ民間人にも召集命令をだした。

ハックが、青島に到着したのは、日独の緊張が頂点に達しようとする、まさにそのときだった。

日本政府は、ドイツに対して八月二十三日までの回答期限をつけて膠州湾租借地の中国への無条件返還の最後通牒を発した。

だが、ドイツは態度を曖昧にした。

八月二十三日、ついに日本はドイツとの国交断絶を決意し、宣戦を布告した。

ハックが滞在した青島が日本とドイツが対決する主戦場となったのだ。

ハックは、はからずも昨日の友が今日の敵になる皮肉な運命に巻き込まれた。日本へ来てやがて二年、多くの知己に恵まれ生活にも慣れ親しんでいた矢先の、祖国ドイツの戦争は、全く寝耳に水の出来事だった。前途を八方塞がれたハックは、孤立無援、暗然たる思いにとらわれた。

青島には、初秋の気配が漂い始めた。涼気をふくんだ黒い雲が大陸から流れてきた。

ハックは、文官の予備役中尉として、青島要塞司令官ワルデック海軍総督の秘書官兼通訳官として従軍したのである。

このとき、かれが祖国に尽くす最大の武器となったのが、それまでに培った日本語の語学力であった。ハックは、総督府参謀本部に配属された。

日本軍は十月三十一日の午前六時十五分を期して、福岡の久留米独立第十八師団主力（神尾光臣中将）の約二万八千人に一千人余のイギリス兵も加えて総攻撃を開始した。

海上からは日本海軍第二艦隊の艦砲射撃による猛攻撃で、戦闘は一週間でほぼ決着した。ハックは、情報将校として日本軍から入手した電報の解読やワルデック総督に戦況を伝える任務についた。砲弾炸裂するなかで、陣地を駆けまわったのである。

十一月七日、ワルデック総督以下、四千九百人余のドイツ軍は、白旗を掲げて降参した。九月二日の開戦以来ほぼ二カ月余り、圧倒的に優勢な日本軍の前に、ついに青島は陥落した。

ドクター・ハックは戦場で初めての過酷な戦闘を体験した。白旗を掲げて総督に従った。虜囚となって敗残兵の惨めさをつくづくと噛みしめねばならなかった。

福岡俘虜収容所

ドクター・ハックの名が、日本の新聞に初めて出てくるのは、福岡日日新聞（現在の西日本新聞）の記事においてである。

十一月十五日、捕虜を青島から門司へ移送する薩摩丸の船中で、ハックが通訳したワルデック総督の初めての記者会見が行われた。

記事には「秘書官ドクトル・ハック氏」のプロフィールとして、かれが「満鉄総裁顧問として二年間東京にあり」と、その経歴を簡単に紹介している。

そのとき、二十七歳だったハックは、日本語と日本への該博な知識を通してにわかに存在感がたかまった。その後、五年間におよぶ福岡と千葉県習志野の俘虜収容所での活躍が始まった。日本語を巧みに話す数少ない捕虜の一人だったハックは、ドイツ兵捕虜と収容所の日本人管理者の間で通訳の役をつとめることになったのである。

日本政府の俘虜情報局発行の俘虜名簿には、フリードリッヒ・ハックは俘虜番号１１５４として記録が残っている。

ワルデック総督以下、将校および下士官兵六百十七人を乗せた薩摩丸は、十一月十七日、下関の六連島《むつれじま》検疫所を経て門司駅桟橋に接岸した。そして捕虜たちは門司駅から特別仕立ての列車で収容先の福岡へ向かった。すでに十五日に到着し、久留米や熊本に向かった捕虜第一陣の一千二百三十四人につぐ第二陣である。ワルデック総督には、特別に一等車両が増結された。

余談となるが、ワルデック総督らが乗車した門司駅（北九州市門司区）とは、現在のＪＲ鹿児島本線門司港駅の旧駅名である。一九四二年（昭和十七年）に関門鉄道トンネルが開通したことで九州側の出入り口近くの大里駅が門司駅へ、門司駅は門司港駅に改名されて今日に至っている。当時の門司駅は、一九一四年二月一日に営業開始して二〇一四年で開業百周年を迎えた。

そのころ流行のネオ・ルネッサンス様式の木造二階建て、威風堂々たる建築物である。一九八八年、鉄道駅としては初めて国の重要文化財に指定されている。風雪にたえた駅舎は今、覆いがかけられＪＲ九州による保存修理工事が進行中である。ハックたちが、門司桟橋に上陸したのはちょうど今から百年前のことだった。新築直後の門司駅に日本での第一歩を踏みしめたのである。

青島で捕虜になったドイツ軍捕虜は、ドイツ帝国や同盟国のポーランド人、オーストリア人、ハンガリー人、チェコスロバキア人など他国籍の兵士も含めて総数四千六百九十七人。ハックのように東アジアの各地から召集された予備役や後備役などのドイツ民間人も多くいた。かれらは久留米俘虜収容所をはじめ、福岡、熊本、松山、徳島、東京、習志野、静岡、名古屋、大阪、姫路、丸亀、板東（徳島県）、似島（広島）など、その後の閉鎖移転をふくめると全国十六カ所の都市や島に分散収容されたのである。

現在、福岡市の歓楽街、東中洲を貫流する那珂川の左岸に沿って歩くと、河口近くに大きな噴水を備えた市民の憩いの場の須崎公園（福岡市中央区天神五丁目）がある。

その頃、この地に建てられた日本赤十字社福岡県支部（当時・福岡市須崎裏町）の瀟洒《しょうしゃ》な洋風建物が、ワルデック総督以下、高級将校のための福岡俘虜収容所となった。博多湾に面した須崎海岸通り、白砂青松の絶景の地にある贅を尽くした建物だった。

ワルデック総督以下、八百四十九人のドイツ将兵を収容するために、福岡ではどのような準備と捕虜の処遇がなされたのだろうか。

捕虜の収容は、赤十字社福岡県支部に総督と幕僚、従卒の約二十人。その中でハックはただ一人の中尉待遇の文官だった。近くの県物産陳列場には将校と従卒の約八十五人。市内の旧柳町の遊郭跡に八百人余の下士官兵たちを収容。このため赤十字社福岡県支部は、旧県会議事堂に移転を余儀なくされた。他所も引っ越しと受け入れ準備に大わらわとなった。

日本政府は、捕虜の取り扱いを定めた国際条約、ハーグ陸戦条約を遵守する方針を貫いた。

福岡日日新聞（大正三年十一月十五日）に市民の心構えを諭した福岡県警察部長の談話がある。

「我が国民の最も注意すべきは俘虜に対して大国民の襟度《きんど》と礼儀をもって接すべきことなり。……（略）彼らはとらわれの身となり異国に来《きた》れる実に弱きものなり。弱者に対して熱き涙を注ぐはわが国民の美点として古来の武士道の精髄もまた此処《ここ》にあり。

然ればこの際わが国民は彼らに対して何処までも衷心同情すべし」

警察は、福岡市民が、捕虜にたいして侮蔑的言辞や悪感情をいだくことを恐れた。そこで警察部長は武士道の精神にもとづき弱者にたいして憐憫の情を以て接するようによびかけたのだ。

一方、捕虜将校のひとりのウィットマン大尉は、博多駅前と沿道に押し寄せた一万人の群衆が、罵詈《ばり》雑言《ぞうごん》をはくことなくあまりにも整然と出迎えたことに感謝と驚きの感想をもらしている。

彼の多数の群衆が静粛なりしは実に感心の外なし。

捕虜には、一定区域の市内を散歩する自由も認められ、夏は博多湾で海水浴をすることも許された。それこそ市中をあげて、官民そろって捕虜たちを歓迎するために万全の用意がなされている。敵を欧州の文明国の国民として礼節を尽くして遇しようとする態度である。

後年、日中戦争や太平洋戦争における日本軍の過酷な捕虜政策は、連合国のポツダム宣言の条項によって東京裁判や各地のBC級戦犯裁判所で厳しく弾劾された。

その結果、なかには、無実の罪で処刑された多くの将兵の悲劇も生まれた。日本は、一九二九年（昭和四年）の俘虜の待遇に関するジュネーブ条約を軍部の反対で批准しなかった。先の戦争では自軍にも戦陣訓で「生きて虜囚の辱めをうけず」と、捕虜となることを厳しく禁じた。しかし、第一次世界大戦中の日本政府のドイツ人捕虜への寛大な扱いは、昭和の戦争の時代に比べるとまるで他所の国の軍隊と国民であったかのような思いにとらわれる。

その間、わずか二十数年である。昭和時代のこの国の政治家や軍部指導者たちの意識と国民性がなぜ急速に変質してしまったのか。日本が国家主義、軍国主義の風潮に突き進んでゆくなか、夜郎自大の好戦的国家となって自壊した軌跡が、このわずかの期間の歴史の断層のなかに深く読みとれよう。

ワルデック総督の収容には、全国の俘虜収容所の所在地から引っぱり凧の引き受けの陳情がなされたが、やっと福岡に決定された。欧州人の俘虜の引き受けは、地元にとって名誉であり、地域の文化振興にも貢献が期待されたからである。

日本赤十字社福岡県支部の建物は、二階に赤十字総裁の閑院宮を迎えたときにつくられた貴賓室を有していた。博多湾の風光を一望におさめる眺望にとんだ部屋だ。

ここがワルデック総督の居室とされ、さらに特別に改装し家具万端を整えた三十畳の寝室が用意された。

捕虜といえども大佐に高級ホテルなみの部屋を用意したのである。

ワルデック総督には、生活費も日本の同じく大佐が受ける一カ月の俸給二百八十円が支給された。

ちなみに将校や下士官兵にも日本軍人と同等、また捕虜の下士官兵の食費は日本の兵士より一日分で十銭以上も上回る好待遇だった。

さらに捕虜たちの常食である黒パンの原料は、かれらの口に合うように横浜を経由して輸入するという気のつかいようだ。

ワルデック総督の食事は、自費で料理人を雇うことも料理屋より取り寄せることも自由だった。夫人と同居の希望があれば陸軍大臣の許可をえて民家で暮らすことも許すという破格の待遇をなしたのである。

敵もまたあっぱれであった――。

十一月十八日、ワルデック総督には、ドイツ皇帝ウィルヘルム二世から駐日ドイツ公使を通して一等勲章が授与された。部下の勲功者にも同様の措置がとられている。義勇兵もふくめ寡兵で圧倒的に優勢な日本軍と全力を尽くして勇敢に戦い義務を果たしたことを称えたのだ。

集団脱走事件

福岡俘虜収容所のなかでのハックの日課は、ワルデック総督の秘書官兼日本語の教師として、総督に仮名文字や日本語会話などを教えることだった。

収容所生活にも慣れてきたのだろう、翌年の夏、博多湾の海水浴場でのハックと記者との一コマが「俘虜博士の日本語」という見出しで記事になっている（福岡日日新聞・大正四年七月八日）。

福岡鍛冶町の海岸で背の高いハックがパナマ帽をかぶり、砂浜を元気よく歩いていたところを記者につかまったのだ。日本語の堪能なハックは、すっかり記者たちの人気者となっていた。

記事には、かれの日本語の上品さを誉めて、記者が問いかけた。

「ハクさんは、伯さんですね」と、冗談で戯れると

「イヤ、ハクさんは白い山です」と、当意即妙に笑いを誘った。

その四カ月後、一九一五年（大正四年）十一月、事態が急変した――。

福岡俘虜収容所始まって以来の、帝国陸軍を揺るがす前代未聞の不祥事が勃発したのである。

それは捕虜将校の幹部連中五人による集団脱走事件で、ドクター・ハックも一枚かんで大騒動となった。

事件の舞台となったのは、ワルデック総督とハックがいる赤十字社福岡県支部と県物産陳列場の将校の収容所だった。十日頃から二十日早朝にかけて、参謀のザクセー海軍少佐をはじめ、ワルデック総督副官のケンペ中尉、モッデ少尉ら将校五人が共謀して、各人が日をおいて脱走していたのである。

事件が発覚したのは二十日午後二時頃、一人のドイツ海軍二等水兵が医務室で診察を受けた際、収容所の軍医に口をすべらせたことで明らかになった。

俘虜収容所内にはただちに非常事態をつげる緊急ラッパが鳴り響いた。だが、五人の将校たちはとっくの昔に福岡を離れて国外を逃亡中だった。福岡俘虜収容所が管理を甘くしたすきをつかれた格好で、恩情がかえって仇となったのである。

日々の人員点呼の際、将校たちには在室を信用して徹底した確認をしておらず、逃亡将校たちは、私服に着替え、あるいは軍服にコートを羽織って夜陰に紛れて失踪した。早朝、五時二分の一番列車で博多駅から門司方面へまんまと行方をくらましたのだ。

なぜこの時期に捕虜たちの集団脱走が企てられたのか。この年、一九一五年（大正四年）十一月十日は、京都御所で行われた大正天皇の即位式典、当時でいう「御大典」の日だった。第一次世界大戦の特需景気に沸いていた日本は、全国的に祝い気分が高まった。博多の街も、連日、町衆総出のお祝いの松囃子《まつばやし》の歌や踊りがつづいており、市民の奉祝気分は最高に高まっていた。

逃亡は、俘虜収容所の警備と市民の油断をついたまさにこの「御大典」の時機に狙いすまして決行されたのである。

逃亡日時の決定については、恐らく日本の習俗や地理を知悉したドクター・ハックの入れ知恵があったに違いない。ハックの日本滞在はすでに三年になり、青島《チンタオ》からきた逃亡将校には、日本語や日本の事情に明るいものはほとんどいなかった。ハックは脱走劇に大きく関与したのである。

ワルデック総督の赤十字社建物の一階には、参謀長のザクサー大佐（後に海軍大将）や総督副官のケンペ中尉ら幕僚たちが個室を与えられており、収容所内の将校同士の横の連絡は自由に行われた。ドクター・ハックの部屋も二人の間に挟まれていた。

外から入ってくる欧州戦線の状況はいずれも祖国に悲観的な情報ばかりだった。将校の間には次第に焦りの色が濃くなってきた。

焦りが捕虜たちの心を駆り立てた。

「祖国の急を他所において安閑と俘虜の生活を送っていてよいのか。心外千万なり」（福岡日日新聞・十一月二十五日）

捕虜将校たちには、日頃の安穏な捕虜生活が精神的な重荷となっていた。金メッキの鳥籠に入れられた小鳥のような辛い毎日だった。日々、祖国にたいする救国の念と望郷の思いが募っていった。

かれらは十月頃から密かに逃亡の密議を重ねていた。そして十一月十日の「御大典」を期して、将校の姿が収容所側に気づかれることなく、一人また一人と消えていった。脱走の先駆けをなしたのは総督副官のケンペ中尉だった。ハックの隣部屋の将校である。

将校たちは互いに緘口《かんこう》令をしいた。脱走を知っていたのはかれらの世話係である従者の兵卒だけだった。事件は「御大典」の祝賀気分がぬけ切れぬなか、全国を巻き込んで大騒動となった。

ただちに緊急手配がなされ、港や特に朝鮮半島への玄関口である下関や門司には厳しい監視の目が注がれた。

逃亡将校の一人が逮捕されたのは、早くも二十一日のことだった。

朝鮮の京城（現在のソウル）、南大門駅を通過中に臨検をうけた一等車内のモッデ少尉である。かれは、以前、鉄道技師として中国政府の招聘をうけて北京で働いていたのを青島に召集された予備役の将校だった。

朝鮮から妻子のいる北京へ逃亡するその途中で警戒中の日本の憲兵に捕まったのだ。その着ていた薄青色のレインコートはハックが提供したものだった。

モッデ少尉は、二十日の午前三時に俘虜収容所の正門から衛兵の監視の目を盗んで脱出した五人のなかの最後の逃亡者だった。この朝は、博多の街に小雨が降っていた。

ハックは、四十二歳の妻子あるモッデ少尉の、家族を思い故国の存亡の危機を嘆く姿に同情した。捕虜となって一年半、遠く北京においてきた妻子の安否も不明だった。帰心矢の如く家族との再会を思いつめていたモッデ少尉の逃亡を手伝ったのである。

このとき、ハックには、自分が上海への航海の途中でイギリス人将校に救われた暴風雨の一夜のことが思い出された。

「義を見てせざれば勇なきなり」と、日本人も言うではないか。

そんな義侠心からハックは、モッデ少尉に変装用の自分のレインコートを与えたのである。そして夜陰にまぎれて脱出する逃亡の手引きをしてやった。

十一月二十五日の福岡日日新聞の朝刊には、ハックのレインコートで身をつつんだ大柄のモッデ少尉が、博多駅に連れ戻されたときの大きな写真が掲載されている。

二十四日には、福岡憲兵隊の手ではやくもハックの取り調べが始まった。モッデ少尉のレインコートが動かぬ証拠とされたのである。

ハックは、取り調べに黙秘を貫いた。口をつぐんで残り四人の逃亡将校への追及の手がのびるのをかわそうと図った。

「一言半句も不言不語にて全く聾唖者《ろうあしゃ》になりすまし」（福岡日日新聞・十一月二十六日）と、取り調べに口を割らなかった。

仮病を装って、憲兵の追及を必死にかわそうとする留置場のハックの姿が記事になった。

ハックは、先に脱走した四人の将校たちのために時間稼ぎをやろうと決心した。日本語もできず、逃走に必要な国内の地理や習慣にも不案内な将校たちに、逃亡の手助けで最も貢献したのがハックだった。

かれらが安全な目的地にたどり着くまで、徹底的に黙秘しようと頑張った。将校四人は無事海外に逃れたが、その後、憲兵隊によるハックの尋問は厳しかった。拷問こそなかったが、追及は執拗につづけられた。

ハックは、モッデ少尉の逃亡を助けただけではなかった。総督副官のケンペ中尉を逃がした後、発見を遅らせるために、在室しているかのような偽装工作を施した。積極的に逃走を幇助したその罪に問われることになったのである。

ドクター・ハックは、将校ら五人の集団逃亡事件の幇助犯として裁かれ、小倉の陸軍第十二師団に拘引された。そして翌年一月、軍法会議でハックたちに判決が言い渡された。

モッデ少尉禁錮三年、ハックは、逃亡幇助の罪で懲役一年六カ月、逃亡した将校の従卒四人が懲役二カ月に処せられた。当時、日本の俘虜情報局の「俘虜に関する法規」に照らすと共謀による脱走の首魁は死刑である。その幇助は五年以下の軽禁錮とあるからハックの刑は、情状にてらしてどうなのか。

ハックは、覚悟をしていたものの判決の重さは意外だった。収容所で示された捕虜に対する日本人の好意ある扱いに、武士道の精神による寛大な処置を期待していただけに精神的な打撃は大きかった。

その夜のハックは、思いつめていた。自決さえ図りかねない様子だった。看守による徹夜の厳重な警戒がなされたことが、記事にある。

悄然たる姿のハックが、ふたたび小倉から博多駅頭に連れ戻されたのは、一九一六年（大正五年）一月二十一日のことだった。

新聞には、赤土色の囚人服に黒の羅紗《らしゃ》頭巾を被る福岡監獄前でのハックの写真が掲載された。事件発覚から逮捕、判決まで二カ月の素早い処置の後、市内須崎浜の福岡監獄に収監されたのである。

ハックたちの逃亡事件が、連日、日本で大きく報道されていたころ、故郷フライブルクの恩師、ゲヴェールニッツ教授のもとに教え子の危難を伝える一報が東京の満鉄顧問事務所から伝えられたのは早かった。

驚いた教授は、早速、ハックの救出に動く。教授はフライブルクを所領とするバーデン大公国の、その王女として生まれたスウェーデン王妃にハックの釈放を訴えた。中立国として日本との外交関係を樹立していた国の力に頼ったのだ。

やがてハックは、懲役十一カ月に減刑されて十二月三十日に仮出獄した。

だが、減刑の要請がはたしてどこでなされたのか、スウェーデンをとおしての釈放交渉がどこまで行われたのか、減刑に動いたのは、後の駐在武官大島浩の父、陸軍大臣の大島健一などの説があるが確たる証拠はつかめない。

ハックは減刑されたものの、十一カ月間を日本人の囚人たちと同じ獄舎で惨めな刑務所生活を強いられた。

翌年七月十一日、ハックは福岡俘虜収容所から、一通の捕虜郵便ハガキを送っている。東京赤坂表町三‐一五（現・赤坂四丁目）のドイツの有力な兵器産業でクルップ社代理店イリス商会のウィルヘルム・ラントグラーフに、定形の捕虜郵便のハガキで義捐金と義捐物資を頂戴したことの礼状をだした。

イリス商会は戦争で営業停止の状態に追い込まれ、その間、捕虜の慰問救援活動にあたっていたのである。ハガキはハックがふたたび俘虜収容所でのもとの生活に戻っていることを示していた。

習志野俘虜収容所

ハックがワルデック総督らとともに福岡から東京湾に臨む習志野俘虜収容所に移されたのは、一九一八年（大正七年）三月のことだった。福岡俘虜収容所が四月に閉鎖されることになり、千葉県の習志野に収容されたのである。

このときの習志野俘虜収容所の所長は、明治維新の大立者、西郷隆盛の長男で陸軍歩兵中佐西郷寅太郎（一九一九年一月、スペイン風邪で現職のまま死去。五十三歳）だった。

一八七七年（明治十年）、西南戦争で西郷隆盛が自刃した後、賊軍の首領とされた隆盛へは責任を問う世間の風当たりは厳しかった。寅太郎は、十一歳で家督を継いだものの、家族は世を憚ってひっそりと鹿児島で暮らしていた。

そのようなとき一家の零落ぶりが明治天皇の上聞に達したのである。そこで明治帝の思し召しにより、寅太郎はドイツの陸軍士官学校への留学が許された。その際には宮内省から学資として、一カ年に銀貨千二百円が下賜されることになった。習志野俘虜収容所では、寅太郎の十三年間におよぶドイツ留学の経験が存分に発揮されたのだ。

ドイツ人の国民気質や習俗を知悉した西郷所長の奨励があって、収容所のなかでは捕虜たちに好学の気運が高まった。

収容された将校や下士官、予備役兵が教師となって士卒の教育にあたった。かれらは、これを俗に〝習志野大学〟とよんで、教養の充実につとめる捕虜生活を送った。

収容所ではたびたび歴史上の人物をテーマに講演会も開かれている。所長による西郷隆盛についての講話もあった。捕虜たちは所長の父親が日本の革命の英雄だったと知ってあらためて尊敬の念を熱くしたという。

〝習志野大学〟では日本語と日本文化の教育にも力が入れられた。

このとき、講師をつとめて衆望を一身に担った一人がドクター・ハックである。ドイツの大学で教壇にも立ったことがあるハックには、まさにうってつけの役どころだった。

バラック兵舎の将校収容棟の一室から、ドイツ兵たちが熱心に片言の日本語をあやつる声が聞こえていた。

習志野俘虜収容所では、サッカーやテニスなどのスポーツ、捕虜仲間のプロの音楽家の指導による合唱やオーケストラなどの質の高い音楽活動も行われた。

捕虜のひとりのクーロー大佐は、故郷のベルタ夫人宛てにつぎのような手紙を送っている。以下は米国のドイツ新聞オマッハ・トリュビューン（一九一六年一月十六日版）に転載されたものを俘虜情報局で翻訳したものである。

見出しは「俘虜生活より」。


当地に於ける取り扱いは、全く良好にして懇切を極めおり候。我らは眺望よき広大なる廠《しょう》舎《しゃ》に収容せられ体操および遊戯に十分なる運動場を有し居り候。衛生状態に関しては小生関与せざる所に候えども良好にして独逸《ドイツ》に於いて教育をうけたる医師一名常に勤務罷りあり候。……我らの生活は、殆んど王侯に等しくこれをもって甘んずべきものと存じ候。


習志野収容所の捕虜に寛大な様子が偲ばれる。収容所には、ドイツ留学から帰国した常勤の医師がいて常時健康管理にあたっているというのだ。当時の日本人の心意気がうかがえる。

さらに、捕虜たちは帰国後の再就職に備えて、数学、電気工学、機械工学、フランス語など整った時間割にそってさまざまな学科を学んでいた。

一九一八年（大正七年）十一月、第一次世界大戦がドイツの降伏で終結した。

戦死者の数一千万人、負傷者二千万人ともいわれて近代兵器による国家総力戦の大量殺戮時代の戦争がいかに酷いものかを示して終わった。翌年六月のベルサイユ条約で講和が成立した後、いよいよワルデック総督以下八百人余の捕虜たちは釈放されて習志野を去ることになった。

この時、日本政府は、企業や大学などがドイツ人捕虜の雇用を希望すれば、双方の自由な話し合いによる契約が成立した者には日本に残留することも許した。

たとえば四国の板東俘虜収容所では、東京帝国大学の山川健次郎総長がエス・ベルリネ博士を経済学部の教師として雇いたい旨を陸軍大臣田中義一に願い出ている。当時の国際的な人材発掘に熱心な日本の姿と、寛大かつ融通無碍の捕虜政策が浮かび上がってくる。

習志野でも三十人の捕虜が残留を希望した。

ドクター・ハックと共に日本語教師をつとめたヨハンネス・ユーバーシャール博士は、大阪府立高等医学校（現・大阪大学医学部）のドイツ語教師として元の職場に復帰することになった。かれは帰国後にベルリン大学で日本歴史の教授になる夢を抱いていたが、留まってドイツ文学の授業と日本語の研究に従事したのである。

その後は、一九三二年（昭和七年）にいったん帰国してライプチヒ大学の教授となり、日本文化研究所所長に就任した。しかし、ナチスの支配が強まると、将来への不安を抱き再び日本へ戻った。

戦後は、甲南大学教授になり、大阪大学でもドイツ文学の講師をつとめ、芭蕉の俳句のドイツ語訳などでも業績をあげた（『ドイツ兵士の見たニッポン』習志野市教育委員会編）。

第一次大戦中における日本の捕虜政策は、よく知られているように、教育だけでなく音楽や食文化など各地の俘虜収容所でさまざまな波及効果と恩恵をもたらしたのである。

日本に残る道を選ぶ

一九一九年十二月、この日ハックは、新聞記者の求めに応じて、五年間の捕虜生活を振り返り、捕虜たちを代表して短い談話を残した。顔写真入りで掲載されている。

　回想すれば俘虜生活の五カ年も実に夢のようだ。私は去るに臨んで貴紙を通じ貴国民から受けた無限の好意と親切に対して深く感謝の意を表する。私たちは生活難の喧《かまびす》しい故郷に帰って生存競争の渦中に身を投じることに非常に不安を抱いているが帰国後は新独逸《ドイツ》の建設に力を尽くしたいと思う

（東京日日新聞・大正八年十二月二十三日）

ハックの表明は、決して外交辞令ではなく真情の吐露だった。以後、かれの日本にたいする親愛感は、意識の奥底でいつまでも失われることはなかった。

時代は下るが、この時から二十二年後の一九四一年に始まった太平洋戦争では、米英の捕虜などが感謝の言葉を残して解放されることなどまずありえないことだった。

戦争の過酷さと文明の進歩は、お互いに人間の精神までも歪めてしまうということなのか。

一九二〇年、ハックにドイツ政府から戦線の勇士を称える名誉の第一級鉄十字勲章が授与された。

勲章の授与には、青島《チンタオ》のドイツ帝国海軍参謀長で、収容所の帰還事務の責任者だったザクサー大佐（のち海軍大将）が叙勲申請にあたって記した証明書がある。

そこには、ハックが志願兵として稀なる日本語の語学力をいかして青島包囲戦で情報収集に貴

重な働きをしたこと、五年間の捕虜生活で、日本人と捕虜との意思の疎通に貢献したこと、「特筆すべきは福岡での五人のドイツ将校の脱出に貢献したという定評ある事実である」とした上で、しかるにかれの名誉ある行動に日本軍法会議が重罪を科したことはあらゆる国際法に照らしても違反している、と、結んでいる。

当初、帰国するつもりだったフリードリッヒ・ハックは、大戦の終了後も日本に残る道を選んだ。

手もとに、ハックが一九二〇年一月二十六日の日付で、三菱製紙株式会社と結んだ契約書がある。習志野俘虜収容所から釈放された翌月だ。

三菱系企業がドイツを中心にヨーロッパへ技術視察団を派遣するにあたって、コーディネーターとしてハックに目をつけた。戦争で中断していた貿易再開の水先案内人に選ばれたのである。契約書には、ハックの往復の船賃などの旅行費や一日五ポンドの日当など、詳細な諸費用の取り決めがなされている。日当は現地でのハックの働きが三菱側に満足のいくものであればロンドン支店長の裁量で引き上げることになっている。視察団には、日本海軍の軍人も同行した。

この一枚の契約書こそが、この時が三十三歳のドクター・ハックの、人生の再出発を果たすきっかけとなったことの貴重な証左である。

日本海軍や兵器産業のためにドイツの先進技術導入のエージェントとなったのである。

第二章

二つの顔
——武器商人と秘密情報員

日独友好親善団体の日独協会。後列左から２人目より酒井直衛、ハック、横井忠雄海軍武官、大島浩陸軍武官。前列左から２人目が日独協会会長のベンケ大将

ハックが命名した『武士の娘』

二〇一三年（平成二十五年）の春、東京の山手線恵比寿駅近くにある東京都写真美術館で、ある映画が七十六年ぶりに劇場公開されて話題となっていた。ドクター・ハックが関わった原節子主演の映画、ドイツ版の『武士《サムライ》の娘』である。

連日、会場には大勢の原節子のオールド・ファンがつめかけて、往年の大女優の人気がまだ根強く残っていることをうかがわせた。

アーノルド・ファンク監督のドイツ版『武士の娘』のタイトルは、ドクター・ハックが名づけたものである。日本を知悉したハックは、元越後長岡藩の家老の娘で杉本鉞子《えつこ》（旧姓・稲垣）という女性が、一九二五年（大正十四年）に出版した『武士の娘』にヒントを得たものと思われる。

当時、ニューヨークのコロンビア大学で非常勤講師として日本語や日本文学などを教えていた杉本鉞子が、その半生を英語でつづった『武士の娘』は、文化や土壌が違うアメリカの人々に大きな感銘を与えた。

明治維新で没落した長岡藩稲垣家の、武家の古い仕来《しきた》りや道徳など、日本人の心を伝えたこの本は、アメリカで幅広い読者の心をつかみベストセラーになった。杉本鉞子の日本文化や価値観に誇りを持ちつつ、異国の人々との言語や人種の垣根を越えた深い交流は、大戦前夜の欧州人の心もつかみ、新渡戸稲造の『武士道』や内村鑑三の『代表的日本人』を超える反響をよんだ。

欧州で翻訳、出版されたのはフランス（一九三〇年）、イギリス（三三年）、スウェーデン（三四年）、ドイツ（三五年）、デンマーク（三七年）、フィンランド（同）、ポーランド（同）の七カ国である（『鉞子——世界を魅了した「武士の娘」の生涯』内田義雄）。

ちょうど『武士の娘』がドイツで翻訳出版された年が、ハックたちによって映画作りの話が始まった一九三五年（昭和十年）夏だった。

早速、ドイツでも翻訳本が販売されて売れゆきも好調だった。ドクター・ハックも間違いなく杉本鉞子の『武士の娘』を読んだに違いない。そして日本の文化に造詣が深いハックが感銘を覚えたのは確実だった。ちょうどその時期が、映画『武士の娘』の制作時期と重なった。

ドイツ版の映画のポスターには富士山を背景にした丸髷、振袖姿の主人公が描かれた。題字はドイツ語で『Die Tochter des SAMURAI《サムライノムスメ》』、さらに漢字で『武士の娘』と日本語が併記されて日独共同制作の意味合いを象徴的に図案化している。

映画は、ドクター・ハックがナチス啓蒙宣伝大臣ゲッベルスから十万マルクの制作資金の保証の約束をとりつけ、一九三七年（昭和十二年）二月、日本で映画が封切られた。

東京では、帝劇や武蔵野館など、さらに大阪、京都、名古屋、同時に満州や朝鮮などの大きな都市でもいっせいに上映された。まず東京での一週目は、共同監督をつとめた伊丹万作監督の日本版の『新しき土』が、つづく二週目はファンク版の『武士の娘』だった。二つの映画ができたのは、二人の監督が途中で喧嘩別れしたからである。

当時気鋭だった伊丹万作に目をつけたのはファンクだったが、ファンクと伊丹はシナリオでさんざん議論し、撮影に入ってもことごとく意見が対立した。したがってカットやシナリオもいくらか異なるそれぞれの主張を貫いた二つの作品が作られたのである。

表現手法に日本の美しい風景や風習をとりいれることにこだわるファンク版は、日本人から見れば荒唐無稽のフィルムのつなぎや演出がなされていた。

主人公の原節子が東京近郊と思われる豪邸の裏木戸を開けて、一歩自宅の外に出ると、次のカットでは、家つづきの風景として現実にはありえない美しい安芸の宮島のシーンの中に主人公が立っているのである。明らかにドイツの観客を意識した映画づくりだった。

写実主義を重んじる伊丹監督には、これは我慢ならなかった。当時、伊丹万作の助監督として『新しき土』の制作にたずさわった、映画監督の佐伯清は、こう語った。

「ファンクという人は、とにかく風景ばかり撮るんですよ。ところが伊丹さんは人間を生かした映画を撮る人でしたから、まったく意見が合わない。ファンクの撮影を見ながら、『バカな』って小声でこぼしていました。ファンクと伊丹は途中から気が合わなくなり、私は最初、伊丹の助監督をしていたのですがファンクの希望で途中からかれの助監督になりました。ハックは、マネージャー兼制作主任として紹介されたが、すぐいなくなり、いてもいなくてもよい存在だったので誰も気にとめませんでした」

話はそれるが、私もイギリスの民間放送局と「大英博物館」を舞台にテレビの大型番組の共同制作をした経験がある。一つのテーマで作品を作るにしても、両者には対象への関心の持ち方から、言葉、風俗習慣の壁があり、カメラによる撮影手法までことごとく食い違ってくる。日本人と欧米人のもの作りに対する文化や国民性の違いが、作品には如実に現れるのである。結局、『新しき土』の場合と同じように別ヴァージョンの二本の番組を制作する破目となった。

したがって『新しき土』が、日本とドイツの最初の国際共同制作となれば、互いに培った技術も作法も異なっており、困難が生じるのは個人のせいばかりではない。

ところで、東京都写真美術館で七十六年ぶりに原節子ファンを魅了した映画は、日本版『新しき土』よりもテンポの速いファンク版『武士の娘』のほうだった。

映画は、日本やドイツさらに欧州を中心に世界各国で上映されて空前の大ヒットとなった。だが、ドイツで映画がヒットした背後には、ナチスの権力を飾りたてるのに天才的な才能を発揮した男、ゲッベルスの巧妙な世論操作があったことが後に明らかとなる。

盟友、酒井直衛との出会い

時代は下って一九八〇年代——。

東京・港区六本木の交差点から六本木通りを谷町方面へ、なだらかな坂を下っていくと、やがて下りきった左手に「ウェスターン・トレーディング株式会社」の看板を掲げた六階建てのビルがあった。現在、この界隈は、すっかり変貌して当時の面影さえなく、会社そのものもすでに消滅してしまっている。

この会社は戦前、ドクター・ハックと刎頸の交わりをしていた酒井直衛という人物が、戦後間もない一九四八年に、新橋駅近くのバラック建ての一室で徒手空拳で創業したものだった。そして日本が高度経済成長の坂をまっしぐらに駆け上っていた東京オリンピックの頃には、従業員二百人余りの企業に成長してさらに発展の途上にあった。

酒井直衛氏

「ウェスターン・トレーディング株式会社」の社史である『二十年のあゆみ』（昭和四十三年、非売品）によると、その頃の会社の役員欄に、社長の酒井直衛の上に、会長として元海軍大将の野村直邦を担いでいる。

野村は、戦前、ベルリンで海軍武官や三国同盟軍事委員の任についていた日本海軍の重鎮である。太平洋戦争中、野村はヒトラー総統が日本海軍に贈ったUボート、U511で帰国。一九四四年七月、東條内閣最後の海軍大臣になったものの、内閣の総辞職で次の小磯内閣の誕生までわずか五日間の大臣を務めた人物だった。酒井は武官事務所時代に野村に仕えていたのだった。酒井は戦後も日本海軍の影身に添って生きていたのである。

酒井は軍人でも外交官でもない。

一九二一年（大正十年）から四五年（昭和二十年）の終戦までベルリンの日本海軍武官事務所に勤務した。海軍武官の指示を受けて情報収集や対外折衝にあたるのが酒井の主な任務だった。

国家の命運を担った仕事をまかせられたのである。酒井は、この時の仕事を通して、情報収集の的確さ、迅速さが戦闘における勝敗の岐路、事業運営の成否を分ける要件であることを身に染みて痛感した。

情報軽視が日本軍の常であったときに、これは得難き体験となった。武官室で海軍武官に仕える一介の書記という事務員にすぎない身分だったが、優れた才覚によって、海軍事務所にとってはなくてはならぬ要の人物となっていた。海軍武官付の優秀な男として東京の軍令部にも名前が聞こえているほどだった。

酒井が、戦後の混乱のなかで商社を立ち上げることができたのも、日本の敗戦を見越したハックとその仲間たちが、酒井のためにスイスに「ボナンザ社」や「オフィトラ社」という海外連絡機関を設立してくれたお蔭だった。

酒井の窮乏時代には、この連絡機関を通して「ウェスターン・トレーディング社」に三万ドルの大金が送られてきた。万一の場合には酒井の困窮を救うというスイスでの約束通り陰で窮地を救ってくれたのである。

さらに、ハックは自分の死の直前まで、酒井がスイスに残してきたイギリス人の妻と二人の娘たちの生活の面倒までを何くれとなく見ていた。

かれは交友の道で情に厚く誠を尽くす男だった。ドクター・ハックと酒井直衛との信頼に結ばれた強い絆が、やがて日独合作映画『新しき土』（ドイツ版『武士の娘』）が生まれるきっかけとなってゆく。

この二人の出会いがなかったら、おそらく『新しき土』の映画制作も、終戦間際のスイスにおける日米の和平工作もありえなかったと断言してよいだろう。

一九八五年（昭和六十年）四月、その頃、ドイツやスイスと日本企業の間の工作機械や金属加工、化学工業の各種プラント輸出入、日本の自動車産業へのドイツの新技術の仲介など、欧州との貿易を手広く営んでいた酒井直衛を六本木にたずねた。

日本海軍ベルリン事務所を描いた東山魁夷の絵

酒井を訪問したとき、会社の社長室の壁には、東山魁夷の筆による海軍武官事務所の建物の絵が飾られていた。前景に大きな池のある公園のベンチで憩う人々の姿、背景にナチスがユダヤ人の富豪から接収して日本海軍に譲渡した豪華な邸宅が描かれた絵画だ。東京美術学校をでた若き日の東山がベルリン留学中に筆をとった作品だった。

海軍事務所では、贈り物にするために貧乏学生の東山の絵を何枚か購入したという。酒井の所有していた絵は、その時の一枚だった。

市内のカイザーアーレ１８２・１８５番地にあった海軍武官事務所（以前のバイエリッシュ・プラッツから一九三七年に移転）は、日本大使館の建物からは独立していた。地上二階、地下一階、地下室には絵画の鑑賞室も備えていた。

余談となるが、太平洋戦争中の海軍武官事務所は、三国同盟のために駐在する野村直邦軍事委員以下、海軍武官ら幹部およそ十人、ドイツの軍事技術導入のために海軍艦政本部から派遣された二十五人ほどの軍人と技術者たち、同じく航空本部から二十五人、経理の事務官など十人、海軍だけでおよそ八十人近くの要員を抱えていた。

海軍武官事務所の武官と武官補佐官は、組織的には外交上の事柄に関わるものは外交官身分が与えられ大使の監督を受けたが、本国の軍令部総長に直隷《ちよくれい》して独立していた。したがって重要な電報も外務省を通さずに直接、軍令部に打電するのである。陸軍武官事務所の武官の場合も参謀総長に直属して同じだった。

初めて会う酒井は、その時八十六歳。淡々とした口調で尋ねられたことだけポツリと答える口数の少ない人だった。酒井が海軍部内ではもちろん、ドイツ人にも信頼されてきたのは、誠実な人柄と口の固さもあったのだろう。かれは数奇な運命をたどった苦労人だったのである。


信州の山あいに生まれた酒井直衛は、南米雄飛の夢を抱いて僻地の寒村から日本を飛び出した。一九一六年（大正五年）、十六歳のときである。

ところが、船が寄港したシンガポールで、ムカウジュと名乗るインドの革命家の逃亡騒ぎに巻き込まれてしまった。宿泊先の三笠ホテルで偶然に知り合ったムカウジュが、スマトラへ逃げるのを手伝わされる破目となった。革命家を援助する岡本と名乗る日本人の右翼のグループから逃亡の幇助を頼まれたのだ。

ムカウジュが逃げた後、酒井は、イギリス官憲に捕まって収容所に抑留された。たまたま同じ房内では、地方軍閥に広州を追われて日本へ亡命直前の中国の孫文と一緒になるという奇遇もあったという。

やがて酒井の身柄は、事情聴取のためにロンドンに送られることになった。ちょうど第一次世界大戦の最中だった。日本の巡洋艦が護衛するイギリスの商船隊で連れていかれたのである。ロンドンでは海軍省で尋問を受けたが、間もなく疑いが晴れて釈放された。だが、英語もできず、手持ちの金もなく、その日暮らしのハウスボーイの仕事で貧窮に耐えていた。ロンドンで放り出されて途方に暮れていたとき、なんとかイギリスから逃げだそうと船乗りになった。ところがその船が座礁してふたたびイギリスに舞い戻ってきた。一九一八年、日本を離れて二年後のことだった。南米行きが、相次ぐ思わぬ事件に巻き込まれて頓挫したのである。

「私にとって波乱万丈の二年間でしたが、この時の体験が、人間万事塞翁が馬、所詮人間とは小さなもの、ならば運を天にまかせて前向きに大きく生きようと決心したのです」

と、「信念」に生きることの大切さを学んだことを衒うことなくつぶやいた。

酒井は、瞼を閉じて、遠い昔を脳裏に甦らせつつあった。

当時、ロンドンには「力行会」という、海外雄飛を志す若者たちの世話をする日本人会の組織があった。もともと酒井が、海外への夢を馳せたのも、東京にあった「日本力行会」が若き青年たちの渡航熱をあおり、海外発展を奨励していた時代の風潮に、影響を受けたこともあった。

酒井が、「力行会」の施設で一年ほど厄介になっていたとき、日本海軍武官事務所が募集した嘱託事務員の就職口に応募して採用された。

日本海軍とのつながりは、この時に始まったのである。

誠実で真面目で仕事熱心な青年は、たちまち周囲が認める存在となった。そんな時、酒井にドイツの海軍事務所への転勤話が持ち上がった。一九二一年、ちょうどハックがベルリンに戻った年である。南米雄飛の夢が、思わぬ運命の変転でドイツに人生を賭けることになったのだ。

シンチンガー&ハック商会

わたしが酒井と向き合ったとき、小柄で穏やかな風貌からは、当初、とてもあのナチス・ドイツが欧州を席巻した動乱の時代に、渦中をたくましく生き抜いた日本人には見えなかった。

酒井はハックとの出会いからポツリと語り始めた。

「一九二一年、ドクター・ハックは海軍事務所のアドバイザーみたいなことをしていたのです。そのとき初めて知り合ったのです」

それは、ハックが、ハインケル航空会社の飛行機やドイツの新技術などを日本海軍へ推薦するロビー活動に関わった直後である。

「私が、ドイツを離れたのが一九四五年のベルリン陥落のときですから、二人の関係は、二十数年つづいたことになりますねぇ。引き揚げた後の戦後も文通がずっとつづきました。かれは、とにかく優れておった人でした。まさにドクターにふさわしい学識を備えた人物でしたよ」

酒井の話から、親交を結んだハックの人物像がそれとなく浮かんでくる。

「ハックは得体の知れない男だと見られても仕方がないでしょうね。かれは非常に柔らかな人で、他人と口論するでもなく絶対に荒立てるようなことは言いませんでしたからね」

と、温厚で、理知的な紳士というのが、酒井が抱いていたハックの人物像である。

一九二一年は、ハックにとって習志野俘虜収容所から釈放されて三菱系企業のドイツ視察団に同行した翌年にあたった。この間ハックは、日本企業に頼まれて戦争で中断されていた貿易の復旧に駆け巡った。ヨーロッパ、特にドイツで一年間の調査旅行を行っている。

三菱の調査団に同行したのがそのきっかけだった。

ちょうどその頃、日本人とドイツ人の間に入って複雑な交渉も巧みにまとめ上げるハックの優れた交渉力に目をつけた人物がいる。ベルリンの日本海軍武官事務所に出入りしていた兵器産業クルップ社の駐日代表アルベルト・シンチンガーという男だった。

退役陸軍少佐のシンチンガーは、日本の軍需産業に深く食い込んでおり、ドイツの政界でも隠然たる勢力を持っていた。かれはクルップ社の他にもハインケル航空機会社の航空機の売り込みにも辣腕をふるう武器商人だったのだ。

「ベルリンに戻ったハックは、言ってみれば武器商人だったわけですが、同時に諜報機関の仕事をしていたのです。かれにとってはこちらのほうがより重要でした」

ドクター・ハックのもう一つの顔を、はっきりと明かしてくれたのは、ミュンヘンの甥のレイナルド医師だった。

「シンチンガーは総領事で日本の名誉大使でした。叔父はしばしばかれの代理として、日本の有力者とも密接に交流していました」

ハックが築いた日本人との太い人脈の源流は、シンチンガーとの出会いにあった。親日家のシンチンガーは、ベルリンで名誉総領事を引き受けて日本贔屓《びいき》の人物として有名だった。夫人は元女優の日本人、フライブルクには〝ビラ・サクラ〟という日本語の「桜」を冠した別荘をもち要人の接待の場所に使っていた。

ちなみに、シンチンガーは、陸軍武官大島浩（のち大使）の父親で、第一次世界大戦中の一九一六年（大正五年）から二年間、陸軍大臣をつとめた大島健一中将とも親しかった。健一は、大尉時代の四年余りをドイツに留学した。この間にシンチンガーと知り合って懇意になったのである。両家は家族ぐるみの付き合いに発展したが、シンチンガーはその頃まだ幼かった息子の浩を可愛がっていたという。

大島浩は、一八八六年（明治十九年）名古屋の生まれ。大島は陸軍きってのドイツ通と目された。これも父親の健一から徹底的なドイツ流の教育を施された影響が大きかった。ドイツ語をはじめ、歴史、風土、哲学などを学んだのである。

後年、大島武官が一歳年下のハックと密接な関係になったのも、大島がドイツ大使館付武官補佐官として赴任した直後、シンチンガーに紹介されたことがきっかけだった。

それは一九二一年、まさにハックが、シンチンガーと共に、エージェントとしての人生のスタートを切った年だった。

ハックが、福岡での捕虜時代に逃亡幇助の懲役刑が減刑されたのも、あるいはクルップ社日本代表のシンチンガーが、当時の大島陸軍大臣に手をまわしていたのかも知れない。ハックは、満鉄時代の東京で、すでにシンチンガーと出会っていた可能性があるからだ。

以上の話は、わたしが一九八五年（昭和六十年）、神奈川県茅ケ崎市中海岸の湘南の海に近い、その自宅に大島浩の未亡人豊子を訪ねたときに、夫人の口から聞いた直話である。

一九二一年は、期せずして今後の日独関係に重要な役割を果たしていく、大島浩、ドクター・ハック、そして酒井直衛ら三人の顔ぶれがベルリンに揃った年となった。

さて、当時の海軍武官事務所には、ドイツの武器を売り込むブローカーに対して、技術補佐官という技術面での研究を行う専門家がいた。ハックは海軍事務所に出入りしているうちに日本の軍人とも人脈が広がっていった。

ところでハックが知己を得たシンチンガーには、もう一つ、隠された顔があった。エージェントの傍ら日本の陸・海軍の秘密任務も遂行していたのである。後年、ハックが秘密情報員としての役割を担っていくのは、まさにシンチンガーとの出会いがきっかけだった。

こうして、親日家を任じた二人が、意気投合して事業を立ち上げるのは早かった。二年後の一九二三年、シンチンガーはハックと〝シンチンガー&ハック商会〟という商社を設立している。

ドイツの最新兵器や重工業品の売り込みと日本とドイツの企業間の技術提携の仲介を行う事業である。日本海軍がドイツの技術移入の斡旋を名誉総領事のシンチンガーに依頼したことで始めたものだった。日英同盟の廃止によってイギリスからの技術導入が困難になった穴埋めを、日本海軍はドイツに求めたのである。

ハックは、ドイツ企業の事業の代理権を次々と取得した。仲介手数料を取ることで潤沢な資金を入手することが可能となった。事業家として頭角を現して、日本とドイツの実業界を結びつけることに手腕を発揮するようになる。

日本海軍のベルリン武官事務所は、大正末から昭和の初めにかけて、ドイツとの技術提携をはかり、大量の武器や大型機械を調達した。そしてその多くを〝シンチンガー&ハック商会〟が仲介している。

ハックが扱った製品で日本が輸入した主なものは、ロールバッハ飛行艇、デュレネル・メタル・ウェルケのジュラルミン、中でも最大の輸入品はハインケル社の航空機だった。ドイツ空軍がまだ正式採用する前に、ハインケル航空機が開発した新機種の設計図や試作機の情報を、ハックを通して日本海軍は入手することができたのである。

一時期、戦艦「長門」に搭載されていた艦載機のHe25もハックが扱ったものだった。日本が、〝ジンチンガー&ハック商会〟を通して入手した高度な軍事技術は、膨大な数にのぼった。

ドイツ南部の工業都市シュトゥットガルトが、ハインケル航空機会社の発祥の地である。現在は、ダイムラーやポルシェなどが本社をおく自動車産業の中心地として栄えている。戦前は、ハインケル社の航空技術を学ぶために多くの日本人技術者や軍人たちがこの都市を訪れた。

世界で最初のジェット機He280の初飛行に成功したハインケル航空会社も、わたしが訪れた一九八五年には、過去の栄光は見る影もなかった。町工場ほどの規模で遠心分離器の製造を主力商品としてかろうじて名をとどめる存在だった。航空機産業は、戦後、連合国に解体されてしまったのである。

ハインケル社に保存されていた戦前のゲストブックには、多くの日本人の署名が残されていた。その中には、やがて日独防共協定の日本側の立役者となる陸軍武官大島浩の名前もあった。大島は達筆な文字でサインをしていた。

そして、かれら日本人とともに、案内役として頻繁にハインケル社を訪れていたのが、ドクター・ハックである。かれは、航空機の性能や技術的な問題にも精通していて、流暢な日本語で、案内した日本人客に解説をほどこしていた。ハインケル家が大切に保存していた五十年前の古びたゲストブックには、ハックの名前がしばしば登場する。訪問のたびごとに、日本の軍人たちが記帳したその末尾にカタカナで「ドクター・ハック」と独特のクセのある字体の署名を残していた。

映画の構想と「日独協会」

「『新しき土』の映画を、ハックは誇りにしていましたね。ドイツ版の『武士《サムライ》の娘』というのは、かれが付けた名前ですからね。『新しき土』なんて駄目だと。ヨーロッパでは通用せんと。何がなんでも『武士の娘』だと、ハックが言いましたよ」

日独合作映画『新しき土』の生みの親である酒井直衛は、映画の題名の由来をこう明かした。ハックが『武士の娘』という題名について、杉本鉞子の同名のベストセラーから着想を得たのはすでに述べたとおりである。原節子主演の大ヒットとなった日独合作映画は、もとはといえば酒井直衛が、ドクター・ハックにもちかけたふとした雑談の中からひらめいたものだった。

このことに話が及ぶには、二人が関わったある組織のことについて触れなければならない。

一九三一年（昭和六年）九月、中国東北部の旧満州で日本軍の謀略に始まった満州事変は、ドイツ国民に猛烈な対日感情の悪化を引き起こした。

元来、ドイツには永年の経済交流と軍事協力によって伝統的に中国に親しみをもつ国民が多かった。そこに第一次世界大戦で日本は、不意討ち的に参戦して戦勝国になった。パリ講和会議（一九一九年）では、ドイツが中国や南洋諸島にもっていた権益を日本に譲渡させられたことで、ドイツ国民に強い不信感を植えつけた。

青島《チンタオ》など中国山東省におけるドイツの諸権利や財産、さらに西太平洋のサイパンなどマリアナ諸島（グアム島は米国領）を含む赤道以北のドイツ領南洋諸島を国際連盟の委任統治の名目で、日本が支配したことである。

日本は火事場泥棒的にドイツの権益を奪ったという不満が鬱積した。中国への対華二十一カ条の要求も火に油を注いだ。時代を経て満州事変が、さらなる国民感情の悪化に火をつけたのである。

翌年、戦禍が上海方面に飛び火すると（第一次上海事変）、日本軍の侵略を非難する見出しが連日、ドイツの新聞紙面に躍るようになった。ベルリンの日本陸軍武官の官舎には、民衆の投石騒ぎが起こった。

ドイツ世論が、日本に不利な状況に向かいつつあるとき、海軍武官室で、満州の戦況を伝える本国からの電報を処理する事務を担任したのが酒井直衛だった。

手にした内容は、ドイツの新聞が伝える記事との間に事実関係や見方に著しい開きがあり、ドイツの新聞には明らかに誤報もあった。そこで酒井は、一計を思いついた。

海軍武官の遠藤喜一《よしかず》大佐の了解を得て、日本からの情報をドイツ語に翻訳し、ドイツの関係官庁に配布して理解を求める啓蒙活動を思い立ったのである。

中国の戦況を伝えるガリ版刷りによる記事が毎日発行され、日本大使館が頒布する最初の広報紙となった。酒井がドイツ語に翻訳し、文章に間違いがあればハックが修正した。

酒井は、駐独大使の同意を得て、さらにその充実を図った。

海軍だけでなく、陸軍武官事務所や大使館からの情報をまとめると、「日本人会会報」の名で自国の立場にたった日刊紙の発行に踏みだしたのである。経費の分担は、日本商社や大使館、陸・海軍武官事務所に求めて承諾を得た。これも酒井とハックが築いた人脈と信頼の賜物だった。記事の翻訳と編集には専門のユダヤ人記者を雇い、一日の発行部数も五百部を超えるようになった。酒井にとってミニコミ紙による世論形成という初めての試みは、後に意外な発想に結びついていくことになる。

酒井は稀なるオーガナイザーとしての能力と実行力を備えた男だった。

「新聞による世論づくりは、風向きを変えることができるものだということを身をもって体験しましたよ。世間の雰囲気がガラリと変わりました」

酒井は、メディアを使って世論を動かす術を学んだのである。

ドイツの新聞に、日本に好意的な記事を書かせようと、ハックに頼んでたびたびパーティを開き、ドイツ人記者を招待して親日的気分の醸成につとめた。

その費用は、陸・海軍武官事務所と大使館が負担したが、会を重ねるごとにドイツ人ジャーナリストたちの日本理解が深まり、新聞の論調も一変し誤報もなくなった。対日感情の悪化が、目に見えて好転していったのである。

酒井が行ったマスコミ利用の世論づくりは、海外生活を送る日本人の自然な愛国心の発露だった。

一九三三年一月三十日――。

ヒトラーのナチス（国家社会主義ドイツ労働者党）政権が誕生。ドイツでは国民啓蒙宣伝大臣のゲッベルスが、ナチスの宣伝の意図を潜ませながら巧妙な言論操作に乗り出した。

その頃、日独の友好親善団体の「日独協会」で、組織の人事をめぐって紛糾が起こった。そこで文化面で目覚ましい実績を示してきた、酒井直衛とドクター・ハックに組織立て直しの白羽の矢が立ったのである。

一九三三年六月、新しい「日独協会」がスタートすることになった。ドイツに駐在する日本人の有力者たちの多くが二人の手腕に期待をよせた。

酒井は、ハックと相談の結果、新しい協会の会長には前のドイツ海軍長官のパウル・ベンケ退役海軍大将を、書記長にナチス党員のストロベルに要請して就任の承諾を得た。

ベンケ提督は、若き日の一八八九年（明治二十二年）に砲艦ヴォルフの乗組員として日本を親善訪問して以来、大の親日家となっていた。そこで喜んで会長職を引き受けて、無報酬で、さらに月に二百マルクの自費をはたいてまでも日独親善に尽くそうとしたのである。日本政府は、このようなベンケの功績に報いて一九三五年（昭和十年）には勲一等瑞宝章を贈っている。

酒井とハックも日独協会の理事に就任した。そこでドイツ人の会員をどう募るか。ヒトラーの人種政策によって黄色い日本人も、陰では差別的に見られていた頃だった。

ここでハックの日本での捕虜体験が生かされたのである。

「昔、中国の青島で日本軍の捕虜になった連中がドイツにおける親日のルーツですよ。だからまずこういう連中に声をかけて日独協会への支援を頼んだらどうですか」

と、酒井に提言した。

武士道の精神で捕虜を遇した日本人へ好感をもつドイツ国民に「日独協会」への参加を訴えかける案である。

ハックの思惑は見事に当たった。

各地から捕虜経験の賛同者が名乗りをあげてきた。

当初、酒井とハック、それにベンケ提督らわずかの人数でスタートした日独協会だったが、ベンケの威令も行き届き、間もなく地方組織も結成されて会員三千人を擁する大きな組織に育っていった。ドイツ政府も多額の補助金を出した。

さらに、凱旋門の近く、ティーアガルテンに一九三七年に建設された日本大使館のやや南、アーホルン・シュトラーセの旧日本大使館の小さな建物を購入して、これを事務所として提供してくれた。二階建ての部屋数十室ばかりの古い借家だった。

それでも、これはナチス・ドイツが日本に寄せる強い期待の証だった。

ヒトラーの「名誉賓客」

翌年、ヒトラーは、日本の雑誌『現代』の二月号に「日本国民に寄す」と題して短いメッセージを寄稿している。そこには、顔写真とともに「ドイツ宰相ヒットラー」の肩書とサインがある。ヒトラーと親交があったというドイツ留学の経験者、日本大学教授百々《もも》巳之助とドイツ大使館の斡旋で記事の掲載が実現したことが記されている。

ヒトラーは、ドイツ国民と日本国民はともに〝燃ゆるが如き祖国愛〟をもつ民族であり、互いに理解し得るとしたうえで

「日本は幾千年来の古く光栄ある歴史を有するゆえに、いかにドイツが、国防と栄誉と平和のために最善の努力を傾注しているかを諒解することができるだろう」

と、両国が同じ立場で、現在直面している国際的な孤立と試練の中で共に平和に向かって協働していくことの意義の大きさを空々しくのべている。少なくともこの記事は、ヒトラーが日本へ関心を示し始めていることの証左となった。やがて、日独協会理事のハックと酒井直衛にも、ナチスから思いがけない「名誉」がプレゼントされることになったのである。

一九三五年（昭和十年）九月十日から十六日にかけて、ドイツ南部、バイエルン州の都市ニュルンベルクで第七回ナチ党全国党大会が幕をあけた。ヒトラーが、謀略と煽動と暴力、デマゴギーの限りを駆使してドイツ第三帝国の全権を掌握した二年目の秋である。

酒井直衛とドクター・ハックは、日独協会中興の功労者として党大会に招待された。これはヒトラーの外交顧問であるリッベントロップ（のち外相）が、政府当局に進言して実現したものだった。二人はヒトラーの「名誉賓客」という破格の待遇をうけた。

差し回しの専用車ベンツでの出迎えを受け、ドイツ政府から派遣された係官が案内役として随行した。

ニュルンベルクでの宿舎は、ナチスの高官や州政府の大臣たちと同じく寝台列車をホテル代わりにした特別車両が与えられたのである。

ナチス党大会のために特別に建設された巨大なパレード会場はきらびやかだった。

その前年、ヒトラーに大抜擢された二十八歳の若き建築家、アルベルト・シュペーアー（のち軍需相）が、総統を飾りたてるために設計したものである。式典が行われる夜の大会会場には、百三十台のサーチライトの柱が立ち並んだ。光の大聖堂が演出されたのだ。

ナチス第三帝国の司祭を気取った総統が光の中に登場すると、ヒトラーが好むワーグナーの音楽が厳かに流れた。

幻想的な雰囲気の中で、聴衆の感情を高めるための演出にあらゆる工夫がこらされた。会場にはつのる興奮とともに総統自身が姿をあらわす瞬間に演出の総てが集中された。ヒトラーは、最初はおもむろに、やがてほとばしるように言葉を駆使して会場を陶酔させ興奮を盛り上げた。

ヒトラーの大演説が滔々とつづき、その甲高い声の大音量だけが周囲を圧していた。

群衆は息をのんで佇んだ。会場は、壇上のヒトラーが際立つように綿密な設計と工夫が施されていた。

ヒトラー側近の中で最も寵愛をうけたシュペーアーは、一千年も残る建築物をめざしてニュルンベルク党大会の会場の設計図を描いたのである。総統の政治的意思の力の勝利の証として会場を建設した。

シュペーアーは、この後、目もくらむような出世をとげていく。酒井もハックも、興奮の坩堝《るつぼ》のなかでその場の雰囲気に圧倒されていた。

党大会が最終の山場にさしかかった九月十五日――。

ニュルンベルクでは、緊急の国会が召集されて、ヒトラーはこの地でドイツ国公民法とドイツ民族の血と名誉を守るための法律として純潔保護法を公布したのである。

その二日前に、突然、ヒトラーが内務省に法案の起草を命じて、ユダヤ人から公民権を奪う法律が準備された。そしてこの日の臨時議会で可決、公布されたのだった。

俗に「ニュルンベルク法」と呼ばれたアーリア人種と非アーリア人種とを区別してユダヤ人へ

の人種差別と迫害を行った非人道的な悪名高い法律が制定されたのだ。血の純潔など異様な思想が展開され、テロと暴力がナチスの公然の行動原理とされることになる。

その日の夜のことである——。

酒井直衛とドクター・ハックは、ナチスの党員たちが参加する懇親会に招かれた。

その席上で、酒井はハックが思わず肝を冷やす大胆な行動にでたのである。正義感にかられた血気にはやる酒井は、立ち上がると猛然とまくしたてた。

「ナチ党は、ナチス・アーリアでなければ人間ではない、というような人種差別観を持っているが、このような考えでは日独協会などを作って日独国民間の親善を図ろうとしても意味のないことだ」

酒井の強硬な物言いに、付き添っていた係官はただおろおろするばかりだった。

万座の視線が注がれるなかで酒井は、さらに啖呵を切った。

「このような人種差別的な政策を変えない限りナチスの一千年の帝国も信用がおけぬ。今日はユダヤ人を差別の対象にしているが、明日はポーランド人、明後日は日本人になるかも知れない……」

酒井は、ヒトラーが、かつてのドイツの神聖ローマ帝国、つづくドイツ帝国、そしてその独裁政権を「第三帝国」とよんで、一千年続くだろうと豪語していたのを公然と批判した。

事実、ヒトラーの日本人への人種的偏見は終生変わらなかったのだが、温厚な酒井の豹変ぶりに驚いたのは隣の席に座っていた他ならぬハックだった。日頃の穏やかな性格を知っているだけに、ハックは、酒井が声を荒げてナチスの人種差別に抗議する様子を唖然として見つめていた。

その頃、ハック自身は、ナチス・ヒトラーの権力の正体を見抜くまでの洞察には至っていなかった。

やがてその実体を知るに至って訣別し、亡命者としてスイスでナチスと闘うことになるが、当初は、ヒトラー政権の誕生を祝福する国民的昂揚のなかで、請われるままに、その秘められた野望に同調する方向で動いていた。

この年は、すでに一月から「日独協会」を隠れ蓑に、密かなその政治利用の胎動が始まっていたのである。ドクター・ハックはその先導役を担っていた。

山本五十六とハック

一九三五年一月十九日、ベルリンのフリードリッヒ駅に立つ山本五十六とドクター・ハック――。

チェスター・フィールドコートにソフト帽を被った山本五十六海軍中将（当時）の一枚の写真が残っている。山本はお洒落な洋服姿である。しかも同じ場所で、これも不思議な組み合わせのドクター・ハックが一緒に写っている。

いったい、これはどういうことなのか。

ミュンヘンでハックの甥のレイナルド医師から、一枚の秘蔵写真を見せられた時の率直な驚きだった。

ベルリン駅頭のホームで撮影されたこの写真は、まさにナチス・ドイツが日本に接近を図った歴史的瞬間をとらえた決定的な一コマといえる。

ベルリン駅頭での山本五十六海軍中将。その右が武者小路公共駐独大使、右端は横井忠雄海軍武官。山本の左がレーダー海軍大臣、左端は日独協会会長のベンケ提督。山本の背後に立つのがドクター・ハック

山本五十六を囲んで、右に武者小路《むしゃのこうじ》公《きん》共《とも》駐独大使、さらにその右隣に横井忠雄海軍武官。山本の左は、レーダー海軍大臣、そして日独協会会長のベンケ大将。山本のすぐ後ろには、頭一つ背が高いソフト帽のドクター・ハックが立つ。

これは武者小路駐独大使と日独協会のベンケ提督らが、山本五十六を駅頭に出迎えたときの記念写真である。ドクター・ハックは、ロンドン海軍軍縮会議の予備交渉に日本代表として参加していた山本に、ベルリン訪問をうながす使者として派遣されたのだった。

一九三〇年（昭和五年）に締結されたロンドン軍縮条約が、三六年に期限切れを迎えようとしていた。

ロンドンでは、三四年の十月から次の本会議に備えての交渉が、日、英、米の三カ国で秘密裏に行われていた。そこで、

日本海軍にパイプをもつ日独協会理事のハックが、山本招待の交渉の適任者として選ばれたのである。何よりも、かれの日本事情についての該博な知識と人あたりの柔らかさは、仲介者の役割にふさわしかった。

その時、ハックが残していた覚書に、かれがロンドンに赴いた目的とその黒幕の名前が初めて明かされている。そこにはヒトラーの意向を受けた外交顧問のリッベントロップの思惑が秘められていたのである。

リッベントロップ氏は、一九三五年一月に私をロンドンに送り、山本閣下を、ベルリンで総統（ヒトラー）に面会させるための準備をさせた。この機会に、私は、ロシアに対抗するドイツ—日本—ポーランドの同盟について、日本に同意の気持ちがあるかどうか、非常に用心深く探るように依頼をうけた。

深い政治的意図を秘めた山本五十六のベルリンへの招待——。

リッベントロップが、レーダー海軍大臣にはかって駐独大使の武者小路公共と日独協会に要請してきたものだった。山本五十六に目をつけたリッベントロップは、山本を日本への帰国途中にベルリンへ招待してヒトラーと会見させようとしたのである。

共産主義を目の敵にしていたヒトラーは、反共路線の同盟国として、まず、かねてから憧れを抱いていた海軍国のイギリスを抱き込もうと狙っていた。

だが、それが叶わぬ事を悟ると前年（一九三四年一月二十六日）に不可侵条約を結んだポーランドを加えて極東の一国と提携して三カ国による大陸横断的なソビエト包囲網を構築しようと考えた。その極東の国として目をつけたのがイギリスと並ぶ海軍国の日本だった。

しかし、ヒトラーは内心では「黄色人種」の日本人には、その最後まで人種的差別意識を捨ててはいなかった。

このヒトラーの野望を積極的に実現する役を買って出たのがナチス外交顧問で野心家のリッベントロップである。かれはドイツの海軍力の弱点を補うのにイギリスと日本の海軍力を高く評価していた。そこで日本への最初の接近を、ロンドンに滞在中の日本海軍の逸材と目された山本五十六に探ろうとしたのである。

リッベントロップは、日本海軍に日独接近の第一歩を画策した。

日本海軍に接近を図ったリッベントロップ

ヒトラーに魂の底から魅了されたリッベントロップは、一八九三年の生まれ。ワインの輸入販売業者として成功、シャンパン富豪ヘンケルの娘アンナと結婚し、かれはワインやゼクト（発泡ワイン）の商売のために世界の各地を旅行することになった。この体験が語学や国際的視野を養ううえで大いに役立ち、国際人としての自信に結びついていた。

一九三二年、まだヒトラーが政権を掌握する以前、ベルヒテスガーデンの別荘でのヒトラーとの出会いが、かれの運命を変えた。

古い友人のパーペン首相の使いとしてヒトラーに

パーペン政権への参加を説得にいった。その初対面で、論理性と野獣的な迫力をもったヒトラー一流の弁舌に圧倒されたのである（『ヒトラーの外交官』）。

やがて一九三三年一月、ヒトラーが政権の座につくと、外国通を買われて外交問題の特別顧問となった。外国語が堪能で、社交性に富んだリッベントロップは、ベルリンのブランデンブルク門に近い、ドイツ外務省のヴィルヘルム・シュトラーセの通りの一つ隔てた反対側の場所に、「リッベントロップ事務所」を構えた。

旧ビスマルク宮殿の二階に部屋をおくヒトラーの私的外交機関である。三二年五月にナチスの党員となったリッベントロップは、ヒトラーの威光を背景に職業外交官たちの本丸に睨みをきかせはじめた。やがて権勢をふるうにつれて、外務大臣のノイラートやナチ党の外交担当ローゼンベルクとの対立を深めるようになる。

リッベントロップ事務所の最盛期、一九三六年には事務所は機関とよばれ、百五十人のスタッフを抱えていた。一千万マルクのその維持費はナチ党から支出されていた。

リッベントロップは、事務所に、世界各地で働いていたドイツ人のブレーンを集めた。のちに駐日大使となったハインリッヒ・スターマーやルフトハンザ航空のハルビン駐在員であったヘルマン・フォン・ラウマー。のちにラウマーは、東洋関係を担当して日本人にも顔が広くなり、ハックとともに日独接近の舞台回しの役割を担ってゆく。

リッベントロップ事務所には栄達を狙うナチ党員、ジャーナリスト、実業家崩れなどがたむろして、梁山泊の様相を呈していた。その後、リッベントロップは、一九三六年に駐英大使、一九三八年、四十五歳で外務大臣、そして一九四六年、戦後のニュルンベルク国際裁判で死刑判決を受けるが、ヒトラーの信任が厚かった数少ないナチスの国際的知識人だった。

余談となるが、以前、西ベルリン時代に現地を訪れたとき、ベルリンの壁のすぐ東側にあったこの通りは、オットー・グローテボール通りと名を変えたが戦前のままだった。

ドイツ外務省は空襲で破壊されて雑草の茂る空き地となっていた。だが、その前のリッベントロップ事務所の四階建ての建物は、東ドイツの国営出版社の社屋となり当時の姿で建っていた。一九四五年五月、ベルリン陥落でドイツが無条件降伏したとき、周囲が徹底的に破壊され尽くしたなかで、この一棟だけ奇しくも焼け残ったのである。

リッベントロップ事務所は、山本訪独の翌年の秋、一九三六年十一月の日独防共協定の調印式の会場ともなるのだが、この一事をとっても、ドイツ外務省を除外した日独交渉がいかに歪《いびつ》なかたちで行われたかを示している。

日独接近の仲介役

さて、山本五十六に訪独をうながすために、使者として白羽の矢が立ったフリードリッヒ・ハック。ハインケル航空機と日本海軍の仲介をし、ドイツの軍事ロビイストだった日本通のハックは適役だった。

ベルリン駅頭に、日独協会会長のベンケ提督が出迎えたことは、山本招待に協会が隠れ蓑に使われたことを示している。

今日まで山本の訪独は、ドイツ海軍への「親善訪問」とされてきた。だが、事実はドイツが日本に接近をはかった第一ラウンドだった。ハックの覚書によって秘密のベールに包まれていた真相が明らかになった。

ハックは、さらにこう述べている。

私が、フォン・リッベントロップ氏の依頼により山本元帥（当時は中将）をベルリンに招待するためにロンドンに滞在していた時、山本元帥を総統（ヒトラー）に面会させることは、ロンドンの松平大使（恒雄）とベルリンの日本大使武者小路子爵によって最終的に妨げられた。

リッベントロップによる山本五十六中将とヒトラー総統との会見は、松平恒雄駐英大使と武者小路公共駐独大使の二人の連携で阻止されたことを言っている。リッベントロップの政治的野心を見抜いた大使たちは、ヒトラーと山本五十六の会見が実現した場合の影響力の大きさを懸念した。

ヒトラーが山本五十六つまり日本海軍に接近することを警戒したのである。

その頃、ヒトラーは、一九三二年にナチスが第一党となると、三三年一月に首相に就任、三月には全権委任法を国会で可決させ、七月にはナチスの一党独裁が成立した。

さらに十月に国際連盟から脱退して欧州で孤立するなどファシズム国家の独自の道を歩みはじめていた。

日本の二人の大使は、ドイツの非常に危険な外交上の位置、つまりドイツの再軍備と英仏伊の三国が対独連合を形成するような情勢を前に、日本がヨーロッパの戦争に巻き込まれるのを恐れていた。また、来たる海軍軍縮の本会議のために日本を政治的に何の拘束もない立場にしておきたかった。

当時、日本も、一九三三年（昭和八年）三月に国際連盟を脱退して「栄光ある孤立」の道を選ぶ外交路線をとりつつあったのである。

結局、大使たちの阻止工作で、ドクター・ハックを使って山本五十六とヒトラーを会見させようとした目論見は空振りに終わった。

リッベントロップが日独親善の名目を使った計画は失敗に終わった。のちにドイツとの三国同盟反対の急先鋒にたった山本の中にも、すでにナチス・ヒトラーへの警戒心が芽生えていたに違いない。

山本は、ベルリンでリッベントロップとレーダー海相に会った。そして一夜の晩餐会を終えると、翌朝、何事もなかったかのように、足早にシベリア鉄道経由で日本へ帰国の途についた。

ベルリンにはふたたび平穏が戻ってきた。

春が過ぎ夏も終わった。しかし、その年九月、こんどは日本側からの働きかけで日独接近の第二ラウンドが始まったのである。ハックは、その間の事情を短くこう伝えている。

最高に用心深くもちかけられたこの提案（リッベントロップからの提案）に対して、日本は同様に用心深い形で、別の提案をもって返答してきた。

こんどは、ナチス・ドイツへの密かな接近を試みてきたのは、ベルリン駐在陸軍武官の大島浩少将だった。ドクター・ハックにリッベントロップへの接触を頼んできたのである。

ドクター・ハックが、大島武官とリッベントロップの仲介に入った理由を、当時のベルリン駐在武官事務所の酒井直衛は、こう証言した。

「ハックにとって、日独の仲介は、大島さんとリッベントロップに頼まれてやっただけに過ぎないと思う。ハックには計算はありませんでした。日独協会を大島もリッベントロップも利用したということです。こういうことをやると、誰かに狙われたりとか、愉快なことではないですからね。仲介を誇りにしているようなところも見えませんでした」

ところで、後の話となるが、一九四六年（昭和二十一年）九月十九日に行われた極東国際軍事裁判（東京裁判）で、大島はタヴナー検事の質問に次のように答えている。

これが、戦後の東京裁判でドクター・ハックの名前が初めて公の場で取り沙汰された日だった。

「一九三五年、昭和十年の春、五月か六月だったと思いますが『ハック』が私の処に来て言うのには之は『リッベントロップ』だけの考えでドイツ政府の政策とは関係はないのであるがロシアに対するある種の防禦同盟というが如きものを日独間に結ぶ可能性はないだろうかということでした」（極東国際軍事裁判公判記録）

大島は、ハックの覚書の内容とは違って、日独接近はドイツ側がもちかけてきたことを証言している。東京裁判で大島が、一票差で死刑判決を免れた前の証言である。

さらに大島浩は、昭和三十四年（一九五九年）一月、神奈川県茅ケ崎市の自宅で法務省法務大臣官房参与の元海軍大佐、豊田隈雄の聞き取り調査に応じている。豊田は、終戦直後、海軍の復員業務を扱う第二復員局調査部長をつとめた。東京裁判の裁判対策に携わり資料収集と日独協会の常務理事として日独友好にも貢献した人物である。

大島はこう語った。

「防共協定は昭和九年（一九三四年）、私のドイツ行きが決定した後考えたものであった。私はドイツ行きを断ったが、日本は当時すでに満州に出ており、対ソ国防がいよいよ緊要となっており、是非ベルリンからソ連の動向を見ていてくれとのことでいくことにした。

私は以前ウィーン駐在の時、ソ連の機密情報を入手したことがあったが今度はとてもできない。そこで考えたのはドイツと政治的に手を握り互いにソ軍を極東に牽制することができないかということであった」（駐独大使大島浩中将よりの聴取書）

これはまさに、ヒトラーが考えていた極東の国（日本）とポーランドの三カ国によるソビエト包囲の同盟にほぼ近い、以心伝心の相通ずる案である。

大島浩の遺言

そして大島は、東京裁判から三十年近くたった頃、もう一度、日独接近の事情と狙いについて詳しく率直に語っている。一九七五年（昭和五十年）、かれが八十九歳の生涯を終える直前である。インタビューを試みたのは、元読売新聞記者でジャーナリストの松崎昭一だった。

大島浩陸軍中将

「私が、武官として行った時分、つまりナチスがドイツの政権をとったときには、独ソの関係は非常に悪くなっておったんです。私が、一九二一年（大正十年）ドイツ大使館付武官補佐官として赴任したころは、独ソの関係は非常によかった」

　大島の話は、ハックとはじめてベルリンで出会った年のことにふれている。

「当時、ドイツは、ロシアに退避作戦をとりながら、連合国と戦うという考え方だったので、軍事的に仲がよくて、それがラパロ条約（一九二二年、独ソ修好条約）とか、ベルリン条約（一九二六年、独ソ友好中立条約）とかの土台になっておったんです。

　ところが、二度目のドイツ時代（註・大島が陸軍武官としてドイツに着任した一九三〇年）には関係が悪くなっていた。したがってドイツのほうでも、ロシアを対象にして、どこか相手がほしいという考えが明瞭になってきていた。で、これを何かに利用したら、日本の要求をも、うまく組み入れられるんではないかと考えたわけです」（『昭和史の天皇20』）

　このとき、大島の頭の中には、ソビエトを意識した一つの戦略があった。

日露戦争のとき、満州における奉天会戦のあとロシアのニコライ二世とドイツのウィルヘルム二世は、フィンランドのビヨルケで密約を結んだ。これはカイザー（ドイツ皇帝）が、ツアー（ロシア皇帝）に、独露の国境の保全を約束したものだった。

そこでロシアは、「ビヨルケの密約」によって、ヨーロッパから満州へ軍隊と武器を移動させて、満州の戦場に新しい部隊の投入が可能となった。密約は、日本陸軍にとって大きな脅威となったのである。

日独接近の日本側の推進者となった大島武官の発想は、この「ビヨルケの密約」を歴史の教訓とするものだった。ソビエトを抑えるために、今度は、ソ連の背後にあるナチス・ドイツを日本が利用する戦略を考えたのである。

大島の話はつづいた。ハックとリッベントロップの関係にふれている。

「日露戦争の失敗が、二度とあってはいけないということから、そういうことだけはないように約束しようではないかという話を、ハックを通してリッベントロップにもちかけたわけですよ。なぜリッベントロップにもちかけたかというと、ドイツは、ナチスの機関が勢力をもっているんです。つまり、ヒトラーにすぐ話すから、リッベントロップを射止めれば、同時にヒトラーも射止められるという目算を、私はもっていたわけです」

東京裁判から三十年後、大島は日独接近に自らが積極的に乗り出した理由を正直に語った。

ハックの覚書でも、一九三五年九月の時点の大島の積極的な姿勢が、しばしば報告されている。

大島は、現時点は、問題解決に適切な時であって、寸刻も無駄にしてはならぬと思っているようだ。

大島の晩年の証言に照らしても、日独接近のイニシアチブをとったのは、日本側であったと言っても間違いない。

この出来事は、日本が、政情不安なヨーロッパの政治外交の舞台に足を踏み入れるきっかけとなった。

日本陸軍は火中の栗を拾う道を選択してヒトラーに近づいた。

しかも、大島駐在武官の動きは、官制上は上司にあたる武者小路駐独大使をさしおいて、秘密裏であり、当時の外務省と軍部の力関係を表して象徴的だった。ナチスかぶれの人物と酷評された大島浩の野心とヒトラーへの点数稼ぎを狙っていたリッベントロップの思惑が通じ合うときが訪れたのだ。

ハックの覚書には、山本五十六への工作が失敗した後、その年九月に、今度は大島の使者としてリッベントロップに接触するまでの間、この八カ月間の空白を埋める行動の記録は何も残されてはいない。

この間、ハックはもう一つの仕事に多忙を極めていた。日本の映画史上に不朽の名を残す日独合作の映画制作の事業である。

その前年の秋、日独協会理事のハックと酒井直衛の間に話が持ち上がった映画の国際共同制作の話が、具体的なプランとして煮詰まりつつあったのである。

相手は東京の青年実業家、東和商事社長の川喜多長政であった。

第三章

原節子と「武士の娘」

『武士の娘』で主役を演じた原節子（協力・川喜多記念映画文化財団）

国際共同制作映画という挑戦

一九三五年、創立七年目にして全盛期を迎えようとしていた欧州映画の輸入会社、東和商事の川喜多長政・かしこ夫妻は、新たな挑戦に乗り出そうとしていた。

東和商事は、その前年には『商船テナシチー』、『会議は踊る』、『にんじん』などの名画を輸入して大ヒットさせていた。そしてこの年には『未完成交響楽』、『別れの曲』などを封切って音楽映画のブームを作り順風満帆の時期にあった。

その川喜多夫妻に、ドイツから日本最初の、映画の国際共同制作の誘いがきたのである。山岳映画の巨匠として世界的に有名なアーノルド・ファンク監督がその相手だという。

北京大学を卒業しドイツ留学の経験もある当時三十二歳の川喜多長政は、東和商事の設立当初から映画による東西文化の交流の夢を抱きつづけていた。ところが偶然の暗合によって、ベルリンにまさに川喜多の永年の想いに通底するようなことを考えた男があらわれたのである。

日独協会理事の酒井直衛だった。

「当時ドイツで、日本は非常に評判が悪かったですよ。日本映画がほそぼそながらヨーロッパに持ちこまれて上映されていましたが、一般の映画ファンには見向きもされず、招待券をもらった人たちだけが、お義理で見にくる程度でした。日本人監督の演出がピンとこないのです」

ドイツに限らず、欧米の映画市場での日本映画の評判は酒井の言うとおりだった。当時の日本映画は、時代劇は日本演劇の古典である歌舞伎から大きな影響をうけていた。伝統的な規則にしばられて躍動感にも欠けていた。現代生活を扱った映画でも、俳優の動きは緩慢で大げさなポーズが多すぎた。

しかも国内市場だけに着目した演出では、所詮、海外において外国映画会社との競争に勝つ力はなかった。

左からファンク監督、川喜多長政、ハック

酒井は、以前、新聞を発行して世論を味方につけた経験から、大衆娯楽の映画によって日本文化の理解を図ろうと考えたのである。

「そこであるとき、ドイツ人の監督に日本人の俳優を使って日本映画を制作してもらったらどうだろう、ドイツ人監督の感覚で日本をとらえれば観客にアッピールするのではないかと思いましてね。ドクター・ハックに相談したんです」

するとハックからは、意外な色よい返事が返ってきた。

「ハックが非常に有名なドイツの映画監督を知っているというんです。アーノルド・ファンクは自分の大学時代の友人だと。かれにひとつ話してみようと」

当時、ドイツのテラ映画社の契約監督であったアーノルド・ファンクにハックから映画制作の話が持ち込まれたのは一九三五年の初夏の頃だった。

ベルリン郊外の高級住宅地、テーゲル湖の湖畔に大きな邸宅を構えていたファンクは、ハックからの話にたちまち飛びついた。国際的な名声を得ていた裏では、実はそれまで映画制作に多額の資金をつぎこみ台所は火の車だったのである。エリザベート夫人との間に長男のハンスも生まれたばかりだった。

経済的に行き詰まっていたファンクに奇跡が起こった。幸運の女神が日本から手を差しのべてくれたのだ。ファンクは、自伝『氷河と暴風と雪崩の監督』で、その間の事情をこう語っている。


当時の私の状況は絶望的だった。ドイツの映画監督としては、今までだれも得たことのない幾千ものすばらしい批評を得ていた。しかし、それでは生きていくことはできない。そこへ、突然、私の長い人生でいくたびか起こったような奇跡が起こったのである。

今回は、救いの神は日本からやってきた。


ファンクの手放しの喜びようが伝わってくる。

余談となるが、私は、フライブルクでファンク夫人のエリザベートに会う前に、かつて夫妻が住んでいたその邸宅が現存することを知り現地を訪れた。建物はすでに戦前、人手に渡り神経科の病院として森の中にひっそりと佇んでいた。古びてはいたが、邸宅の規模や外観から、絶頂期のファンクの豪勢な生活ぶりを想像することができた。

その頃のファンク監督は、高級住宅地のヴァンゼーで、部屋数十四、五室、二人のメイドとコックもいる邸宅で贅沢な日々を送っていた。映画関係者や文化人を招いてのパーティも途切れることはなかった。

ファンクの弟子で、ベルリン・オリンピックの記録映画『民族の祭典』の女流監督レニ・リーフェンシュタールも、常連客の一人だった。そんな招待客の一人に学生時代からの友人で貿易商を名乗ったドクター・ハックもいたのである。

ハックの話題は、いつも大好きな日本のこと、その伝統文化の魅力や美しい風景についてで、語りはじめると周囲に人の輪ができたという。

一九三五年の夏の一夕、ファンク邸にハックと二人の日本人が招待された。ベルリン駐在陸軍武官・大島浩と東和商事社長の川喜多長政である。

ファンクの日独合作映画『武士《サムライ》の娘』（日本版『新しき土』）の監督就任の前祝いだった。ファンク邸でのその夜の晩餐は、大盤振る舞いだった。ベルリンの五つ星ホテルのケピンスキーから一流のコックを呼んで料理を作らせ、贅を尽くしてハックと日本人をもてなした。それほどまでに日本から飛び込んだ映画制作の話はファンクを有頂天にさせた。

晩年は落魄の身となる運命のファンクにとって、『武士の娘』は、監督人生の起死回生の映画となったのである。

さて、ドクター・ハックはファンク監督に話をつけるとその後の行動は早かった。日独協会理事の肩書を利用し、もてる人脈をフルに活用して動きだした。

山本五十六の訪独で関係が深まったリッベントロップに、ドイツ国民啓蒙宣伝大臣のゲッベルスへの引き合わせを頼んだ。二年前に国民啓蒙宣伝大臣のポストについたゲッベルスは、反ユダヤ主義の急先鋒の一人だった。

その統制下に全国著述院、全国新聞雑誌院、全国ラジオ院などを設立して、映画、演劇界などナチス・ドイツの文化領域を支配する絶大な権力者となっていた。

ハックは、ゲッベルスから十万マルクの映画制作費の拠出の約束をとりつけた。

要請を受けたゲッベルスは、恋人との甘い香りの漂うファンク監督の映画の思い出を日記に残している。

夜エリカと一緒に映画『死の銀嶺』を見る。山岳と雪の映画は深く私を震撼させた。とても美しいレーニ・リーフェンシュタールも共演していた。すばらしい娘！　優雅と優美に満ちている。

（ゲッベルスの日記、一九二九年十二月一日、『ゲッベルス』平井正）

数多くの女優との浮名を流した恋多き男のゲッベルスが絶賛した映画がファンク監督作品のレニ・リーフェンシュタール主演の『死の銀嶺』だった。ダンサーとして活躍していたリーフェンシュタールを映画界に誘い、主演に起用して『聖山』、『死の銀嶺』、『モンブランの嵐』など山岳映画の傑作を次々と生み出したのがファンク監督である。

さらに、リーフェンシュタールは、ファンクからその技法を学び映画監督に転身して、一九三四年、ニュルンベルクのナチス党大会を撮影したヒトラーの宣伝映画『意志の勝利』で絶賛を博したばかりだった。

ゲッベルスのファンク監督に対する絶大なる評価が、製作費十万マルク（現在の円換算で約一・二億円。ちなみに東和商事の総制作費は七十五万円で現在の約十億円）の拠出に決定的な影響を与えたことは想像するに難くない。

ハックの努力が功を奏したのである。

しかし、スポンサーにナチスがついたことは、『武士の娘』が、ゲッベルスの意向に沿った枠がはめられ、政治的な目的をもつ映画になることを意味していた。ナチスの国策映画として内容から宣伝まで宣伝省の手に握られることは避けられない運命となった。

ファンク夫人が、手もとに残していた資料の中に、富士山を背景にした和服、丸髷の日本女性の姿を描いた冊子がある。

富士山を背景に和服姿の女性が描かれたポスター

映画のポスターにも使った図案である。『武士の娘』のタイトルで、ファンクが映画完成の翌年の一九三七年、映画の公開にあわせて関係者に配ったものだ。

この中に、映画制作にあたってファンクが抱いた決意の一端がのべられている。

「私の心にあったのは、わが総統の希望と、その外交政策の遂行のため、最前線に置かれているという意識でした」

つづく文章では、「政府から支援を受けて重大な課題を負った自分は、ドイツ国民に日本を理解させる映画をつくること、しかも課題を成し遂げるまでは国に帰ることはできない」など、合作映画の政治的背景と監督としての悲壮な覚悟をのべている。

一方のハックも、ドイツでの映画制作の足場を固めつつあった。日独協会の会員で東和商事のドイツ駐在員林文三郎（後に早稲田大学教授）にも共同制作の声をかけた。

その頃、ベルリンからの知らせを受けた東和商事社長川喜多長政の思いを、夫人のかしこは、回想記『川喜多かしこ――映画ひとすじに』の中でこう記している。

東和の創立当初から川喜多は映画による東西の文化交流という理想を抱いておりました。……当時の日本映画では到底欧州の観客をひきつけることが出来ないと悟り、次に川喜多が考えたことは有名な欧州の監督を日本に招聘して外国人に分り易い日本映画を作ることでした。そこへちょうどファンク博士側からの希望が伝えられたのです。

と、まさに渡りに船の申し入れがベルリンから東和商事に飛び込んできた。

川喜多にとってファンクは、山岳映画、スキー映画の第一人者としてつとに力量も熟知している監督だった。東和商事も創業当初にファンク監督の『銀界征服』を輸入しており、最近でも『モンブランの王者』が絶賛を博していた。

川喜多長政は、この話に乗る決断をくだしたのである。ここに日独協会がとりもつ縁でベルリンと東京が一本の糸で結ばれることになった。

原節子（中央）を挟んで右が川喜多長政、左がかしこ。後ろは通訳の林文三郎

川喜多かしこと東和商事

東京・銀座四丁目の交差点の近く、籏《はた》ビルの六階にあった東和映画の副社長の川喜多かしこをたずねたのは一九八一年（昭和五十六年）四月のことだった。

紫の鹿の子絞りの上品な和服姿でにこやかに取材に応じてくれた川喜多は、当時七十三歳。国際的に名を知られた映画人として多忙を極めていた。夫の長政が亡くなったのはその一カ月後、七十八歳だった。

川喜多かしこは、ドイツとの映画制作について、

「当時、このような共同事業に手をだしたら東和商事の命取りになると、みんなから反対されたのです」

欧州映画の輸入と配給に実績をあげてきた

東和商事にとっても、映画制作は初めての経験だった。しかも外国人を迎えてのわが国最初の合作映画は、相談する人とてなく川喜多夫妻だけの考えで判断するしか方法はなかった。

創立七年目の東和は、いよいよ清水の舞台から飛び降りる覚悟で大冒険に乗り出すことになったのである。

一九三五年七月、川喜多長政はベルリンを訪れて、ファンクに会った。そして合作映画への強い抱負を確かめると、ただちに妻のかしこに電報を打った。

「ファンクに会った。日本におけるフィルム、その他滞在費・交通費・帰国旅費、当方負担。来日の旅費・俸給はドイツ負担。一行は林（文三郎）を入れて八名。ドイツ語圏以外の全権利は当方帰属。J・O（大澤善夫）とすべて折半の覚書をつくれ」

かしこは、夫の指示に従ってJ・O側との話をまとめた。

日本側は、東和と大澤善夫のJ・O映画が七十五万円の制作費を折半、ドイツ側は、ファンクが契約するテラ映画社が合作協定を結ぶことになった。

かしこは、制作資金の捻出に駆け回った。

ベルリン海軍武官事務所の酒井直衛とハックという素人に始まった映画の企画が、映画づくりに夢をかける青年実業家の熱い思いと結びついたのである。

瓢箪から駒がでたような話だった。

映画『新しき土（武士《サムライ》の娘）』は実現に向かって大きく歯車が回り始めた。

七月末、川喜多かしこも夫の後を追ってシベリア鉄道でドイツに向かった。八月三日、かしこは、ベルリンで初めてファンク監督やハックに会った。この日のことを日記に書きとめている。

「午後五時、ホテルのロビーでファンク博士に会う。芸術家らしい人。同行したハック氏というのは商売人らしい。感じのよくない男だ」

かしこのハックに対する第一印象は、決して好ましいものではなかった。

わたしは、この日記をもとに川喜多かしこに、ある事実を確かめようと一つの質問をなげかけた。

「ドクター・ハックの日本語は上手でしたか」

彼女の答えは、「否」であった。

映画のプロデューサーを名乗ったハックは、川喜多夫妻の前では、いっさい日本語を話さなかった。また日本についての造詣や知識の片鱗さえも示してはいない。

「ハックは、慇懃《いんぎん》な人、腹の底がわからない人という印象でした」

さらに、単刀直入に質問を重ねた。

「来日したハックが、映画制作の陰でナチスと関わりある、ある工作に携わっていたことをご存知でしたか」

川喜多かしこの温顔は、一瞬、驚きの表情に変わった。

「いえ、存じません。初耳ですね」

事情を告げると、かしこは、ハックの秘密を、四十五年目にして初めて知ったと言った。

ドクター・ハックは来日したとき、当然のことながら、合作映画の日本側の当事者である川喜多夫妻にも、日独接近の秘密はいっさい漏らしてはいなかった。大島武官の密使としてのもう一つの役目は、口が裂けても語れぬ事情だった。

『新しき土』は、最初から政治的意図をもって企画された映画ではない。

だが、ナチスから制作費がでたことで酒井や川喜多夫妻も、ドイツの国策映画の色彩を帯びることはある程度覚悟していた。

ファンク監督もハックから事情を聞かされて、政治的使命を帯びるのはやむを得ないことと認識した。そこで日独合作映画をドイツで成功させるには、自分が培ってきた映画技法で押し切るほかないと判断した。日本の美しい自然、劇的で単純なストーリー、山岳映画で見せた得意の手法である。

だが、共同監督就任の条件にシナリオ段階での関与を強く主張していた伊丹万作にとっては、ファンク側の都合で映画の中身が決まっていくことには我慢ならなかった。

「ファンクのシナリオは、ゲッベルスの意向が強くでて国策映画の色彩を帯びていますし、伊丹監督は、人間を描くことにこだわって、二人は脚本の上でも撮影現場でも激しく対立していました」

と、川喜多かしこは言った。

映画のストーリーも、ナチスの政治的宣伝を加味したものへと変わっていった。

物語は単純である。ドイツ版『武士の娘』では、シーンの冒頭分から、主人公（原節子）の許嫁《いいなずけ》（小杉勇）の輝男がドイツ留学を終えて帰国する客船の甲板には、ナチスのハーケンクロイツ（鉤《かぎ》十字）と日の丸の小旗が並んで強調される。

ちなみに伊丹版では、ユニオンジャックと日の丸に差し替えられている。

ドイツを工業先進国、日本を地震国、火山、自然の美しい国としてシーンのカットを重ねる。

二人の結婚までには紆余曲折のドラマがある。原の演じる主人公の光子は、最初は、淑《しと》やかな日本女性として、後半からは忍従に耐える強い精神力をもった大和撫子として観客をスクリーンに引きこんでゆく。

ファンク監督お得意の山岳シーンでは、火山である北アルプスの焼岳を舞台にヒロインの光子が死に場所を求めて登場しクライマックスとなる。映画の終幕では、良家の子女である光子と養子の輝男が、唐突に満州の開拓移民となり、赤ん坊を抱えて広大な大地で農作業に励む。

ラストカットは、二人を見守る国境警備の日本兵の鋭い目線が、遥か地平線の彼方のソビエトを連想させる方向を睨む。日独防共協定を暗示したシーンを最後に、意味ありげに映画の全編を終わる。

徹頭徹尾、ドイツの観客を意識した映画づくりだった。

映画制作にドクター・ハックが深く関わったことで、日独接近と映画の撮影とが軌道を一つにすることになった。映画は日独交渉の隠れ蓑に利用されたのである。

原節子の登場

ところで、この映画の主人公に、なぜ原節子が抜擢されたのか。

十五歳の少女に女神が袖をふれた瞬間を後年、原はこう回想している。

『河内山宗俊』の撮影が終り、東京へ帰って『嫁入り前の娘達』に出演、その次がいよいよ日独合作映画『新しき土』です。

ファンクさんは『新しき土』の主演女優を探していて、女優さんのブロマイドというブロマイドを全部集めたようです。ファンクさんから、

「写真を持って来なさい。」

という伝言でしたが、私は写真を持ってノコノコ出かけていって断られたら馬鹿らしいし、恥ずかしかったし、それに若いので欲がないので、行くのをためらっていました。

ところが日活宣伝部の高橋さんという方が、わざわざ家に来られて、

「折角のチャンスだから是非一緒に行きましょう。」

と一生懸命にすすめて下さいました。あまり熱心にすすめるので、私はようやく行く気になりました。

萬平ホテルだったか山王ホテルだったかへ、高橋さんと行きました。持って行った写真の中に、たしか『モダン日本』だと思いますが、その雑誌の口絵になった私の写真がありました。それがファンクさんに気にいられたのです。

その写真がなかったら、『新しき土』に出演し、その後ヨーロッパへ行くということは話が別になっていたかもしれません。でも、そのときどういうつもりか、なんとなくそうなるような気もしてました。

(『映画スター自叙伝集　このままの生き方で』)

原節子は、ファンクがすでに京都で白羽の矢を立てていたことに気づいてはいない。ファンクの慧眼が、京都のJ・O映画のスタジオで偶然に見出した新人女優に光をあてることになった。キャスティングにあたって、日活の看板スターの小杉勇とファンクの心をつかんだ原

ファンク監督と田中絹代

節子の出演はすんなりと決まった。

だが、序章にあるように来日前からファンクが主役に強く希望していたのは、当時の日本を代表する女優である松竹の田中絹代だった。

ところが、映画界には、専属俳優制という強い縛りがあり、所属の俳優が他社の映画に出演することは、原則的に禁じられていた。

田中絹代は松竹の専属である。

それでもファンクは、川喜多夫妻の周旋で田中絹代と会った。序章で述べたファンク夫人が保持していた一枚の写真に、ある邸宅の応接間で撮ったファンクと田中絹代の二人の姿がある。

和服姿の田中絹代が、手もとに台本らしいものを持って真剣に目をとおしている。傍らでファンクはにこやかに田中の表情をうかがっている。このとき、田中もファンク映画の出演に意欲をもやしていた。またファンクがそれを切望していたのも事実だった。川喜多かしこもそう断言した。だが、東和とJ・O映画側には、映

信州・上高地の焼岳での一コマ

画の配給権を松竹に渡さねばならなくなることがネックとなった。出演交渉を断念せざるをえなくなったのである。

そこで急遽、主役に抜擢されたのが日活女優の原節子だった。

ファンクは、繊細でほっそりと貴族的な容貌をもつ魅力的な少女に、欧州の映画ファンを魅了する隠された才能があることを見ぬく眼力をもっていた。

ギリシャのアルカイック期の人物彫刻の口辺に見られるような、いわゆる〝アルカイックスマイル〟の微笑をもつ少女だと直感した。

ここに、スター原節子の誕生が約束されることになったのである。

『新しき土』の映画にもられたものは、おそらく、その頃の政治的な深い内容があったことでしょう。少女のわたしには、もちろん、何一つ判らず、まるで人形のように動いていただけだったのですが、ただ、わたし個人にとっては、一生かかっても見ることのできない、夥だしいたくさんの面をみることが出来、それらのもので、少しずつ自分というものが、おぼろげに、浮き彫りされてくるようにわかったのは、大へんな効果であったと、今になって沁々と考えられます。

（『映画スター自叙伝集　このままの生き方で』）

それまで世俗とはまったく無縁だった新人女優の原節子にとって、映画に隠されたナチスの思惑など、知る由もない。カメラのレンズの前でファンクの脚本と指図のままにひたすら懸命に動けばよかった。クライマックス・シーンの撮影では、思い出に残るエピソードもあった。

お仕事では別に印象はありませんし、辛いと思ったこともなかったけれど、ファンクさんというのは山岳映画専門の監督で、山の映画でしたから、焼岳に一週間も登ったり降りたりしたのには、流石《さすが》に参りました。

朝くらいうちから懐中電灯と提灯をつけて出発し、途中の小屋で一休みしてから頂上へ向い、頂上ですぐに仕事にかかり、日一杯撮影をして山を降るのです。途中の山小屋にも泊れるのですが、雑魚寝《ざこね》だし水が貴重品で自由に使えないしするので、無理をしては下の宿屋まで泊りに帰りました。

そうなると足で歩けなくなってしまい、宿屋の中を這っていました。若くて元気だったから出来たのでしょうが、今だったら一日も出来ません。

（『映画ファン』一九五二年十二月号）


後年、原節子がこのように語った信州・上高地の焼岳での撮影の一コマである。

ファンクが、『新しき土』のシナリオの執筆にとりかかったのは、神戸到着の二カ月後、四月初旬だった。東京からふたたび京都に戻ってJ・O映画の大澤善夫の別邸に籠もって作業を開始した。田んぼの中にポツンと建つ御殿のような構えの別邸は、静かな環境だった。

ファンクは、当初、脚本にパール・バックの『東の風、西の風』のようなアイディアを持っていたという。だが、日本の自然や伝統、暮らしにふれて『新しき土』の構想を得た。

脚本の相談にのったのは、ドイツ大使館の書記官のハンス・コルブ博士である。一九二三年（大正十二年）に来日して以来、滞日歴十三年の日本通のコルブ博士は、オット駐在武官の日本の文化理解への指南役をつとめた人物だった。ファンクにとってはドイツ時代からの友人でもあった。

ボンのライン川近くにあった西ドイツ外務省（一九八五年取材当時）の外交史料館の記録の中に、共同制作映画について東京からの報告が残されていたが、コルブは、ファンク監督が短い期間で〈日本の心〉をつかんだことに驚いたことを書き送っている。

一方、共同監督の伊丹万作にとって、脚本は本来自分の発想ではなかった。しかも芸術性とはかけ離れた異質なテーマの映画をつくらねばならないことへの精神的な苛立ちは募るばかりであった。

ファンクから共同監督への再三再四の要請があったとき、当初、仕事の困難さを予見して固辞

日独合作映画『新しき土』の撮影隊。左端の帽子姿が伊丹万作

した伊丹監督だった。後悔先に立たずの心境だったのか、撮影の途中から助監督の佐伯清にまかせて、現場にも顔をださない日が多くなった。

そこで川喜多長政の決断で、日本版とドイツ版、二つの作品をつくることで折り合いをつけたのである。

このとき日本版の映画の題名を『新しき土』に決定した。

一九三六年七月上旬、京都のJ・Oスタジオでクランクインした『新しき土』は、七カ月かけて一九三七年（昭和十二年）一月に完成。

音楽の作曲は山田耕筰、演奏はファンク版「新交響楽団」、伊丹版「中央交響楽団」である。

二人の監督の対立と微妙な意識の違いを象徴するような音づくりがなされたのだった。

撮影を済ませたファンク版のフィルム編集は、一九三六年九月から翌年一月にかけて昼夜突貫で過酷な作業が行われた。

編集技師のアリス・ルートウィッヒの助手に雇われた岸富美子は、編集室でのファンクとアリスの葛藤を近くで見ている。

Ｊ・Ｏスタジオの中の編集室は、廊下に小さな鉄格子の窓がある狭い空間だった。入り口の扉には、スタッフ以外の入室を禁じる張り紙が貼られていた。編集室に入室を許されたのはファンク監督だけだった。川喜多夫妻でさえも、訪れたとき鉄格子の窓から内部の作業をのぞいていた。アリスは職人気質の編集技師だった。

『新しき土』の撮影は、スタジオより戸外でのロケが多く、音声も必然的に、後で効果音をつけるアフレコが多くなった。アリスは、映像と音声をマッチさせる、つまり音ずれがないように神経を使い、細心の注意を払った。

編集室にいた岸は言う。

「窓もない編集室でアフレコの音合わせ、その重要性をいやというほどアリスから教えられました。ファンクとアリスは、編集の技術的なことでいつも大声で口論していました」

岸富美子は、観客が気づかぬところに時間と金をかけ、映画の質の向上をはかるドイツ流の映画づくりの手法を学んだ。アリスから教わってドイツの流儀を身につけた岸は、その後、優れた映画編集技師となり活躍した。岸が培った編集技術は、彼女の人生の流転に伴って後に満映（満州映画）へ、さらに戦後は北朝鮮の映画へも伝えられていった。

ファンク監督は、撮影中そして編集室でムヴィオラ（画像の閲覧装置）に映し出される原節子のソツのない楚々たる演技に大器の片鱗を見出した。

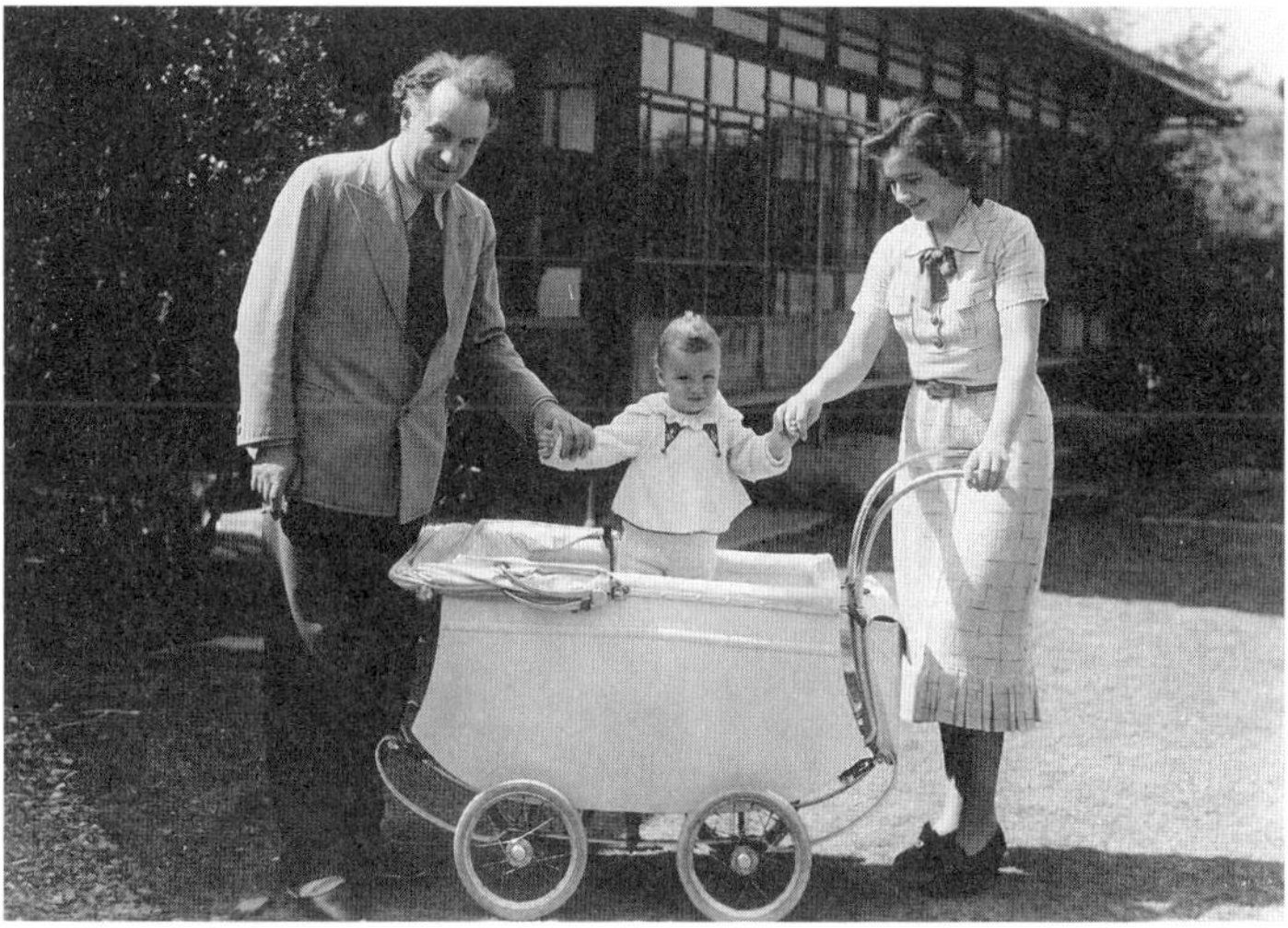

京都の大澤善夫邸前にて、ファンク夫妻と息子のハンス

この初々しい女優の未来への可能性、さらに映画のヒットを確信したのである。

「中世の騎士のような人」

「私は、いまでも日本が大好きです。日本には、私の人生で最も華やかで楽しかった懐かしい思い出がありますのよ。

あのときはまるで魔法にでもかかったような素晴らしい生活でした」

ファンク夫人は、映画撮影中のほぼ半年間、一九三六年二月から夫に連れ添って息子のハンスと共に日本に滞在した。その間、毎日のようにドイツの母親あてに日本の絵葉書を送りつづけている。

わたしの目の前に積まれた絵葉書は、高さ十数センチほどにもなった。

そこには京都、奈良、東京、富士山、上高地、安芸の宮島など、映画のロケーションの場所となった土地が描かれ、昭和十一年当時

著者の取材に応じるファンク夫人のエリザベート

の日本の原風景がある。走馬灯のようにつぎつぎと登場してきた。

「人生って一瞬ですよ。私もすっかり老いてしまいましたが……」

やや自嘲気味に悲しげな表情を見せた。

ドイツ最大の映画会社ウーファーの社長秘書だったエリザベートが、その美貌を見初められ、絶頂期のファンクと結婚したのは二十四歳のときだった。

ファンク夫人をフライブルクに訪ねたとき、すでに七十八歳に達していた。彼女は五十歳をすぎて、二十年以上も連れ添った夫のファンクと離婚した。その後、ステファネック姓を名乗る男性と再婚した。したがってこのときの名前は、エリザベート・ステファネックである。

だが、二度目の結婚にも破れて、かつての夫たちは、二人ともすでに土の中に眠っていた。ファンク夫人が住んでいたのは新緑につつまれたフライブルクの、ウェイズマン通りに面した老人ホームだった。

わたしには、戦前にファンク夫妻が住んでいたベルリンのテーゲル湖畔の豪邸を見てきた矢先のことだっただけに、彼女の人生の落魄ぶりがいっそう感傷的に迫ってきた。あれから半世紀、現在の老人ホームは、三階建ての明るく小綺麗なマンション風の市営の建物だった。高齢者たちへの配慮から、若い子持ちの世帯も同じ棟に暮らしていた。

中庭の芝生の上では、幼い子どもたちが遊びに興じていた。かれらの元気な叫び声が、独り暮らしの老人の寂しさを紛らわせるのである。この日、ファンク夫人は、五十年ぶりに日本人と会うことの喜びを胸一杯に、朝から訪問を心待ちにしてくれていた。挨拶を交わす時間さえ惜しむかのように室内に招き入れた。彼女のふくよかな毛髪でも、さすがに年齢を隠せなかったが、身だしなみに、若き日の美貌の残照をまだ十分にとどめていた。彼女は、この市営の施設で独り暮らしだった。来日当時、十カ月の乳児であった一人息子のハンスも、すでに五十歳をこえた。しかし、溺愛して育てたハンスとは、疎遠になっていた。

年金もほとんど入らない夫人は、日々の生活費を自分で稼がねばならなかった。月七万円の有料老人ホームの負担は重荷になっていると言った。明日への不安に苛まれ、化粧品のセールスで生計をたてている毎日だと愚痴った。

「この歳になっても、まだ働かねば食べてゆけないなんて、若い頃の幸福の絶頂にあった時代には、夢にも考えていませんでした」

エリザベートは、静かに過ぎし日のことを語りはじめた。

『新しき土』の撮影では、ドイツ撮影隊の中で、こちらの要望に添う当時の歴史の生き証人は、もはやファンク夫人をおいて他にはいなかった。

「ハックというのは、どのような人物だったのでしょうか？」

ドクター・ハックのことについて切り出すと、ファンク夫人の表情が一瞬、いきいきと輝いた。

懐かしさにあふれんばかりの笑顔を見せた。

「私が、ハックについて言えることは、もう最高の紳士だったということです。本当に、すばらしい人でした。私は世界中旅行をしていますし、多くの人々とも知り合いましたが、ハックほどどこをとってもスキのない、すべてにおいてすばらしい人に巡り合ったことはありませんでした。たとえて言うなら中世の騎士のような人でした」

ハックが青年時代に、上海航路の暴風雨の一夜で悟ったかれの騎士道の精神を、あたかも知っているかのような人物評である。

「彼になら何でも打ち明けられると思いました。彼なら秘密を必ず守ってくれると人は信じたでしょう。たいへん口の固い人でした。ファンクにはすばらしい同僚でした。いや、同僚以上にすばらしい仲間でした。仕事でも表に立たず、裏ですべてを指導し、うまく運んでくれる人でした」

女の直感が、まるでハックの裏の世界の顔を見ぬいていたかのような口ぶりに驚いた。

来日した頃、幸いにもファンク夫人は、ハックの真の目的は知らず、かれを夫の信頼する友人であり、合作映画のプロデューサーであるとばかり信じ切っていた。

第四章

二・二六事件と日独接近

二・二六事件で戒厳司令部が置かれた軍人会館

馬奈木元陸軍中将の証言

一九三六年（昭和十一年）二月二十六日――。

ドイツ撮影隊の来日直後に勃発した二・二六事件。

日独の秘密交渉について、わたしがこれを知り、興味を抱くきっかけとなったのは、ある元軍人がふともらした一言からだった。二・二六事件の関係者の多くがまだ存命の頃、かれらの取材を続けていた自分が出会った一人の人物である。

昭和維新をめざす青年将校らに率いられた一千四百余名の兵士たちが決起した反乱事件ほど昭和の歴史に影響を与えた事件はなく、日独交渉にも微妙に影をおとした。二・二六事件を契機に、これを奇貨として鎮圧側についた陸軍のエリート幕僚の一部は、政治的権力を掌握して、政治の表舞台に躍り出ていったからである。

事件における反乱軍は、重臣を襲撃して岡田啓介首相らの暗殺を図った。首相官邸の岡田は危うく難を免れたが、斎藤実内大臣、高橋是清蔵相、渡辺錠太郎教育総監は惨殺、鈴木貫太郎侍従長は重傷を負った。

二・二六事件を通して白日の下にさらされたのは、武力を持った集団、つまり軍隊が政治的行動に走ったときのテロの恐怖である。これが後に、日米開戦や終戦の決断において、日本が政治的危機に直面した時、軍部強硬派の恫喝に屈する政治指導者たちのトラウマとなって判断を誤らせることにつながっていった。

二・二六事件から四十三年後の一九七九年の冬、事件当時、参謀本部第二部のドイツ班長（中佐）だった馬奈木敬信に会った。

そのころ、わたしはNHKテレビの特集番組『戒厳司令…「交信ヲ傍受セヨ」――二・二六事件秘録』の取材で、事件の最中に戒厳司令部によって盗聴録音された電話の声の主の行方を追跡していた。首相官邸にたてこもる栗原安秀中尉ら反乱軍の青年将校や北一輝、西田税、陸軍省の山下奉文調査部長の自宅など多くの事件関係者の電話が盗聴されて録音盤となって埋もれていたのである。

馬奈木は、事件のときドイツ大使館に自由に出入りを許されていた人物だった。

わたしが面談したとき、八十五歳の元陸軍中将は、終戦をサイゴンの第二師団長で迎えたころの精悍さを表情の端々にまだ濃くたたえていた。馬奈木中佐は、陸軍のドイツ問題の主任としてドイツ大使館のオット武官と、日頃、気さくに連絡を取りあう親密な間柄にあった。

二・二六事件のとき、国会議事堂の北側に面して指呼の間にあるドイツ大使館の大使の執務室の電話が戒厳司令部によって盗聴されていた。

大使館の二階にあるディレクセン大使の部屋から数名の日本軍人が、議事堂前の広場を占拠する七百名余の蹶起部隊の動きを監視していたのである。この時、反乱軍の動静を憲兵隊本部に逐一報告する憲兵の電話が、偶然、盗聴録音されていた。

外国大使館の動きさえも探ろうとした戒厳司令部が、味方であるはずの鎮圧側の憲兵たちの音声を偶然に録音して、それが録音盤となって四十三年後まで埋もれたままになっていた。その録音盤の謎を追跡したのである。

　国際法によって治外法権が保障されている大使館の、しかも議事堂に面した大使の執務室に日本軍人が入ってなぜ電話使用の便宜まで与えられることができたのか。わたしは、録音盤に秘められたこれらの疑問を追跡していくうち、当時大使館に出入りしていた元ドイツ班長の馬奈木敬信中佐にたどりついた。

　盗聴録音の電話の声は馬奈木ではなかった。

　だが、話題を日独防共協定に向けた時のことだった。唐突にかれは言った。

「防共協定の話というのは、実は前の年の昭和十年の十月から始まっていたんです。当時外務省には知らせずに陸軍だけで内緒にね。秘密交渉をやっていたんです」

　二・二六事件の前年の十月に始まっていたという日独の秘密交渉――。

　東京でドイツ大使館やベルリンの大島浩陸軍武官との連絡窓口となって事務の取りまとめを行ったのが、参謀本部第二部ドイツ班長の馬奈木敬信中佐だった。

　外交交渉を秘密裏に、しかも所管の外務省ではなく陸軍が単独で行っていたという事実に、強く好奇心をそそられた。まさにドクター・ハックの訪日の秘められた目的はここにあった。


　このとき、馬奈木から、さらに興味をそそる衝撃的な話がでてきたのである。

「あのとき、わたしは親しいものですから大使館でオット武官とヤー、ヤーやっとったんです。するといつもかれの後ろに、後に死刑になった男、……そう、ゾルゲが立っておったんです。

我々の話を黙って聞いておるんです。オットの秘書みたいにしてかれにピッタリついていた。当時は、ゾルゲがスパイだなんて全く知りませんから……」

語るうちに、老将軍は、四十三年前の出来事を思い出して表情が曇った。その後、かれの身に降りかかってきた責任の重大さと事件の大きさ、そこには悔恨の思いがありありと浮かんでいた。

本来の外交を担うべき外務省にも内緒で外交交渉を行う陸軍の権限はどこからきたものか。これがわたしの素朴な疑問であった。

陸軍は、外交も「統帥権の独立」という統帥権にもとづいた作戦行動の一つと考えるまでに至ったのだろうが、軍部による秘密外交が許された戦前の国家とはいかなるものなのか。

馬奈木敬信陸軍中佐（当時）とオット駐日武官

やがてイタリアを加えて、日独伊防共協定、三国同盟、そして太平洋戦争へと突き進んでゆく一里塚となったのが一九三六年の日独接近の防共協定である。さらにナチス・ドイツに傾斜していった終着点が、一九四〇年（昭和十五年）九月二十七日のベルリンで締結された三国同盟だった。

ヒトラーが、一九三九年九月一日、ポーランド侵攻によって第二次世界大戦を引き起こしたほぼ一年後である。

国の歴史は、突然に変わるものではない。

変化の兆しはいつの時代も国民の気づかぬ所に潜んでいる。そしてその油断をついて突然に戦争という大きな災いが鎌首をもたげたのが、戦前のこの国の姿だった。

ファンク夫人の事件の記憶

一九三六年（昭和十一年）二月、アーノルド・ファンク監督の一行が旅装を解いた麹町区平河町の東京万平ホテルは、一九三一年に開業した五階建ての洋風建築で外国人好みの瀟洒《しょうしゃ》なホテルとして知られていた。近くには竣工間近い国会議事堂や首相官邸、参謀本部や陸軍省、ドイツ大使館などがあり、日本の政治と軍事の中枢の区域となっていた。

二月二十六日未明の陸軍の青年将校たちによる反乱事件、二・二六事件は、東京万平ホテルの宿泊客を奈落の底に突き落としたのである。

国会議事堂に近い東京万平ホテルは、反乱軍の占拠地域の中に位置した。事件が起きた日、ホテルの周辺は、突然に銃剣をもった兵士たちに包囲された。ファンク夫人の事件の記憶は鮮明だった。

「夢のような日本での日々の中で、二・二六事件は冷たいシャワーを突然に浴びせられたような思いでした」

東京万平ホテルにも反乱軍の兵士たちが陣取ったのである。

ホテルを占拠したのは、近衛歩兵第三連隊の一部だった。二月二十七日午前三時五十分、東京には戒厳令が敷かれ、ホテルの前には土嚢が積み上げられ銃剣をもった兵士たちが厳重に警固した。

そのうち、どこからか銃声が響いてきた。

宿泊客には、身支度を整えてロビーに集合するように命じられた。

当時、麹町に住んでいた川喜多長政夫妻もラジオのニュースで事件を知り、万平ホテルにかけつけた。

ファンク夫人はハンスを抱いて青ざめていた。かしこたちも、事件の詳しい事情がわからぬまま、ただ一緒にいることだけでドイツ撮影隊の一行を安心させようとした（『川喜多かしこ――映画ひとすじに』）。

ホテルの五階には小さなキッチンがあり、ファンク夫人は、ホテルに滞在中、毎日そこでハンスのためにドイツ粥を作っていたが、事件が起きてからは、キッチンにも銃剣をつけた五、六人の兵士が見張りにたつようになった。

「兵士はまるでマスクを被っているように無表情でした。でも、そうこうするうちに息子のハンスは、お腹《なか》をすかしました。

私は好むと好まざるとにかかわらず、子どもの食事を作らねばなりません。そのうち兵士たちの強張った表情がくずれ、私の恐怖感も消え、子どもの食事を料理できました」

事件の真相はわからぬものの、事態は動き始めていた。

二月二十八日の夕方、反乱軍に対して天皇の討伐命令がでたとの噂が流れてきた。事件の間、ハックは、絶えず撮影隊のスタッフやファンク夫人を励まし続けていた。時折、ホテルから行方がわからなくなることがあった。人目を忍んで近くのドイツ大使館へ情報収集にでかけていたのである。

日本語がしゃべれるハックは、反乱軍の歩哨線を突破するのにドイツ大使館の館員身分を名乗ったに違いない。オット大佐ら大使館員は、事件の最中でも歩哨線を通過して館外に出かけていた。治外法権の大使館には、鎮圧側の憲兵と軍人も出入りしていた。

ハックは、ホテルに帰るとファンク夫人に声をかけてきた。

「そのとき、ハックが子どもを連れて逃げるように言ったのです」

しかし、時すでに遅かった。

ホテルの周辺を、鎮圧側の戦車が包囲し始めた。

路面には先日来の雪が降り積もり、戦車のエンジンが発する耳をつんざくような轟音が、ホテルの中まで響いてきた。一触即発の状態で、ホテルにいる緊張した面持ちの反乱軍の兵士たちも銃を手に身構えていた。

いつ戦闘が始まるか、予測できない事態の中での緊張がつづいた。二十八日の夜は、ファンク夫人たち全員が、まんじりともせず不安な一夜を明かした。二十九日の朝、午前八時五十五分、「兵に告ぐ」のラジオ放送が流れた。

しかし、ドイツ人の一行には、事態の推移が理解できなかった。

終始、ファンク夫人に付き添ってくれたハックが安堵の表情を見せながら断言した。

「大丈夫です。間もなく戦いは終わります」

帝都の上空にはビラをまく飛行機の機影が見えた。ホテルの屋上庭園からは、新橋方面に帰順を勧告するアドバルーンが空に高々と上がっているのが遠望された。

「勅命下る　軍旗に手向かうな」

ファンク夫人には、書かれている文字の意味することはわからなかった。

しかし、ハックの説明でそれが、反乱軍に降伏を促すアドバルーンであることがわかった。その日の午後、青年将校ら反乱部隊の一千四百人余りが帰順して事件は鎮定された。

翌朝、三月一日の新聞に、事件の概要を伝える記事が載った。

もし、討伐命令が実施されていたら反乱軍に占拠された万平ホテルも無事では済まなかっただろう。

ファンク夫人は、ハックから事件のあらましを聞いて胸をなでおろした。日本に来るなりいきなり遭遇した恐ろしい事件だった。

「私たちはようやく解放されて、それからまた魔法にかかったような素晴らしい日本での生活が再開したのです」

ゾルゲとハックの関係

ファンク夫人にはふたたび平穏で楽しい日々が訪れた。

だが、このとき彼女は、さらに一つ、昭和史を揺るがす大事件に巻き込まれようとしていた。その事実は、ファンク夫人との会話の中から飛び出してきた。

「これでも昔は、殿方にもてたものですよ。そうそう、東京では、ゾルゲなんか、私にずいぶん言いよってきたわ……」

思いがけない人物が忽然と姿を現した感があった。

「東京で、ゾルゲに会ったのですか?」

ハックにたびたび接触していたリヒアルト・ゾルゲ

「私のいないところでゾルゲが何をしていたのか、私はまったく知りません。私が知っているのは、ゾルゲが私の気を引こうとした事実だけです。

もしかしたらハックがいたから私たちにつきまとっていたのかもしれません。今ではゾルゲがスパイだったことは明らかです。かれにとってハックは、たいへん興味ある人物だったでしょうから」

ドクター・ハックの名まででてきたのは驚くべきことだった。

「ゾルゲは、毎晩のようにハックに会い、酔ったふりしていずこともなく、いつか姿を消していました」

ドイツのフランクフルター・ツァイトゥング紙の東京特派員、リヒアルト・ゾルゲとハックとの関係を初めて知ったのは、ファンク夫人との会話からである。

二・二六事件から五年後の一九四一年十月、ソビエトの大物スパイであったことが発覚し逮捕されたゾルゲは、ドイツ大使館の駐在武官オット大佐の私設の政治顧問でもあった。ゾルゲは、ディレクセン大使の信頼も得ていた。

大使館が本国に宛てた二・二六事件の事件経過の秘密報告文の作成もまかされたほどだった。

ゾルゲは、一九三三年（昭和八年）九月、赤軍第四部から派遣されて横浜港に来日した。モスクワでの事前の打ち合わせどおり、ラムゼイ機関（リヒアルトのRとゾルゲのZのRZ《ラムゼイ》から名付け

現在の国立国会図書館の場所にあったドイツ大使館

られた諜報機関）の組織化に着手、日本の軍部や政界の動きを探る本格的な諜報活動に乗り出していた。

当時、ドイツ大使館は、麴町区永田町、現在、国立国会図書館が建つ場所にあった。道路一つ隔てた東側に陸軍省、さらにその皇居寄りの隣には参謀本部、南には新しく建設中の国会議事堂があった。

ゾルゲは、大使館への出入り自由の身分だった。オット武官のあるところ必ず隣にゾルゲがいた。日独の情報収集に鋭く神経をとがらせていたのである。ゾルゲのラムゼイ機関には、当時のほぼ全世界の最高最新の情報が集まるようになっていた（『「ゾルゲ」世界を変えた男』）。

ドクター・ハックは、ドイツ大使館でオット武官に会うたびにゾルゲにも会っている。だが、ハックは、ゾルゲの素性を知る由もなかった。

オットとの会見では、最初口をつぐんでいたが、やがて求められるままに、目下交渉が進んでいる日独防共協定についての事情を打ち明けた。

その席に、ゾルゲも控えていた。当然、ハックから得た重大な情報は、ゾルゲからモスクワにもただちに報告されていた。ゾルゲは二・二六事件に関する報告を三月六日にモスクワに送っている。

さらにゾルゲの目は、ファンク監督と夫人にも向けられていたのである。

「ゾルゲは、ほとんどいつも私たちといっしょでした。いつでも私の手助けをしよう、役にたとうと、つとめていました。テニスをしようとか、ダンスに行こうと誘われましたが、私はすべて断りました」

ゾルゲの狙いは明らかであった。将を射んと欲すればまず馬を射よ、のことわざのごとく、ゾルゲがファンク夫人に近づこうとしたその目的は別のところにあった。

ファンク夫人が、遠くドイツにいて日本のゾルゲ事件のことを知ったのは、その六年後のことだった。一九四二年（昭和十七年）五月十六日、日本司法省は「国際諜報団検挙」の事件情報を、ゾルゲたちの逮捕から半年たって発表した。

噂は、間もなくドイツにも伝わってきた。

ファンク夫人は、夫から確かな情報を聞き知ったとき、一瞬、身のすくむ思いで震えがとまらなかった、と言った。ゾルゲ事件が、初めて日本国民の前に明らかにされた頃、日本はまだ太平洋戦争の緒戦の戦勝気分に酔っていた。

事件の詳報を伝える翌日の新聞は、トップの記事で、マッカーサー元帥を追い落としたコレヒドール島の戦果を報じ、バターン半島で敵兵五万二千人を俘虜にしたことを景気よく伝えていた。ミッドウェー海戦の大敗で日本の武運が傾くのは、その翌月、六月五日のことである。もはや映画『新しき土』のことなど人々の口の端にのぼることさえもなかった。

第五章

運命の岐路

フライブルクの街並み。1935年初秋、日独交渉の秘密会議がここで行われた

満州国皇帝溥儀との会見記録

二・二六事件の直後、日本陸軍始まって以来の不祥事に、政府や軍部も混乱の極にあった。戒厳令はつづき、暗殺をまぬがれた岡田啓介総理の後任人事や粛軍人事をめぐる抗争のあおりで、政治や軍事の重要案件の処理も一時棚上げとなっていた。ハックは、大島武官から託された密命の、日独接近の関係筋への根回しも、活動を一時休止せざるを得なくなった。

この間、ハックは満州へ渡っている。日本国内の混乱に見切りをつけたハックは、満州国でもう一つの仕事にかかっていた。最近、わたしは、甥のレイナルドから入手していたハックの遺稿の中に、満州国皇帝溥儀との会見記録が埋もれていたのを偶然に見出した。ハックが遺した資料の雑纂の中に紛れ込んでいたため、迂闊にもこれまでこの手記の存在に気づかずにきた。ドイツ語から日本語に翻訳すると二千七百字余り、溥儀と会見したときの実に細々《こまごま》とした興味深い記録である。

文脈から判断するとこれは後年の回想録である。ここにはハックの日本や関東軍への認識の一端が示されている。おそらく第二次世界大戦の戦後間もなく書いたものと推定される。

その書き出しはこうである。

一九三六年の初頭、私は日本人が新京と名づけた地にいた。

私はそこでベルリンで武官を務め、君主の前では有能な剛勇の士であり、大酒のみであった旧友のバンザイ（Banzai）を訪ねた。我々は、さまざまな事を語り合い、そして、私は彼に満州国の皇帝とぜひ知り合いになりたいものだと言った。

ある晩、バンザイは、私のところに電話をかけてきて、皇帝が明日の朝、私に会いたいといっていると言った。


第一章でふれたが、ミュンヘンのハックの甥の応接間に掲げてあった皇帝溥儀の肖像写真の謎をとくカギがこの手記の中にあったのである。ハックが、溥儀に拝謁したのは確かだったのだ。その時期を「一九三六年初頭」としているが、映画撮影隊の一員として来日したときの日程や二週間後に起きた二・二六事件から推定して、この時期は、手記の内容からも五月頃かと思われる。

ハックは、事件後のまだ騒然としていた東京を離れて、神戸港から大阪商船の船で満州（現・中国東北部）の玄関口の大連へ渡った。

大連からは、二年前（一九三四年）に運転が始まった大連と新京を結ぶ、南満州鉄道（満鉄）の特急列車「あじあ」号で首都の新京に着いた。そして、新京駅前にあった満鉄経営のヤマトホテルに宿をとったのである。

ハックにとって満州は、かつて満鉄の東亜経済調査局にいた頃、何度も訪れた懐かしい土地だった。日本海軍のエージェントとなってからも、ドイツから日本への往復には、船旅が多かったが、時折、シベリア鉄道と満鉄を利用した。

車窓に流れゆく貧しい農村の赤煉瓦の家と夕餉の煙、高粱畑《コーリヤンばたけ》、大地に落ちる真っ赤な夕日——。歳月をこえて風景が旅情をなぐさめた。ポプラ並木のシルエットも美しかった。しかし、首都の新京は一変していた。

ノロや野ウサギが飛び回る原野から、一九三二年（昭和七年）三月の満州国の建国によって、国都建設の槌音が高らかに鳴り響いていた。都市工学の粋を集めた新都の建設も、大動脈となる放射状の街路と中心地には関東軍司令部（現在は中国共産党吉林省委員会の建物）、国務院（現在は吉林大学白求恩医学部）、軍政部（吉林大学白求恩医学部第一医院）などの中央官庁の建物がつぎつぎと完成に近づきつつあった。

ハックが訪ねた「バンザイ」なる人物とは、関東軍司令部第一課長（作戦）の坂西一良《ばんざいいちろう》大佐である。坂西大佐（のち陸軍中将、第三十五師団長）は、二度にわたるベルリン大使館勤務で、武官補佐官と駐在武官を務めた。その時からハックとは親交を結んだ間柄だった。関東軍へは、一九三五年（昭和十年）十二月に、ベルリン駐在武官から異動してきたばかりだった。ハックとは、ベルリンで別れて以来、三カ月も経っていなかったのである。

ふたりは余りにも早い新京での再会に喜びを分かち合った。つもる話も二・二六事件から激動するドイツの政治情勢など、尽きることはなかった。

坂西大佐は、ハックが溥儀に拝謁する前夜、かれを日本料理店に招待した。そして美しい芸者を侍らせて酒席で心ゆくまでもてなしてくれた。

「あなたは、明日朝早く、皇帝にお会いするが、特別な服を着る必要はありませんよ。十時に迎えの車を差し向けます」

ハックの希望をかなえてくれたのである。

その時の坂西大佐の口ぶりは、溥儀を軽んじている風だった。面会したときに注意すべきことも付け加えた。それはいくつかの侮蔑的な所見を含んでいた。

「溥儀は、皇帝とよばれているが、所詮、関東軍の傀儡《かいらい》にしかすぎないのです。かれには何の力もありません。あまり政治的な話はしないほうがよいでしょう」

一九〇八年に三歳で清朝第十二代の最後の皇帝に即位した溥儀は、辛亥革命により一二年に退位。一九三一年（昭和六年）、関東軍が謀略によって起こした満州事変を受けて、翌年に建国された満州国の執政の位についた。そして不本意な地位から三四年に念願かなってやっと皇帝の位についていたのである。

坂西大佐は、ハックに溥儀との会見で話題にして欲しいこと、すべきでないことを細々《こまごま》と婉曲にしゃべった。

翌朝、ハックは、坂西が「特別な服」を着用する必要がないと言ったその指示には従わず、正式礼装のモーニングコートを着ていくことにした。日本人の言いなりにはならず、自分なりの矜持を示したのである。胸には、第一次世界大戦の勲功でもらった第一級鉄十字勲章といくつかの勲章をさげることにした。

約束の時間に迎えの車が来た。

車は、ヤマトホテルを出て東南にしばらく走ると十五分ほどで、花崗岩の門構えが厳めしい溥儀の皇宮に到着した。そこは銃眼を配置した石塀で囲まれて、警備の兵士が厳重に警固していた。

満州国皇宮の莱薫門

正門の莱薫門《らいくんもん》からなだらかな坂を上っていくと、中門である同徳門《どうとくもん》に達した。この門を境に皇宮は、外部とは二重に遮断される構造になっている。

ハックは、外周の厳めしさから宮殿の威容を想像して同徳門をくぐった。すると宮殿とは名ばかりの質素な洋風建築が建っていた。緝熙楼《しゅうきろう》とよばれた溥儀が私的生活に使う建物である。煉瓦づくりで正面玄関にベランダがある二階建てだった。

さらに奥へ中和門を進むと溥儀が公式行事に使う建物、勤民《きんみん》楼《ろう》に到達した。ロシア風の二階建て建築、片扉の小さな玄関で洒落《しゃれ》たオフィスといったほうが似つかわしい建物である。ファサードには高々と、「勤民楼」の文字が施されている。溥儀が、「天を敬い、祖に法《のっと》り、政に勤め、民を愛す」という清朝の家訓にあやかって自ら命名したものだった。

ハックは〈非常にささやかな宮殿〉と驚きをもって記しているが、一九一二年に辛亥革命後の中華民国が、塩の専売を司る役所の榷運局《かくうんきょく》として建てたものだった。周辺には、宮内府や、皇帝と皇宮の警備にあたる侍衛処、日本軍の憲兵隊の建物などが配置されていた。

溥儀との個人的な面会には、西側の興運門から入って、まず宮殿の受付である奏事処へ行かねばならない。

その東側には憲兵隊が待機して、人物を事細かに観察する。そして身元の確認が得られれば、中和門を通って内廷へ向かうことが許された。この門の通過には、憲兵隊がさらに厳重に人物チェックをするという具合で、溥儀のもとへの出入りは日本軍によって監視されていた。

ハックは、宮殿のものものしい雰囲気に、昨晩、坂西が言った溥儀を侮蔑するような言葉の意味をあらためて思い起こしたのだった。

ハックの入廷は、関東軍からの連絡で賓客として正門の萊薫門から入ることを許された。

この日、ハックは、西太后の甥（醇親王載灃《さいほう》）の息子である皇帝溥儀（康徳帝）に、初めて拝謁することで緊張していた。

溥儀の来歴と日本軍や日本皇室との関係も予め熟知していた。溥儀は日本の貞明皇后（大正天皇の后）に可愛がられた人物だった。

まず勤民楼一階の謁見者の控え室に通された。一階には侍従や関東軍の溥儀のお目付け役、帝室御用掛の吉岡安直中将の部屋などが狭苦しく並んでいた。

溥儀の日常は、来客の接見を午前十時から十二時までと決めていた。接見の予定がある日は、十時以前に起床することになっていたが、ない日は昼ごろまで寝ているのが普段の生活だった。坂西大佐が手配した、午前十時のホテルへの迎えも溥儀の生活時間に合わせたものだったのである。

数分後、謁見が許されて、侍従が控え室にハックを迎えにきた。感じのよい態度で接し、英語で話しかけてきた。

ハックは、導かれるまま狭く急な階段を二階に昇っていった。そこが溥儀の執務室と接見室のあるフロアだった。大きな広間があり純粋な中国風の様式美で統一されていた。臙脂《えんじ》色の溥儀の玉座には、皇帝の紋章の「蘭」が刻まれており、足元には、ブルーの豪華な絨毯が敷かれていた。

すでに溥儀は接見室の椅子に腰を下ろして待っていた。

溥儀がこぼした関東軍への不満

ハックは、初めて溥儀に対面した謁見の様子をこう記している。

　私は関東軍が、皇帝を冷遇している事を知っていたので、私は、できるかぎり感じよくしようと決心していた。

　私は、中国の礼式にかなったお辞儀（註・頭を地につけて行う叩頭）を三度彼の前でおこなった。それは彼を楽しませたのは明らかだった。

　彼は立ち上がって私を迎えたが、その後座ったのかどうだったのか私はまったく覚えていない。皇帝は驚くほど質素な格好で、勲章が一つついただけのユニフォームを着ており単純なスチール時計を腕にはめていた。中国風に大まかにいえば、賢そうなとても美しい顔立ちをしており、もちろんお定まりのメガネをかけていた。

　彼は、すべての中国の貴人がそうであるように、世界で最も美しい手をしていた。

　公式の謁見であったので、皇帝は、中国語だけで話をしたが、それはたいへん旨く訳されており、その間彼が英語で訳す必要がなかった。

　私は、私たちがいったい何について話をしたのか、すべてを覚えていない。というのも、謁見はまったく異例のことに、一時間を超えていたからだ。

　ハックの手記の行間からは、初対面の緊張と、溥儀が遠来のドイツからの客に抱いた興味のほどが伝わってくる。

　溥儀は、若い頃に紫禁城で、イギリス人の英語教師、レジナルド・ジョンストンに学んで欧州の文化を吸収したこともあり、外国への関心が高かった。毎日、英字新聞に目をとおし、海外の雑誌五冊も購読するなど、世界の動きに敏感だった。

満州国皇帝、溥儀（共同通信社）

　それは、満州事変、満州建国、国際連盟脱退と、日本が国際社会から次第に孤立を深めてゆく中で、傀儡国家の皇帝に注がれる世界の目が一段と厳しくなっていたからだ。

　その頃、関東軍は、満州国の「根本理念」を発表した。

　満州国皇帝は、天皇の大御心をもって心とすること、関東軍司令官は、天皇の御名代であること、そして、満州国皇帝を後見補導し、かつ政府を内面指導することの三原則を天下に公表したのである。内面指導と称する関東軍司令官の政治的干渉によって、国内統治における皇帝軽視の風潮が、ますます加速する傾向にあった。

名前だけの君主となった溥儀は、関東軍に行政権や閣僚人事などの実権もにぎられて思うにまかせず、ますます孤独で操り人形に過ぎなくなっていた。

溥儀がハックとの接見で、ドイツから来た男に最も関心をいだいて訊ねたことは、いま、欧州を席巻しつつある一人の独裁者のことだった。

彼が特に知りたいと思っており、繰り返し言っていたのは、ヒトラーが権力を獲得するためばかりでなく、国民や部下の心をつかむために、どのような決定的な働きかけをして、それに成功したかということだった。

私は、プロパガンダの重要性と、政策の肯定と反復、それを国民に繰り返すことの意味を比較的時間をかけて説明した。

もちろん、ヒトラーが政権を握った歴史的経過、ベルサイユ条約、国民の失業にかんすることなども話をした。

最後に、皇帝は、ドイツ国民が右手を高く上げるのはどういう意味があるのかを知りたがった。

私は、ドイツ人が手を高く上げるのは、リボルバー（回転式の連発拳銃）を発砲したり、爆弾を投げることができないのを表しているということ以上に気の利いた説明をしてさしあげることができなかった。

陛下はこの説明を少しおもしろいと思ってくれたようで、満足していたことは明らかだった。

私たちは、謁見中、よく笑った。しかし、それも皇帝と私たちだけで、お供のものと通訳は、真剣な顔つきをしていた。

皇帝はさらに、日本人が彼のために巨大な宮殿を建てようとしているが、満州に多くの貧しいものがいる間は、今の質素なところにとどまっていたいことを強調した。

彼は、支配者は、絢爛豪華なところに生きるよりも、国民の心をとらえることのほうが大切であることを繰り返した。

彼が、日本の銃剣の威圧をのり超えて、自分の統治権を国民の中に根付かせたいと考えていることを繰り返し聞かされた。

溥儀がハックに愚痴った精一杯の関東軍への不満である。相手が外国人である気安さがあった。ハックは、ナチス式の右手を挙げる敬礼について聞かれたことで、それがヒトラーへの忠誠と権力への服従を意味することを、ユーモアと皮肉たっぷりに説明して溥儀をいたく面白がらせた。

凌陞事件

さらに、溥儀は、「日本人」が計画しているという新宮殿建設について言及している。溥儀がここで言う「日本人」とは、満州国を実質的に支配している関東軍と日本人高級官吏による満州国政府のことである。

溥儀はハックに、豪華な宮殿の建設は、国民がまだ貧しい間はなすべきではないとの綺麗事を語った。そのころ満州国政府では、溥儀が裁可して宮殿増築（後の同徳殿）の拡張工事案が承認され、いよいよ着工にかかろうとしていたのである。

では、溥儀は、なぜこのような見え透いた嘘をついたのか。

実は、溥儀のこの発言の裏で、ある重大な歴史的事件が起こっていたのである。それは四月十二日、新京で起こった「凌陞《リョンション》事件」、別名「ハイラル事件」という満州国を震撼させた大事件である。

それは、溥儀の四番目の妹の韞嫻《ウンカン》が、内蒙古の王族で興安省省長（知事）の凌陞の息子との婚約がととのった矢先のことだった。

凌陞は、清朝末期の蒙古都統（王族）で満州国参議府参議をつとめた貴福の子だった。溥儀とは清朝以来の通婚政策で遠い縁戚でもあり、その厚く信頼する部下でもあった。

ところが、凌陞と弟の福齢ら一族と部下の全部で六人が、スパイ容疑で、突如、関東軍に逮捕拘留されたのである。溥儀にとって妹の許嫁《いいなずけ》の父親（凌陞）とはいえ、「凌陞事件」は、皇帝在位中に溥儀が最も恐怖におののいた出来事となった。

凌陞らのスパイ容疑は、ハイラルにおける省長会議で満州国の軍事機密をソビエトに内通する外蒙古に漏らしたという嫌疑だった。しかも、凌陞らは、関東軍による一方的な裁判で、逮捕の十二日後に新京南嶺の刑場で斬首刑に処せられたのである。

だが、「凌陞事件」の関東軍の狙いは、別のところにあった。

凌陞は、当初、蒙古民族の独立を果たすため満州建国に期待し日本に協力していた。しかし、それが次第に裏切られていくことに不満と失望を募らせつつあった。密かに蒙古民族の独立、離満運動に動き始めた凌陞らを、関東軍は見せしめに厳罰を科して国内の引き締めを図ったのである。

溥儀にとっても、関東軍の意向に逆らえば明日は我が身である。凌陞と縁戚となるはずだった溥儀は、本能的にわが身の危険を感じとった。

そこで自ら裁可した宮殿増築工事の中止を、突然、関東軍司令官に申し出ていたのである。溥儀は、中止で浮いた帝室経費を、病院建築や医療器具の費用にあてたいと、殊勝な申し出を行っていた。日本天皇陛下の赤子（天子の子）である日本の傷病兵や皇軍とともに戦った満州国の傷病兵のために、と言った。

これはかれがよく使う、関東軍へのご機嫌取りの溥儀一流のへつらいだった。

五月三日、関東軍司令官植田謙吉と溥儀の定例会見の席上で唐突に、この申し入れを行っていた。この詳細なやりとりは、このとき立ち会った、溥儀の専任通訳官、宮内府行走《こうそう》（宮廷に自由に出入りを許された身分の官称）の林出賢次郎が遺した「厳秘会見録」という溥儀の極秘の会見記録の中に詳しく登場している。植田は、溥儀の提案を「綸言《りんげん》汗のごとし」と、君子がいったん裁可したことを覆すことの非をついて厳しくたしなめていた（拙著『満州国皇帝の秘録』）。

ハックの手記の内容から見て、「凌陞事件」は、ちょうどかれの訪問の時期と重なっていた。

したがってハックが新京を訪れたのは、事件の事実経過から推定して一九三六年五月頃の時期というのはここでも裏づけられる。かれが記した「一九三六年初頭」というのは、いくぶん幅をもたせてみたほうがよい。

日本では、ファンク監督が、京都で『新しき土』の脚本執筆の佳境に入った頃である。

溥儀が、一応、建設に反対した新宮殿も、その翌年、一九三七年に建設が着工された。

この「同徳殿」は、現在、かつての皇宮跡に立派な「偽満州国」（中国での現在の呼称）の歴史資料館として遺っている。同徳殿の中には、溥儀の趣味にあわせて特別の広い映写室も作られた。

溥儀は、徹底した趣味人であった。書、絵画、古典、骨董品の収集、テニス、馬術、写真機、映画など、幅広い趣味をもっていた。しかもいずれも半端ではなく、プロの域に達したものもあった。

ハックは、そのことを十分にわきまえて拝謁にも高級カメラのライカを携えていった。溥儀は、すぐにカメラに気づいた。さっそく手に取ることを望んだ。

ハックが侍従を通してカメラを献上すると溥儀は、うれしそうに言った。

「あなたは、私が写真を撮ることをのぞむか。それともあなたが私の写真を撮りたいのですか」

「私は、陛下の写真を何度も見ていますが、今後も何度も見たいと思いますので、もし私が陛下の写真を撮ることをお許し頂ければ、たいへんに光栄に存じます」

と、ハックは言った。

だが、溥儀はそれにはなんとも答えず話題はかわった。

こうして、溥儀とハックの約一時間におよぶ謁見は終わった。

ハックは、最初と同じように三度お辞儀をした。

溥儀はこの会見に満足し微笑みを浮かべて客を見送った。ハックは、高価な絨毯の上を転ばないように気をつけながら、溥儀に正面をむけてドアのほうへ後退りをした。接見室の廊下にでるとやっと緊張がとけてきた。

勤民楼《きんみんろう》の二階の窓からは、ベランダ越しに緝熙楼《しゅうきろう》の薄緑の屋根が見えていた。

それから私は、別の控えの間に通された。そこには、別の宮内官がおり、お茶とタバコが運ばれた。

宮内官は、皇帝の対話を引きつぐ形で、皇帝は、満州王朝最後の後継者として、新年には毎年、中国全土から一万通もの賀状を受け取っており、たぶんもう一度新京から北京へ移る時が来て、かつての紫禁城に移り住むことになるだろうと考えていると説明した。

溥儀が、清朝のお家再興の証として紫禁城に移り住むことは、本人と清朝の遺臣たちが夢にまで願い、大願の成就を密かに誓いあっていたことだった。そのために、日頃、このことを溥儀が他人に口外することは絶対になかった。清朝の復辟《ふくへき》を意味するからだ。それは、清朝とは断絶した新興国家としてスタートした満州国の関東軍にとっては絶対に認められない、建国の本質に関わる重要な問題だったからである。

かつて、わたしも、溥儀の弟の溥傑に、満州建国についてたずねたことがある。

「満州国というのは、溥儀皇帝やあなたにとって何だったのか」

このときの、溥傑の答えにためらいはなかった。

「私たちは、清朝復辟のために関東軍を利用し、関東軍もまた私たちを政治目的のために利用しただけです。そのための仕組みが私たちにとっての『満州国』でした」

これが、満州国の真実だった。その事実を宮内官は、不用意にハックにしゃべったのである。ハックも、さすがにその言葉の重大さに気づいていた。

満州訪問の真の目的

つづく、手記のつぎの二行に、今度は、わたしがアッと驚くことになった。

そして、宮内官がすばらしい書による皇帝のサインとその統治期間が記してある皇帝の写真を持ってきてくれた。

まさに、ミュンヘンで、ハックの甥のレイナルドの応接間に飾ってあった、溥儀の肖像写真のことが飛びだしてきたのである。あの時の眼科医の家で見た溥儀の写真は、皇帝からの贈り物だったのだ。

ハックが、持参のカメラで溥儀を写して何度でも見てみたいと言った写真のかわりに、溥儀がプレゼントしたものだったのである。

さらにハックは、骨董品のことについてもふれている。

私が皇帝に招かれたことは、新京にいる中国人たちの間にすぐに知れ渡った。

次の日から、すべての骨董商人が、ヤマトホテルにいる私のところにやって来て、最も美しい中国の美術品を勧めた。

皇帝の宮殿は、かつて長い間瀋陽にあったが――瀋陽には、今もなお、すばらしい皇帝の御陵がある――この間、何世紀にもわたって多くの物が盗まれたり、隠されたりしている。

私は、最も美しいブロンズの工芸品のいくつかと唐王朝時代の馬の置き物を見る機会を得た。

どれもが、北京にあるものより限りなく美しく、価格も十分の一だった。

これらの最高に美しい品々を、私は、監視なしに、夜間、ある中国人の私邸の宝物蔵の中に導かれて見た。

私は、さまざまな美しい物を買った。唐王朝時代の馬の像は、ハリウッドの私の友人宅に今でも飾られているが、他のすべてはベルリンで燃えてしまったり、あるいは盗まれてしまった。


満州訪問の記念品の数々が、大戦末期のベルリン空襲などで失われてしまったことの感慨を記して、ハックは溥儀拝謁の体験談を締めくくっている。

宮殿内の皇帝溥儀の素顔の様子がうかがえる貴重な会見記録だが、ハックが満州を訪れたのは、溥儀への拝謁が目的ではない。序章でふれたように満州では、確かに溥儀皇帝の謁見が予定されていた。

では、ドクター・ハックは、何のために満州まででかけたのだろうか。それは、ハックが遺した覚書のなかで、前年十月中旬から十一月にかけての大島駐在武官との会談で何度か話し合われている。

それによると、ハックに満州へ行くことを要請していたのは大島武官だった。日本が、満州事変以降、満州（中国東北部）および華北など中国の占領地に形成した日・満・支の経済ブロックに、ドイツの経済協力も加えることができないか、具体的には、満州大豆をドイツに輸出する見返りに、ドイツの工業製品を積極的に満州へ輸入する方策について話し合っている。大島はハックに、経済交流の強化について日本と満州国のしかるべき筋との接触を頼んでいた。

日本とドイツをつなぐ経済界の、いわば裏方の実力者としてのハックの手腕に期待していたのである。

日独交渉を監視していたイギリス

ここで、ふたたび話を前年の秋、一九三五年九月の時点に戻したい。

ミュンヘンで開催された第七回ナチ党大会に招待されたハックと酒井直衛が、ベルリンに戻った直後のころである。

明治維新以来、現在までの百五十年余りの間に日本が締結した、戦争に結びつく代表的な軍事同盟を挙げるとすれば、四つの同盟が数えられるであろう。日英同盟、日満議定書による日満同盟、三国同盟、そして太平洋戦争の敗戦の後、一九五一年（昭和二十六年）に結ばれた今日の日米同盟（日米安全保障条約）である。

戦前の三つの軍事同盟は、日本を悲惨な戦争に導いた。

とりわけ日独伊の三国同盟は、一九四五年八月十五日、日本を破滅の淵にたたせることになった。

日本は、先の戦争までの三度の軍事同盟によって大きな戦禍を被った。国民が戦争で塗炭の苦しみをなめた事実は、戦後の平和憲法が正念場を迎えたいま、記憶にしっかりと刻んでおかねばならない。

その三国同盟にいたる契機となったのが、これから話を進める、ハックが仲介した一九三六年(昭和十一年)十一月二十五日に締結された「日独防共協定」である。

ヒトラーのファシズム国家ドイツと軍国主義の日本とが協力してソビエトの共産主義の進出に対抗しようという条約である。

その裏で交わされた秘密条項では、一方がソビエトと戦争をする場合には、相手国はソビエトの負担を軽くするような行動はとらない、とする軽い軍事同盟だった。しかも最初から相手を完全に信用せず、及び腰で始めた同盟だったのである。

この条約締結の日本側の真意については、すでに第二章で推進者だった大島浩の戦後の証言で明らかにしてきた。

これは、三年後に、ヒトラーの独ソ不可侵条約(一九三九年八月二十三日)の締結による背信行為で、早くも懸念されていた問題点が浮き彫りになった。リッベントロップ外相がモスクワに出向いて調印した、ナチス・ドイツと共産主義ソビエトの衝撃的な提携である。

世界情勢の見通しを誤った日本では「欧州情勢は複雑怪奇」との声明を発して平沼(騏一郎)内閣が総辞職する事態となった。

一九八六年、わたしは、ロンドン郊外リッチモンドの英国国立公文書館で、その年、イギリス外務省が五十年目に公開した外交記録を入手した。

公文書館の外交史料には、イギリス外務省や海外情報局ＭＩ６などが集めた日本に関する膨大な記録が存在する。幕末に英国が日本と国交を結んで以来の史料は、その重要度に応じて機密指定を解く年限が決められている。二十五年、五十年、七十五年、百年、そして永久禁止である。一九八六年に機密が解除された史料の中に、はからずも五十年前の、一九三六年の「日独防共協定」に関する情報がふくまれていた。

それを見ると、イギリス外務省では、ベルリンで武者小路公共大使とリッベントロップ駐英大使との間に調印された協定の、その秘密交渉の舞台裏と経過の全容を、情報機関を動員して摑んでいたことがわかる。

日本とドイツが防共協定への参加を強く期待し、とりわけヒトラーが熱い眼差しを注いでいたのがイギリスだった。この国は、日独接近をどのように見ていたのだろうか。

条約調印の九日後、一九三六年十二月四日、はやくも報告された日本担当の極東局の極秘文書の中の、レポートの一部をまず見てみたい。

日独協定交渉の大部分は、通常の外交ルートとは異なり、ドイツ側からはナチ外交部が、日本側からは、ソ連の戦略的立場を意識しすぎ、かつ日本外務省の束縛を嫌う近視眼的な軍人たちが代表となって進められた。

最初の行動は、ドイツとの軍事情報の交換を確保しようと考えた日本陸軍からでたものと思われる。

軍事情報の件に関しては、ドイツより日本にとって幾分有利と思われたが、最終的な協定内容は、ドイツのイニシアチブを反映したものとなった。

日本陸軍は、理性的な判断を下したというよりも、ロシアに対抗するための同盟国をもてば有利だろうと、本能的に感じたまま、ドイツ側の提案を受けいれたようだ。

協定締結は、日本側としてはまったく軽率な行動だったというほかない。

日本はみずからの軽はずみな行動がもとで、今後はその意図に反して、情勢不安なヨーロッパの政治外交の場に足を踏み入れることになった。

国際政治にまた一つ、不安の種がふえたといえよう。われわれはこれを機に、極東におけるアメリカとの協力関係をより親密化させることができるかもしれない。

一九三六年十二月四日　極東局

また、一方のドイツについても厳しい論評を加えている。

もし、フォン・リッベントロップ氏が、この協定により武装反共主義ブロックが形成されると考えているとすれば、氏は思ったより単純思考家である。

と、その頃、駐英大使となっていたリッベントロップを軽率な人物として揶揄している。

イギリスには、日独同盟に加わる気などさらさらないが、日独交渉の行方を、水面下で密かに監視していたのである。

報告書では、日本陸軍が、ナチス・ドイツに傾斜してゆく危険性とその後の欧州の国際情勢の動向を的確に見通している。偶然とはいえ、まさに後の独ソ不可侵条約を見越しているかのような炯眼である。

イギリスは、一九三五年春の段階で、ドクター・ハックと日本海軍との間に始まった日独接近について、すでにその「噂」を耳にしていた。山本五十六中将の訪独の噂が広まったのだろう。三月二十一日付、ベルリンのイギリス大使館発の本国宛て電報では、日独同盟の可能性について、日本の武者小路公共大使が「根拠のない話」と駐独イギリス大使に噂を否定したことを伝えている。イギリスは、日独接近に聞き耳を立て始めたのである。

日独防共協定は、後に米英を敵にまわすことなど夢にも想わなかった日本軍部とナチス・ドイツとの独善的な素人外交で幕を開けることになった。

フライブルクの秘密会議

ドクター・ハックの故郷、フライブルクの初秋――。

一五〇〇メートル級の山々が連なるシュヴァルツバルトの空は、どこまでも高く、青く澄んでいた。ドナウ川の源流となるこの山は、ドイツトウヒの樹林が黒く光って、いよいよ秋本番である。日独の秘密交渉が山場を迎えたのは、一九三五年十月下旬ごろだった。

首都ベルリンから七百キロ以上も離れたこの田舎の町の小さなホテルが、会議の舞台に選ばれた。フランクフルトとスイスのバーゼルとを結ぶ幹線鉄道のフライブルク駅前にあったホテル・ブレイスガウである。ここが選ばれたのは人目を避けるのに万事都合がよかったからだ。フライブルクの土地の事情に明るいハックのお膳立てだった。

十月のこの時期、日独交渉は、最初の重大な局面にさしかかっていた。日独の接近は、日本とドイツの外務省も、まったく蚊帳の外におかれた異例の交渉だった。国内はもとよりソビエトに対しても厳重な秘密保持が必要だった。そのためにベルリンから遠く離れたフライブルクが秘密交渉の場所に選ばれた。

フライブルク会談では、奇妙な取り合わせの四人の男たちが集まっている。日本側は、日本大使館付陸軍武官の大島浩陸軍少将、ドイツ側は、国防大臣ブロンベルク元帥、対外情報機関の国防省防諜課長のカナリス海軍少将（後に大将）、そしてリッベントロップの意を体した仲介役のドクター・ハックである。

カナリス少将は、ヒトラー直轄の諜報組織、アップヴェーア（Abwehr 国防軍諜報部）の責任者だった。後にヒトラーに反旗を翻し、一九四四年七月二十日の暗殺未遂事件に関わって一九四五年、ベルリンの陥落直前に処刑された人物である。同じくヒトラー直属の諜報機関長として、ナチス親衛隊（SS）隊長兼、秘密警察長官ヒムラーがいて、国防軍のカナリスとヒムラーは犬猿の仲だった。

外交に関しては、ノイラート外相が率いる外務省、一方に、ヒトラーの私的な外交機関であるリッベントロップ事務所、さらにナチ党外交政策局の指導者でナチスの党機関紙の編集長をつとめたローゼンベルクがいた。

ヒトラー政権の内部では、ヒトラーが部下を分断統治して競わせた結果、組織内部での激しい対立が起こった。複雑な力関係が渦巻いて権力闘争が熾烈を極めていたのである。このことは、やがてハックの運命にも大きな影響をもたらすことになる。

この時期、ドイツ側で日独交渉のイニシアチブをとっていたのは、リッベントロップ、カナリス、ブロンベルクだった。しかし、かれらの間にも微妙な路線の対立があった。カナリスは、英国、ドイツ、ポーランドと日本による反ソ戦線の成立にはもろ手を挙げて賛成だった。

一方、国防大臣のブロンベルクは中国におけるドイツの永年の優位な立場を日独接近によって危険にさらしたくなかった。ドイツ国防軍の主流は、中国と対立する日本との協定には気乗り薄だったのである。

だが、あくまでも交渉の主役は、ヒトラーの腹心のリッベントロップである。

そこでカナリスたちは、協定案への助言や軍部への根回しなどの技術的な作業に徹することで暗黙の了解をなしていた。

こうした事情を背景に、日本軍部と財界に太い人脈をもつドクター・ハックが、リッベントロップと大島武官の間に立って日独接近を調整する歴史的な役目をまかされたのである。

一方の日本側は、大島武官が、積極的に動いて日独接近の推進にあたった。

大島は、参謀本部の杉山元《はじめ》参謀次長に交渉の経過を報告して、了解と指示を求めていた。日独交渉を知っていたのは、陸軍首脳部の限られた人物だけだった。第四章でもふれたが、二・二六事件のとき参謀本部ドイツ班長だった馬奈木敬信中佐が、「防共協定の話が、昭和十年の十月から始まった」と証言したのは、まさにこの事実をさしている。

日本陸軍としては、ヒトラーを取り巻く親日的なグループを味方につければ二重の価値があることに目をつけた。一つは、満州事変以来、中国と対立している日本にとって、ドイツと接近することで、中国でのドイツの影響力を消せないまでも独・中国間に楔をうつ効果が期待できること、もう一つは、満州に駐屯している日本軍にとって、緊張が高まりつつあるソビエトに対して東西から挟み撃ちにすることで抑止力を生む、軍事的メリットが大きいと判断していた。

ハックの甥のレイナルドから入手したハックの覚書は、フライブルク会議に加わっていないリッベントロップに対する報告書が多くをしめていた。

特筆すべき点は、それまで知られていなかった日独双方の動機や意図がはじめて明らかにされていることである。

日本の出方を瀬踏み

日独接近の本格的な動きは、フライブルク会議の前月、九月十七日に始まっている。

ハックと大島は、ベルリン市内のホテルで開かれた日本へ向かうドイツのグライダー飛行士の壮行会に出席した後、一室で長い時間、話し合う機会をもった。

この日、ハックは、大島の発言をこう記録している。

「フォン・リッベントロップ氏に、近日中に夕食会の招きに応じてくれるかたずねてもらえないだろうか。まず話し合いは極めて小さな集まりから始めるのがよいと考えている」

最初のアプローチは、大島武官のほうから用心深くもちかけていた。

「日独協定が、どのような形式でまとめられるべきか、具体的には私には、まだわからないし、今後のとるべき道もまだ自分には見えていないが……」

まだ大島も漠とした提案で、まず相手の腹の中を探ろうと控えめだった。

しかし、大島は、自信満々とこう付け加えた。

「日本の軍部は、いま、外交政策に大きな影響力をもっている。とりあえずは、両国の軍部で話をしたい。外務省を入れたら瑣末にこだわるので何の役にもたたない」

後に日本とドイツ、イタリアが軍事的に結ばれる三国同盟にいたる道程の、地平線の彼方に、不気味な光が明滅しはじめたのは、この時点からだった。

ハックと大島は、一日おいて十九日にも長い時間、話し合いをもった。これも大島からの強い要望で開かれたものだった。

ところが、ハックはこの日、一つ興味深い話を持ち出している。会談の最後にきて、突然、第一次世界大戦で日本が占領したドイツの植民地の問題を話題にのせたのだ。

日本の委任統治領であったマリアナ諸島など、赤道以北の旧ドイツ領南洋諸島の返還についてである。パリ講和会議（ベルサイユ条約）で日本が講和の条件に掲げてドイツから譲渡された植民地の島々だった。

ハックは、「私は最後になって話題をなんとか植民地問題へ持って行った」と記している。これはリッベントロップの意向を受けての試みだった。

リッベントロップは、大島の熱意に乗じて駆け引きの材料に、日本が嫌がるドイツの旧植民地問題を持ち出して有利な条件を勝ち取ろうとしたのである。

ドイツは、日本の出方を慎重に瀬踏みした。

虚を衝かれた大島は一瞬、返答をためらった。日本にとって戦略上の要衝の地であるサイパンやカロリン諸島は、その頃、日本海軍の一大拠点となりつつあった。大島としても簡単に乗れる話ではなかった。やや間があって、思いをめぐらせた大島は言った。

「もちろん、私としてはドイツが植民地を取り戻すために、いかなる支援も惜しまない。日本の新聞もその方向で報道させるように努力をいたしましょう」

マスコミさえもかれの意の如くなるかのようなリップサービスにつとめている。

「ドイツがすべての植民地を取り戻すときには、日本も、今、統治している島々をドイツに返還するだろうが、その方策をまず見出さねばならない」

大島は、唐突な提案に戸惑いながらも一つの代案をのべた。

「たとえば、これらの島々は、日本にとって大きな戦略的意味をもっている、そこで返還と同時にドイツが日本に贈与するとか、売却するとかの可能性を見出さねばならない」

さらに言葉を継いだ。

「ヒトラー総統とリッベントロップ氏は、こうした複雑な問題は私が提案するよりももっと優れた解決法を見出してくださるでしょう」

大島は、ドイツ側に下駄を預けるかたちで、この場をかわしている。南洋諸島は日本海軍の死活に関わる戦略拠点だった。大島としては、ハックが提起した難題から早く話題をそらせたかった。時間を無駄にできないことを口実に、早々とその場の議論を打ち切った。

歴史に「もしも」は禁物だが、仮に日独交渉で南洋諸島のドイツへの返還が正式議題になって実現でもしていたら、後の太平洋戦争において日米の戦略や戦争の結末に大きな影響を与えたに違いない。

マリアナ海域、サイパン、トラック（夏島）、パラオなど、多くの日本人が移住し、あるいは要塞化された島々が玉砕の戦場となり悲劇の海となったからだ。

ハックは、大島の顔色をうかがいながら、これ以上領土問題に深入りすることを避けた。旧植民地の回復は、執拗にリッベントロップの中で燻りつづけていた。その後も何度か植民地問題を持ち出してドイツは諦めてはいなかった。

大島・リッベントロップの初顔合わせ

ベルリン市内南西部の高級住宅街のダーレム地区――。

この地域の人目につかない便利な場所にドクター・ハックのマンションがあった。リッベントロップの豪壮な邸宅も、同じくダーレムのほど近い場所にあった。夜ともなれば、森閑として一帯は深い闇に閉ざされた。

リッベントロップの自宅にはヒトラーも度々招かれている。一九三六年八月のベルリン・オリンピックの時には、ここにバリー・ラトール国際オリンピック委員長やアメリカ大使夫妻などの外交官、ゲーリングやヒムラーらナチス高官など総勢六百人を招待して豪勢なパーティを催した。

広大な庭とテニスコートには、大きなテントを張って著名な楽団が夜の更けるまで演奏をつづけ賓客たちはダンスや美酒に酔いしれたこともあった（『ヒトラーの外交官』）。

フライブルクの会議に先立つ十月十九日のことだった――。

夕闇にまぎれるようにハック邸の玄関に一台の銀色のベンツのリムジンが到着した。運転手が駆け寄ってドアを開けるとスラリとした長身の男が降り立った。

ほどなく到着した二台目の車もベンツだった。肩幅が広くがっしりした体格のやや背の低い男が降りてきた。二人とも傲然と胸を張り自信に満ちた顔つきをしていた。

ベルリン市内ダーレム地区にあったハック邸

リッベントロップと大島浩は、この夜、ハックの招きで初めて顔を合わせたのである。リッベントロップの要望で、ハックが二人を引き合わせたのだ。日本とナチス・ドイツが手を握るきっかけとなる一夜となった。

かれらは晩餐を共にしながら、遅くまで懸案の事柄について意見の交換を行った。これまで会談は、個人的な話し合いのレベルで進められてきたが、ようやく大島は

「この問題は、私のベルリン滞在の最重要事項です」

と、リッベントロップに駐在武官としての自分の覚悟を伝えた。

大島は、リッベントロップに参謀本部杉山参謀次長からの訓電を披露した。

・日本軍部は、秘密条約の基本理念に完全に同意する
・軍部は、さらに政治的軍事的な観点から内容を検討している
・今後は、日本政府全体がこの条約に同意せねばならないことは確実である
・軍部はまずドイツ軍との合意を達成したいと望んでいる
・厳格な秘密保持が望まれる
・日本から上記の件について相談するため参謀本部の若松只一《ただかず》中佐が派遣される

ここにある若松只一中佐とは、参謀本部ドイツ班長（昭和十年七月まで。以後は馬奈木敬信に交代）で、ベルリンで開かれる欧州駐在武官会議へ出席するとの名目でドイツを訪れることになっていた。

その真の目的は、大島武官とリッベントロップ側との間で煮詰まりつつあった問題について、直接ドイツ側の意向を確かめることにあった。ドイツの陸軍部内には、日独接近について根強い反対があり、ドイツ政府の考えを正確に把握することが必要だったのだ。

この時、大島は、ハックにたいして、次のような要望を伝えた。

若松中佐との会談の結果をベルリンで待ち、それを持って東京での話し合いにのぞめるように、

予定されている東京への旅行の日程を組んで欲しい――。

ハックは大島武官から陸海軍の要路への根回しを要請された。大島の言う「予定されている東京への旅行」とは、翌年一月に実現するアーノルド・ファンク監督の映画『新しき土』（『武士《サムライ》の娘』）の撮影にハックが同行する話である。

ハックへの大島からの仕事の依頼もこの時にほぼ決まったのである。

兄ヴィルヘルムに宛てた手紙

数日後、フライブルクにおける日独交渉の十日間の会議では、まず大島武官からドイツ側に草案が示された。そのほとんどが防共協定の内容を先取りしたものだった。

大島提案の主な部分を要約すると、

・一方の国が、ソビエトと戦争を行った場合、他方の国は、ソビエトの軍事的負担を軽くする行動にでない――消極的な軍事同盟案である

・ソビエトとの間に不可侵条約を結ばない

この条項は、後に防共協定の〝秘密付属協定〟の骨格となった。

ドイツ側の意向としては、この防共協定を、日本だけでなく、イギリスやポーランドも引き入れてソビエトを牽制する西欧同盟にまでもっていくことを望んでいた。

大島は、条約の有効期限について、当時、五年が国際常識であったのを、十年に定めるように提案した。これは、日本陸軍の日独接近への熱意を物語るものだった。

大島提案にもとづいて、四人は、この協定草案について活発に意見を交換した。交渉では、当面イギリスとポーランドは、議論の枠外におくことになった。

ハック覚書にのこされている文案を見ると、草案は何回もハック自身の手で修正が行われている。中にはホテルの用箋を使って書き直した部分もあった。日独双方の議論が白熱していたことを物語っている。

ハックが日独協定に関与した度合いは、単なる使い走りではなかった。かれは国際情勢に精通しており、ドイツ側の要人を前にさまざまな意見をのべている。交渉の初期の段階では、どちらかといえばむしろドイツの側に立っていた。ハックは、その後の日本の運命に大きく関わったのである。

フライブルクでの会議は、夕暮れ時に、市街の中心の大聖堂から流れてくる鐘の音が、毎日の仕事の終わりを告げる合図となった。四人の男たちは、その日の議論を収めて和気藹々と夕食のテーブルを囲んだ。豪華な燭台には、ローソクの炎がゆらめき、高価な食器に盛られた料理は贅が尽くされていた。

ところで、ドクター・ハックは、三国同盟への一里塚となった日独防共協定を、その先々まで洞察していたのだろうか。とてもそうとは思えない。将来、日本をアメリカやイギリス相手に戦争を可能とするようなドイツの同盟国として考えていた形跡は見出せない。かれは後に日本海軍に日米開戦に反対する忠告も行っている。

ハックが仲介役を引き受けたのは、日本語を話し、日本を敬愛し、文化に造詣が深かったがために、「日独協会」の理事として日独の緊密な付き合いを望んでいたからに違いない。善意から深入りしていったというのが本音ではなかったろうか。

余談となるが、歴史はいったん転がり出すと、当事者の当初の思惑とは関係なく、予期せぬ方向へ進んでいく。これは満州事変以来の日本人の歴史体験でもある。

先の戦争では、一部の政治家や軍部指導者たちが、大勢順応の誤った判断で、日米開戦に踏み切った。国力判断を間違えた大きな誤算と外部の重圧に耐えきれず戦争に突き進んだ重い歴史がある。

日独交渉たけなわの十一月、ハックは五日の日付でベルリンから、ドイチェ・アルゲマイネ・ツァイト紙の編集長だった元海軍軍人の兄のウィルヘルムに宛てて一通の興味深い手紙を寄こしている。

ハックがパリ在住のアメリカの情報機関の責任者から聞いたという話だ。その責任者の話とは、最近、ソビエト・ロシアの外交官からドイツと日本が何か協定を結んだという噂話を聞いたというものだった。

「その上、ロシア人はその条約の本文なるものを示して、日付まで指摘したそうです」

ハックの手紙は、不安を募らせるものだった。

「このアメリカ人は、私にこの日独条約なるものについてのプロパガンダは大分以前から広まっていると言いました」

ハックの覚書の中に紛れこんでいた、ハックからウィルヘルムへの手紙は、単なる兄弟間の音信以上の意味を含んでいる。突然に日独の秘密交渉にふれる話題がでてくるからだ。

この手紙には、ハックとカナリスの関係の謎を解く一つの手掛かりがある。

日独交渉に熱意をもって臨み、最も強く関わったカナリス海軍少将とハックをつなぐ糸は、ハックの兄ウィルヘルムにあった。

ベルリン海軍武官事務所の酒井直衛の証言によれば、ウィルヘルム・ハックは、第一次世界大戦時代にドイツのUボートの艦長だった。カナリスとは士官学校時代の仲のよいクラスメートだった。ハックは兄を通してカナリスと繋がったのである。

カナリスは、第一次大戦直後の若き少佐時代に、ハックの口利きで、神戸の川崎造船所に潜水艦技術の指導と情報交換に訪れている。

戦後になってハックは、「カナリス」と題する短い手記を書き残しているが、その中でカナリスがカメレオンのように外見を変える巧みさと、三十通のパスポートを使ってヨーロッパの複雑極まりない政治舞台の裏面を泳ぎわたる諜報活動の実態にふれている。そして自分も一九三〇年代にそのカナリスの下にいたことを述べていた。

つまり、ハックは、カナリスの諜報組織・アップヴェーアのメンバーであったことを告白していたのである（「日本を愛したスパイ――終戦和平工作に奔走した二人の外国人の軌跡」『文藝春秋』一九九二年五月）。

ハックは、カナリスと携わった日独交渉の進み具合を、時折、ジャーナリストの兄へも知らせていたのではないか、と推定することもできよう。

「反共産主義」のための政治協定に

　参謀本部の若松中佐が日本からベルリンへ向かっていた十一月二十六日、ドイツ側から新たな提案がなされた。それはリッベントロップ事務所のブレーンの一人だった、ヘルマン・フォン・ラウマーが考え出した「反共産主義」を謳うラウマー案である。

　新たなラウマー案では、ソビエトを対象に消極的な軍事同盟を結ぶというこれまでの案を修正して、対象をぼかした「反共産主義」のための政治協定にかわっていた。一年後の防共協定に発展する案文が提示されたのである。

　変更の背景には、この年の三月、ドイツが再軍備にふみきったことで、欧米各国に警戒心をおこさせないこと、さらに七月のモスクワにおける第七回コミンテルン大会での「反ファッショ人民戦線」の決議に対する無用な刺激を避けたいとの思惑が働いていた。

　だが、本当の狙いは、かねてヒトラーが抱いてきた考えにそって、反共の旗印のもとに共産主義を嫌うイギリスを抱き込んでソビエトに牽制をはかろうとすることにあった。もちろん、ラウマー案についてはヒトラーもすでに承認を与えていた。

　こうして日本とドイツの交渉は、大島武官が主導する軍事協定案から、ドイツのラウマー案へと条約の性格がかわり、新たな展開をみせはじめるのである。

　この時期、日独防共協定の目的や意義を正しく理解していた人物は、恐らくいなかったのではなかろうか。ヒトラーだけがその前途を洞察していたのかも知れない。

　ヒトラーは、極東での成功を手にするために、はやくから日本を協力者として目をつけていたからだ。

一九三五年十二月五日、ベルリンは、朝から小雪が舞っていた。街路に積もるほどではなかったが、日中も気温はマイナスでなかなか上がらなかった。

ハックと大島武官は、リッベントロップの邸で、かれが新しく提示してきたラウマー案について夕食を挟んで二時間ほどの意見の交換を行った。その帰路、ハックは自分の車で大島を送った。まだ夜更けまで時間があった。大島はハックを誘った。

「今日の午後の会話をもう一度ふりかえって話し合いたいので、自分の家に立ち寄っていきませんか」

大島には内心、ラウマー案にまだ大きな不安が残っていたのである。それでも一応、リッベントロップ案を評価してみせた。

「草案（ラウマー案）の中にもりこまれた、リッベントロップ氏の構想は、私自身の考え方と完全に重なり合うものです。その一言一言が、誠心誠意、心からのものだったので私は、如何に幸せに思ったか」

だが、この言葉とは裏腹に大島の心配は別のところにあった。

このとき大島が危惧していたのは、日独協定の外部への公表を是認するドイツ側に対して、公表した場合の国際世論の反発と、日本外務省と海軍の反対だった。

そのころ外務省は、ソビエトとの間に北洋の漁業条約の改定問題を抱えていた。その上樺太石油の開発期限の延長問題をめぐる外交交渉も難航して、厳しい局面に立たされていた。

これまで大島は、あくまで「軍事協定」という線で、東京の参謀本部の了解を得て交渉を進めてきた。

ところがドイツの新しい提案は「反共産主義」のための政治協定に性格がかわったのである。

はたして参謀本部がドイツ案を了承してくれるか、大島には不安だった。そこでこの日、大島とリッベントロップの話し合いで、日独双方の意向を熟知した特使の派遣を最終的に決定したのである。

この重大任務を委ねられる人物は、ドクター・ハックをおいて他にいなかった。

大島とリッベントロップ、ハックの三者の相談の結果、最終的にハックの東京派遣が決定されたのである。

ハックは、日本政府がどこまで軍部と歩調をあわせていくことができるか、また日本が軍事方面でドイツにとってどれくらい強固な同盟国となりうるか、ドイツ側からも微妙な問題を内偵するべく重大任務を託されたのだった。

この時、大島がこだわったのは、日独交渉の厳格な秘密保持だった。交渉が穏便に締結に至るには、これまで秘密裏に行ってきた日独交渉の情報が、途中で漏れるのを防がねばならなかった。日本国内では外務省の反発が予想され、ソビエトから邪魔が入るのも警戒せねばならなかった。そのうえ、肝心のドイツからの機密の漏洩も懸念しなければならない。

大島は、ハックにこう言った。

「今までのところ私は、自国の大使館にも海軍武官にも報告してこなかった。それが、ドイツ外務省からベルリンの日本大使館へ伝わる、もしくは、ディレクセン（駐日ドイツ大使）を通して広田（弘毅）外務大臣が知ることになっては遺憾なことである」

この時点では、まだディレクセン大使から広田外務大臣へは、情報は一切伝わっていなかった。東京のドイツ大使館にも、情報は伝わっていなかったのである。

大島は、さらに強く念を押した。

「秘密が約束されるならば、すべてドイツの希望通りに事は実現されるだろう」と。

この夜、大島邸の書斎には、暖炉が赤く燃えていた。

薪の火のぬくもりは、少しずつ大島の心配ごとを和らげていくようであり、二人の会話にも微妙な影響を及ぼしていた。

ドクター・ハックが、バイエリッシュ・プラッツの日本海軍武官事務所に酒井直衛をたずねたのは、一九三五年が暮れようとするときだった。かれは、唐突に言った。

「実は、私は大島さんに頼まれて日独防共協定の取り次ぎをしている。日本へ行ったら陸軍の参謀本部で事情を話さなければならないのです」

この日、ハックは、映画撮影隊と日本へ出発することを口実に、挨拶に訪れた。そして日独交渉の秘密を打ち明けた。親友の酒井に花を持たせたのである。

特ダネを得た酒井は、ただちに海軍武官の横井忠雄中佐にその内容を報告した。横井武官ら海軍関係者には、日独接近は寝耳に水の出来事だった。

驚きは、ベルリンから東京へあたふたと伝えられていった。秘密の漏洩の徴候がすでに始まっていたのである。

第六章

漏洩した日独の秘密

日独防共協定調印の日のドクター・ハック、大島浩駐独武官、ウィルヘルム・カナリス海軍少将

盗まれた大島武官電

秘密の暴露は、ある日、突然に意外なところからやってきた。

一九三五年十二月十一日、イギリス共産党の機関紙デイリー・ワーカーが、「日独秘密協定」の見出しで、日本とドイツとの間に秘密交渉が進められていることを伝えたのである。これは、ポーランドのワルシャワの新聞、クーリエ・ワルシャワスキ紙の、十二月九日の外電をそのまま報道したものだった。

「日独間の交渉は、主として、リッベントロップの手中にあり、反ソ的性格をもち、また反英的な性格のものである」

その後、同じような内容の記事が、イギリスのニュース・クロニクル紙とフランスの左翼系新聞ウーブルにも相ついで掲載された。大島武官が、秘密の保持にあれだけこだわったのに、まるで上手の手から水が漏れるように秘密の漏洩が始まった。

この背景にはいったい何があったのだろうか――。

翌年の一月十日、モスクワのソ連人民委員会議長モロトフが、中央執行委員会の開会式で注目すべき爆弾発言を行った。

「世上、日独軍事同盟などの報道を耳にする。日独両国が相前後して国際連盟を脱退し、しかも共に侵略的意図を有する傾向のある点をかんがみれば、かかる報道のあることもうなずけよう。

私は、ここに日独両国が今やソ連邦の脅威たる事実を指摘するとともに、ソ連軍予算の増加を要求する次第である」

このモロトフ演説の情報源は、オランダのハーグに本拠地をおくソビエト諜報機関の機関長ウォルター・クリヴィツキーという男だった。

クリヴィツキーは、一九四一年、亡命先のアメリカのワシントンで、スターリンが遣わした刺客によって暗殺されるが、生前、ソビエトの情報将校だった時代の回想録 *"In Stalin's Secret Service"*（邦訳『スターリン時代――元ソヴィエト諜報機関長の記録』根岸隆夫訳、みすず書房、一九八七年）を発表してソビエト諜報機関の内幕を暴露している。

クリヴィツキーが、ハーグの欧州諜報機関長に任命されたのは、一九三五年九月である。ちょうど日独協定をめぐって大島とハックの接触が始まったころだった。

このとき、クリヴィツキーは、前任者から引き継いだ諜報網によって、ドイツで活動する機関員の一人が、すでに日独交渉を追っているのを知った。

ソビエト諜報機関長ウォルター・クリヴィツキー

獲物をもとめて、ただちにクリヴィツキーの追跡が始まった。

ベルリン駐在日本大使館付の武官大島浩少将と、特別対外関係でヒトラーを非公式に代表するヨアヒム・フォン・リッベントロップ男爵との間の秘密交渉を追求しているのを、わたしは知った。

この交渉がわたしの側としては、非常な関心を払うべきソビエト政府にとってきわめて重要な事柄だと、わたしは判断した。

（『スターリン時代』）


クリヴィツキーは、日本とドイツの間で祖国ソビエトの運命を脅かすような交渉が進行していることを知った。そこで打ち合わせのためにただちにモスクワに帰国した。かれは、赤軍第四部に経過を報告すると、秘密交渉のなりゆきを入手するための必要な権限と手段をもってハーグに戻ったのである。

クリヴィツキーは、モスクワのソビエト赤軍の諜報機関本部から、日独協定の文書による証拠を入手するよう強く命じられていた。

クリヴィツキーらは命の危険を冒して、日独の秘密交渉の内偵を開始した。このとき、クリヴィツキーは、大島武官と東京の参謀本部との間に交わされた暗号電報が、ナチスの秘密機関に傍受され、記録されていることを知ったのである。

大島武官は、参謀本部と連絡する際には、ベルリンの日本大使館の地下にあった通信室に入って、みずから暗号文を組んで打電していた。秘密の厳守にこだわった大島武官ならではの用心深い行動だった。

ベルリンの日本大使館では、電文に極秘事項が多かった。だが、通信室には関係者以外の人物も比較的自由に出入りできていたという。

大島が打った暗号電報は、ベルリンの電報局からナウエンにある中継所を経由して日本へ送信されていた。当時、日本では、千葉県の船橋に受信局があり、発信は、高さ約二百メートルの原ノ町無線塔（現・福島県南相馬市原町区）を中継基地として送信されていた。

ナチスの諜報機関は、ナウエンの中継所で大島の暗号電報を傍受したのである。他ならぬ交渉相手国のドイツが大島と東京の交信を盗むという背信行為が、密かに行われていたのである。

しかも、大島の暗号電報の傍受解読はまだあった。のちの大戦中、大島大使のベルリン在勤中のすべての期間で、ワシントンとロンドンで、大島が打電した電報は完全に盗まれていた。大島は、その事実を知らぬまま、一九七五年、八十九歳で世を去っている。


では、ナウエンで盗まれた暗号電報が、なぜ、ソビエト諜報機関の手に渡ったのか。

実は、クリヴィツキーの諜報機関も、以前からナチスの諜報機関の内部に諜報員を潜入させていた。そこでクリヴィツキーは、部下の諜報員に命じてドイツが傍受した大島の極秘電報をまんまと入手したのである。

用心深い大島としては、なんとも間の抜けた話だった。

秘密の入手は、ドイツが傍受した大島の電文を、隙を見てソビエトの諜報員が写真で複写する形で行ったのである。クリヴィツキーと部下たちの諜報活動は、多くの成果をあげた。

その成果の一つが、ソ連人民委員会議長モロトフの中央執行委員会初日の演説に結びつくことになった。

同じ頃、イギリスでも一月十日、駐独大使エリック・フィリップス卿から、つぎのような報告書が送られた。

一月九日付、イギリス大使館付武官（ベルリン）の日独関係に関する報告によれば、独軍と日本の［Service《サービス》 Attache《アタッシエ》］（武官）との友好関係がまことに目立つ形となっており、ベルリン駐在の情報通は、日本とドイツとの軍事的了解が、いまやほぼ成り立ったものと考えている。

イギリスの諜報活動も一段と活発になってきた。当然ながらイギリスにとって脅威になるものに重点的に目が向けられていた。

第一は、その共産主義勢力の影響を排除したいと考えていたソビエトだった。

さらにこのソビエトを上回る厳しい警戒の目を注いでいたのがヒトラーのナチス・ドイツだった。日本は、なんとも厄介な相手と手を結ぼうとしていたのである。

一九三六年（昭和十一年）一月下旬、ベルリンの日本大使館井上庚二郎《こうじろう》臨時代理大使（武者小路大使は賜暇休暇中）は、ドイツの新聞記者やナチスの高官から日独接近の事実を知らされた。

驚いた井上は、東京の本省宛てに至急の暗号電報を打電した。

日本外務省はこの時点に至って、はじめて日独間の「反共産主義協定」の実情を知らされたのである。

こうして、大島武官とリッベントロップとの間で始まった日独交渉は、一九三六年のはじめになって、日本の陸軍、海軍、そして外務省のすべてが知るところとなった。

二月六日、外務省の東郷茂徳欧亜局長の部屋で、海軍の豊田副武軍務局長、陸軍の今井清軍務局長などの首脳が、緊急会議を開いた。日独問題がはじめて日本政府の重要議題として討議の俎上にのぼったのである。

その一週間後、重光葵《まもる》外務次官、武者小路公共《きんとも》大使、杉山元参謀次長など、外務省・陸軍などの最高首脳の話し合いへと進んだ。

大島とリッベントロップの秘密接近から約四カ月後のことだった。ドクター・ハックたち日独合作映画『新しき土』（『武士《サムライ》の娘』）の撮影隊が東京に着いたのも、ちょうど同じころ、二月十日のことである。まさに事態は、ハックの政治的使命の達成に向かって、狙いすましたかのように動きはじめていた。

ソビエトのスパイ網

欧州におけるソビエトのスパイ、クリヴィツキーに対して、まるで東西で競い合うかのように、東京で日独接近の動向を見守っていたのが、わが国最大のスパイ事件となったいわゆるゾルゲ事件のリヒアルト・ゾルゲだった。

ゾルゲの情報源は、スパイの根を張ったドイツ大使館の駐在武官、オイゲン・オット大佐であった。ゾルゲの表向きの顔は、ドイツの通信社フランクフルター・ツァイトゥング紙の東京特派員、もう一つ、裏の顔はソビエト赤軍第四部に籍をおく諜報員だった。

ハックが来日した二月、東京のドイツ大使館では、まだ日独協定の内実をつかんではいなかった。

後年のゾルゲ事件の摘発後、昭和十七年（一九四二年）三月四日、東京刑事地方裁判所検事局によって行われたリヒアルト・ゾルゲにたいする尋問調書がある（『現代史資料1　ゾルゲ事件1』）。この調書によってゾルゲとオット武官が日独協定の動きを初めて知ったときのことを再現してみる。

それは、二・二六事件直後の一九三六年（昭和十一年）三月あるいは四月頃のことだった。ある日、オット武官が非常に興奮した様子で外から大使館に戻ってきた。

ちょうど居合わせたゾルゲに向かって慌ただしく言った。

「ちょっと武官室に来てくれないか」

ゾルゲは、後を追った。気を静めながら武官の部屋に入っていった。

大きな窓にはブラインドが降ろされていた。

部屋の中は薄暗かった。オットは革張りのソファーに腰を下ろす時間も惜しむかのように、ゾルゲに向かってただならぬ顔つきで一気にしゃべり始めた。

「いま、日本の参謀本部で聞いてきたところによると、ドイツでは大島大使（当時は武官）とリッベントロップとの間でカナリス海軍大将（当時は少将）を介して何か協議が行われているようであるが、この事は私もディレクセン大使も全く知らないのだ」

麴町区永田町のドイツ大使館の東隣、現在の憲政記念館（千代田区永田町）の場所にあった参謀本部から帰るや、オット大佐は、日独防共協定についてゾルゲに打ち明けたのである。

さらにオットは、ドイツの参謀本部に事実確認をしようと、ゾルゲに暗号電報の手伝いを頼んだ。

「私はドイツ陸軍に暗号電報を打ちたいと思うのでぜひ手伝ってもらいたい。しかしこのことは誰にも言わぬと誓約してもらいたい」

まるで鴨が葱《ねぎ》を背負ってくるようなことだった。ゾルゲにとっては、千載一遇の願ってもないチャンスが突如、転がり込んできたのである。すでにゾルゲは、ベルリンで大島武官とリッベントロップとの間に秘密交渉が行われている噂を嗅ぎつけていた。

その頃、日独問題はゾルゲにとっては最も重要な仕事になりつつあった。映画『新しき土』のファンク監督の妻、エリザベートにも接近していた頃だった。

ゾルゲは、オットに頼まれるまま、これ幸いと自宅で暗号電報の組み立てを手伝った。

オット武官が、大使館の部下に暗号の組み立てを頼まなかったのは、秘密の漏洩を防ぐためだった。ドイツ大使館でのゾルゲとオットの信頼関係は、それほどの固い絆で結ばれていたのである。

二・二六事件の最中に、参謀本部ドイツ班長の馬奈木敬信中佐が、ドイツ大使館にオット武官をたずねると、いつも後ろにゾルゲがいたことは、すでにふれたが、馬奈木は、自分たちの話を「ゾルゲが黙って聞いているんです」と言った。

オットとゾルゲの日常的な姿を彷彿とさせるものだった。

二・二六事件を契機に二人の信頼関係は、その後ますます強固になっていた。

来日したハックが、ドイツ大使館でオット武官に会った日付は、定かではない。あいにくディレクセン大使は、本国へ帰国中だった。ハックにはオット武官が会見した。その脇にいつものようにゾルゲが付き添った。ハックは、最初は口をつぐんでいた。日独協定については何も話そうとはしなかった。

「その事情は、日本の参謀本部から聞いている」

と、オット武官は、ハックに誘い水を向けた。

するとハックはようやく口を開いた。来日の目的と日独交渉について話しはじめた。

「この交渉のことが、ソ連側に知れると困るので絶対に秘密に願いたい」

と、ハックはあらためて強く念を押した。

ハックが語ったのは、まず自分の訪日の使命についてだった。

次にドイツ外務省の反応への危惧だった。

これは、ドイツ側はまだリッベントロップが外務大臣になる前の話であり、日本との緊密化を懸念するドイツ外務省の反対を恐れていた。

ゾルゲは、検事の質問に答えてこう語っている。

「私はつとに申し上げたようにオット武官と一緒に暗号電報を作成した時から最後まで、この（日独）交渉の経過を逐一無電でモスコウ中央部に報告致しましたが、当時このような交渉があることは、極少数の関係者以外には世界の何人も知らぬことでありましたから、同中央部にとっても極めてセンセーショナルな通報であったと思います」

ゾルゲには、ハーグのクリヴィツキー機関の諜報活動による情報は、伝わってはいなかったに違いない。

あるいは自分の手柄を強調したか、である。

ゾルゲは、ハックから得た情報をただちにモスクワへ送った。ソビエトは地球の西と東から張り巡らせた強力なスパイ網で、日独交渉の秘密を入手していたのである。

ゾルゲは、オット武官から、日本が対ソ戦に備えてどの程度の武力をもっているか、その詳細な報告書を、またディレクセン大使からは、日独協定について日本の有力者たちがいかなる見解を抱いているか、その報告書を見せてもらっていた。

ゾルゲは、それらを写真に撮影してフィルムをモスクワに送った。

ハックは、自身の行動についてもゾルゲにこう語っている。

「ドイツが秘密に防共協定の交渉を行っているとき、ソビエト側が大島武官、リッベントロップ、カナリス特務機関長の各家庭を監視して写真撮影をしているのに気づいたので、爾後は、ノーマークの自分が三人の間を飛び回って交渉をつづけたが、ソ連側もそこまでは気がつかなかった」

一九三五年の秋、めまぐるしく場所を変えて会談をつづけていたときのことを話している。

だが、ソビエトは気づいていたのである。

こんどは、ゾルゲが、検察官にこう言った。

「私が、ハックはかような人間であるということをソビエトに報告したので、その後はハックも監視されたと思う」

ゾルゲやハックが生きた虚々実々の世界では、スパイとしての心構えが必要だった。

ゾルゲは、こうささやいた。

「慎むべきは口で、例え如何に親密な信用をして居る人でも其の事に関係の無い人には其の秘密を話してはならないのである」（『現代史資料1　ゾルゲ事件1』）

調印式の二枚の写真

一九三六年（昭和十一年）十一月二十五日――。

この日は、一年三カ月の交渉を経て、日本とドイツの間に日独防共協定、正式の名称は「共産インターナショナルに対する日独協定」という、一見ありきたりの名の条約が、結ばれた日だった。

日独防共協定が締結されたこの日に、ベルリンで撮影した二枚の写真がある。

一枚目の写真には、日独接近の陰の主役となった三名の男たちが写っている（本章扉写真）。日章旗とハーケンクロイツの小旗を横に掲げて、中心に座るのはドイツ駐在武官の大島浩少将である。

大島の右には国防省防諜課長のウィルヘルム・カナリス海軍少将。左側にはドクター・ハックである。大島武官は、このあと駐ドイツ大使となり、四年後の日独伊三国同盟の推進役となった。カナリスは、のちに海軍大将に昇進、ロンメル元帥などとともにヒトラー暗殺計画に加わり無惨にも失敗、敗戦の一カ月前に処刑される運命となったことは、すでにふれたとおりである。

この三名が一堂に会して記念撮影をしていたことには意味がある。

日独防共協定の締結の実質的な功労者は、われわれ三人だという自負である。

その三か月後の話となるが一九三七年二月十九日、日独防共協定のドイツ側の功労者五名に、日本政府の林銑十郎内閣総理大臣（当時は外相を兼任）から天皇への叙勲の上奏がなされて即日裁可されている。

「本協定が幾多機微なる問題に逢著《ほうちょ》したるに拘わらず」（原文カタカナ）と、多くの微妙な問題を克服して円満なる成立を見た功績を称えたものである。

駐日大使フォン・ディレクセンの勲一等旭日大綬章にはじまり、以下リッベントロップ、カナリス、オット、そしてハックである。

ハックには、日独協会理事（社会上の地位大、中佐相当）の肩書が添えられて、五名の中では一番ランクが低い勲四等旭日小綬章が授けられていた。

授章理由には、ハックの日独協会理事としての日本や在独大使館に対するこれまでの貢献と「今回の協定に関しては『カナリス』少将と協力して『リッベントロップ』大使（註・一九三六年九月から駐英大使）を側面より援助して」（原文カタカナ）と、陰の功績を称えている。

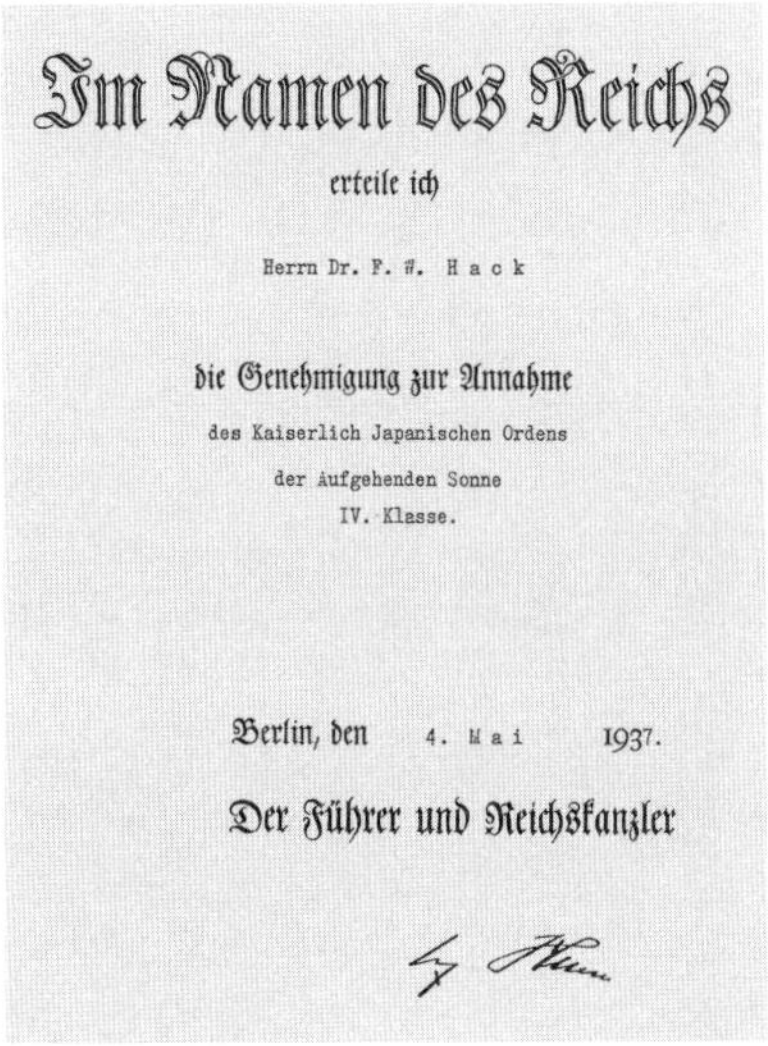
Im Namen des Reichs

erteile ich

Herrn Dr. F. W. Hack

die Genehmigung zur Annahme
des Kaiserlich Japanischen Ordens
der Aufgehenden Sonne
IV. Klasse.

Berlin, den 4. Mai 1937.

Der Führer und Reichskanzler

ヒトラーの直筆サインの入った「日本帝国の勲四等受勲許可」証書

文脈からも交渉ではハックとカナリスが特別な役割を果たしたことが、読み取れるものだった。

そして興味深い事実として、ハックに対する日本政府からの叙勲にあたってヒトラーが直筆のサイン入りで一九三七年三月四日付の「日本帝国の勲四等受勲許可」という証書をだしていたことだ。その頃のハックにとってはもはや叙勲を喜ぶような心境ではなかったはずである。

ハックの心の中に立ち入る術はないが、

一枚のヒトラーの許可証が甥のレイナルド医師の手元に今日まで埋もれていた。

一九三六年四月からの日独交渉は、外務省の手に移されることになった。

寺内寿一陸軍大臣は、大島武官にあてて、日独間の協定問題を政府が引き継ぐことで陸軍と外務省が一致したことを伝えた。

賜暇休暇中だった武者小路大使は、四月三十日、十カ月ぶりにベルリンに帰任した。

こうして日独交渉は、やっと正常な外交ルートに移されていったのである。このことは以後、ハックとカナリスには、出番がなくなることを意味していた。途中から二人の姿はぷっつりと消えていた。

十一月二十五日、三人がどこかの場所で並んで撮った記念撮影は、せめてもの存在証明だった。大島武官が二人の労をねぎらって撮影の場を設けたと思われる。

この日のハックの表情には、大事を成し遂げた達成感の喜色はない。むしろ暗く沈んだ目をしている。

ハックは、交渉を成功させるために今まで尽力してきたことを後悔していたのだ。当初は成功させようと力を注いできたものを打ち消すためにあらゆる手を尽くしたが、残念ながらそれは遅すぎたとわかった。

この頃、ドクター・ハックの心の中には、自らが成し遂げた日独接近への不安が芽生えていた。ハックの最期をみとった甥のレイナルド医師は、こう語った。

「その後のドイツは、叔父には魅力はありませんでした。それはまったく味気ないナチスの社会

日独防共協定に署名する武者小路公共駐独大使。その右がドイツ代表のリッベントロップ

でした。むしろ叔父は日本の思い出を楽しそうに語ったものです」

さらにもう一枚の写真――。

調印式の会場でのリッベントロップと武者小路大使。駐英大使となっていたリッベントロップは、ドイツ側代表として調印式にでるためにわざわざ帰国したのだった。

調印式は、外務省の真向かいにあったウィヘルム・シュトラーセのリッベントロップ事務所で行われた。

ドイツ側の外交責任者であるフォン・ノイラート外相は、この調印式にも姿を見せなかった。

終始、異例ずくめの対応が相ついだ。

調印式の場面を写したこの記念写真の撮影については、おもしろいエピソードがある。条約の中には、両国が重きをおいた、公表がはばかられる秘密付属協定があった。

それは

第一条　締約国の一方がソ連より挑発によらざる攻撃または攻撃の脅威をうけた場合、他方締約国はソ連の地位につき負担を軽くするような一切の措置をとらず、共通の利益擁護のため、とるべき措置について直ちに協議すること。

第二条　締約国は、相互の同意なしに、本協定の精神と両立せざる一切の政治的条約をソ連との間に締結しないこと

戦後まで公表されなかった秘密協定である。

ただし、この三年後にヒトラーは、リッベントロップ外相をモスクワに派遣してこの条約の精神に反する「独ソ不可侵条約」を結んだことは周知のとおりである。

二十五日は、秘密付属協定の機密保持の必要からまず写真撮影用のヤラセの調印式を行った。そして報道陣が退去した後、あらためて調印式の本番を行っている。

さらに、にわか外交官の集まりであるリッベントロップ以下のドイツ側全権団には、調印式に伴う外交慣例の儀式を心得た者がいなかった。条約文書のリボンの上に封蠟《ふうろう》をたらして印をおす、つまり「調印」の意味も方法も知らなかった。その場で日本全権団が教えて、どうにか調印式も無事終わったのだった。

映画は空前の大ヒット

一九三七年、日本では二月四日、ベルリンでは三月二十六日に封切られた『新しき土』と『武士《サムライ》の娘』は、日本とドイツ、ともに空前の大ヒットとなった。ドイツ国内の主要都市、大小二千六百の映画劇場で上映され、六百万人を超える入場者を数えたという。（東京日日新聞・昭和十二年五月二十日）

ベルリンのカピトール劇場で開かれたプレミアショーには、日本から主演の原節子も招かれて、大変な評判を呼んだ。

川喜多かしこも付き添って原の着付けを手伝った。

今日は赤の総しぼりの振袖を着せる。うっとりする程美しい。こんなに飽きの来ない深みのある美しさを持った人は日本人では少ないと思う。（『訪欧日記』）

ドイツではこの作品に対する新聞評が二百余りも並んだ。いずれの記事もほとんどが絶賛だった。

何といってもこの映画体験で得た大きなものは、原節子である。不思議な魅力をもつ少女、華奢で繊細で生気に満ち、気品にあふれ、しかもその身のこなしは優雅であって、ヨーロッパ人をうっとりさせる。ことのほか気高い民族の典型的女性像、それは心と精神の文化、すみずみまで磨きあげられた教養、そして一分のすきもない高貴さから生まれたものである。

くわえて、原節子は女優としても傑出しており、演じ方にはほとんど無駄というものがなく、感情造形というまさに衝撃的な成果をあげている。

（ケルン新聞・一九三七年三月二十六日、『原節子』千葉伸夫）

この映画を見てまずわれわれが驚くのは、まず、ドイツ人と日本人の感性の共通性である。これがあってこそ、日独の間で合作映画をつくることが可能だったのだろう。日独合作映画とは、たんにドイツの監督が日本の俳優や音楽家と共同作業をしたということではない。両国民の物の考え方の共通性を掘り起こしたのである。

（デル・アングリフ紙・三月二十四日）

いずれの映画評も手放しの絶賛ぶりである。事実、多くの観客が原節子の美貌と演技とに酔いしれたのだった。三月二十四日、ドイツ宣伝省は、一通の通達をだした。

映画「武士《サムライ》の娘」の封切上映についての報道は、大々的に行うこと。加えて、「武士の娘」試写会における貴賓の様子についても報道すること。

（『トーキーは世界をめざす』）

ゲッベルス国民啓蒙宣伝大臣のメディア操作は、『武士の娘』といえども例外ではなかった。むしろ国費を投入した国策映画だけに、ぜひとも成功させねばならなかった。

その前夜、三月二十三日（水）のゲッベルスの日記。

晩、「カピトル」で独日合作映画『サムライの娘』の封切。独日協会によって催された重要な公的事件。映画の撮り方はすばらしい。日本の生活や考え方を認識するのに良いし、筋もまずまずだ。しかし我慢できないほど長い。それが残念だ。その後独日協会のレセプションの夕べ。

（『ゲッベルス』）

東京のナチ党員からの密告

その当時、東京市麹町区丸の内一丁目の帝国生命館には、ナチス外国組織部の東京支部が事務所を構えていた。

『武士の娘』がドイツで封切られる直前の一九三七年三月十日付で、この東京・横浜支部のH・ロイという人物からベルリンのナチ党外国組織部の本部宛てに一通の密告書が送られている。ドクター・ハックの一年前の訪日の時における疑念を告発するものだった。題名は「ハック博士についで」としてある。やや長くなるが、興味をそそられる報告書なので全文を紹介する。

今日、われわれはファンク撮影派遣団の中の上記の人物についてとくに言及したい。ハック博士は、飛行機の売りこみのため、日本軍部との関係を緊密にすることを第一の課題としているように見受けられる。

この任務が、ドイツの国益にとって有益なることは認められるがハック博士については疑わしい点が続出しており、ハック博士の信頼性について調査されたい。

ドクター・ハックを密告する文書は、つづく数行では、日独交渉とスパイ・ゾルゲとのことにふれて問題の核心に迫っている。

ハック博士は、一九三六年の初頭から、同派遣団のメンバーとして日本に滞在中、ドイツのどこかの部署から、何らかの政治的使命を与えられ、日本で活動していたのではないか。この点につき情報を知らされたい。

最近に至って、さまざまな噂が飛びかっている。ごく最近、樺山（愛輔）伯から、ハック博士は、日独防共協定のドイツ側の責任者であると聞いた。

それが真実であるとすれば、当地の担当部門に少なくともなんらかの情報が伝えられてしかるべきだと思う。

もしそれが何らかの理由で望ましくないとされているのであれば、ハック博士自身も、それ相応の秘密保持に努めるべきである。

しかるに我々は、ハック博士が当地のドイツ通信社の代表（リヒアルト・ゾルゲ）に対して、ゆきすぎた発言を行ったことを知っている。

いずれにしても、当地の担当部署の者にとって、この種の噂話にたいして明確な対応ができないのは、この上もなく不愉快なことに相違ない。ヒトラー万歳！

ハックが、ドイツ通信社の代表でナチ党員のリヒアルト・ゾルゲに日独交渉の件で秘密をしゃべったことへの不快感をベルリンの本部へ報告したのだ。明らかにハックの足を引っ張るような、東京におけるナチ党員の動きである。

ハックと日独協定をめぐる疑念の追及は、その後、四カ月にわたり執拗につづけられた。

四月五日付の第二信が送られた。こんどは、海軍出身でイリス商会会長のルドルフ・ヒルマンという支部長からである。


ここ東京では、聞くところによれば、日独防共協定は、ドイツ国内の外務省と東京の駐日ドイツ大使館の密なる連絡のもとに取り扱われたとのことである。

また、ハック博士は日本海軍の中に根強く残っていた日独防共協定に対する最後の反対を抑えるという使命を帯びていた。

しかし、ハック博士は、私に対しても、自分の使命については触れなかったし、一方大使館内でも、この事は知らされていなかった。

防共協定については、あまり好意的ではない、我が国の役にはたたない等、評判も噂されている折から、正しい説明と解明が望まれるところである。ヒトラー万歳。


東京のドイツ大使館の中では、ディレクセン大使、オット武官、それにゾルゲ以外に秘密を知る者は限られていた。

以後、四月二十六日付の報告からは、ナチス外国組織部とドイツ外務省も巻き込んでドクター・ハックの行動への疑問がつぎつぎと投げかけられている。ちょうど映画『武士《サムライ》の娘』が、大ヒットした直後だった。報告はファンク監督と映画の批評までも、とばっちりを受けていた。東京からの報告である。

映画は宣伝省の監督のもとで作られたものだが、ファンク博士（監督）は、日本人との接触で、どのように個人的配慮が必要であるか、よく理解していなかった。

短い文面からは、うまく伝わってこないが、内容はファンク監督と伊丹万作監督との意思の疎通がなされなかったことを述べているように思われる。

さらにナチス東京支部の報告者は、映画に手厳しく率直な評価を加えた。

この映画は失敗したように見受けられる。ただ、日本人の忍耐強さと、礼儀正しさ、ドイツに対して友好的であるという気持ちゆえに、それでもこの映画は完成する運びとなったのである。ヒトラー万歳。

日本側監督の伊丹万作とファンクの葛藤があったのは事実だが、日本人スタッフの忍耐でこの映画が完成したかのような口ぶりである。

東京支部長のルドルフ・ヒルマンからの追及の最終となるのは、七月八日付の「ハック博士ミッションについて」の報告書だった。

日独交渉において東京で自分たちが、まったく蚊帳の外におかれていたことへの憤懣をぶちまけるものである。

日独交渉では、ハックの来日までまったく情報を知らされず、問題に介入できなかったことで世間の物笑いの種にされていること、またドイツ大使館には、ナチ党員の適任の人物がいたにもかかわらず、それをないがしろにされて、トンビに油揚げをさらわれたことへの恨みである。

報告の最後は、ベルリンのナチ党外国組織部の指導者ボーレへの伝言だった。

この手紙を管区責任者のボーレ氏に伝えてくださるようにお願いいたします。ヒトラー万歳。

と、あえて念押しして最後を結んでいる。いかにも魑魅魍魎《ちみもうりょう》が跋扈《ばっこ》するナチスの世界の陰湿な告発騒動だった。元ベルリン海軍武官事務所の酒井直衛は、こう説明してくれた。

「ハックは防共協定の橋渡しをやっただけに過ぎない、でも、やったということ自体が、東京におる連中にはできないことですから、やっぱり妬みがありますからね。そうだと思います。私も度々邪魔をされた経験がある」

ハックは、東京でいやな空気を感じて映画の完成を待たずに途中で早々と帰国した。

「ドクター・ハックが日本から帰りましてね。私が、何で帰ったのかと聞いたら、私がいないほうが日本とドイツのためにはいいだろうと思って帰ってきた、と言いました」

この頃のハックが、ナチスに対する将来への不安と警戒心を抱いたのは間違いない。

「ハックは、ナチスにたいしては、すっかり嫌気がさしていましたね。ナチスの全部が嫌いだと。とんでもない連中だと」

ハックを中傷する手紙が行き交った一九三七年の同じ頃、ベルリンではその身の上にただならぬ事件が起きていたのである。

ゲシュタポによる逮捕と救出劇

一九三七年七月のはじめの頃――。

それは日中戦争が勃発する七日の、数日前のことだった。第一報が入ったとき、ベルリンの日本大使館には衝撃が走った。

ドクター・ハックが突然に、秘密国家警察のゲシュタポに逮捕されたのである。容疑は、当時、ナチスが厳しい弾圧を加えていた同性愛だという。独身のハックに「男色」というとんだ濡れ衣を着せた冤罪だった。

ハックにとっては、容疑といい逮捕といいまったく寝耳に水の屈辱的な出来事だった。

余談だが、ナチスの男色禁止令がでた時、ハックが、真面目な顔をして酒井直衛をからかったことがある。酒井が披露したその場の雰囲気が伝わる証言である。

「ハックが『酒井さん、急に五人の父親になったよ』なんていうから、『へェー』っていったわけ。『どうして?』というと『いや、クラスメートの未亡人と結婚したんだ』と。かれは別に結婚なんかしてないのですよ。冗談でしたが、ナチの禁止令がでたもんだからそれをこう揶揄しましたよ。かれは女にはもてそうだけど、男色なんてとんでもない」

いかにもナチスらしい、闇から闇にハックを葬ろうとした謀略事件だった。

逮捕された日、ハックは、国防省諜報課長カナリス少将の特命を受けてパリへ出発する予定だった。その直前に拘束されたのである。

ちょうど東京でハックを中傷する噂が乱れ飛んでいた時期と偶然に重なった。ゲシュタポによるハック逮捕の背景に何があったのか。

それは、一つはナチス内部の政治的な争いであった。カナリス少将とナチスの親衛隊（SS）の諜報部長官であるハイドリッヒとの権力闘争が背景にあったのである。ラインハルト・ハイドリッヒは、政治警察の権力を一手に握るヒムラーに次ぐ親衛隊の大物だった。

二人の確執の背景には、ハイドリッヒがカナリスの管轄下にあった国防省の治安機関を親衛隊（SS）のもとに統合しようという画策があった。ハイドリッヒは、ナチス親衛隊と国防省という、党と国家の二つの治安機関を一手に掌握したいという野望を抱いていた。

当然に国防省は反対してカナリスとハイドリッヒは反目していた。カナリスの諜報課の中には反ヒトラーの怨嗟も渦巻いており、後にヒトラー暗殺計画にも加わっていく。

カナリスに近かったハックは、政争に便乗されて巻き添えを食ったのだ。ナチスの手にかかれば、ひとりの男の命をうばうことなど、いとも簡単だった。

ハックも一時は、真剣に死を覚悟した。

ハックの逮捕が、東京のナチス外国組織部の動きと連動していたのか、確証はない。

ただ、ドクター・ハックの甥、レイナルド医師のわたしへの次のような証言がある。

「日独協定が行われた時点で、ハックは依然、顧問的な役割を果たしていました。もちろん周囲がかれを必要としていたからです。しかし、ハックはナチスと完全には意見を同じくしていないことで知られていました。かれには敵がいたことも容易に想像できます。ハックを嫉妬し、あるいはかれを信じられなかった人々です。かれは、ナチスのいいなりにはならなかったからです」

すでにハックは、ナチスの根本思想が、指導者原理によるドイツ人優先主義であり、ヒトラーが世界制覇をねらっていることを看破していた。

そこで心ある人々に敢然とその非を訴えかけていた（「一九五〇年十月二十四―二十五日　GHQ歴史課における藤村証言」）。

ハックの逮捕は、ベルリンの日本大使館にとっても衝撃的事件であった。

これまでおよそ二十年間も航空機や武器の調達をハックに依存していた陸・海軍武官府の驚きは大きかった。ハックは日本にとって不可欠で重要な存在となっていたからだ。

逮捕を黙って見過ごすわけにはいかなかった。

この時、身を挺してかれを救いだそうと動いたのが、海軍事務所の酒井直衛であり、小島秀雄海軍武官だった。

酒井は、まず陸軍武官の大島浩を頼った。ハックとも縁が深いナチ党員で当時駐英大使のリッベントロップを動かそうとしたからである。

大島とハック、それにリッベントロップは日独防共協定の仲間である。

だが、リッベントロップは冷たかった。当時、ヒトラーの腹心として旭日昇天の勢いのリッべントロップにもハックの反ナチスの言動が耳に入っていた。ゲシュタポを相手に動こうとはしなかった。そこに、ドクター・ハックの兄の友人で海軍時代の仲間だったキャプテン・ベルトールド（Kapitän Berthold）とよばれる男が現れた。かれはハイドリッヒやヒムラーの後ろ盾で、ゲシュタポ創始者の空軍最高司令官ヘルマン・ゲーリング上級大将につながりをもつ人物と目されていた。

ゲーリングはナチス・ドイツでヒトラーに次ぐ第二の実力者であり、経済界、金融界、軍部にたいする影響力は絶大なるものがあったのである。

だが、当初ゲーリングに工作しても、埒があかなかった。打開の目途もなく行き詰まっていた時、ベルトールドが一つの秘策を持ってきた。

ハックの救出に懸命だった酒井直衛は、この話に飛びついた。

「ベルトールドが来ましてね。いきなりハックを助ける道がわかったと」

そして、確信をもって言った。

「今、ナチスは輸出ということを最重要視している。要するに外貨を獲得するということを最も重要視している。だから経済問題に結びつければ成功するかも知れぬ」

ベルトールドの提案を海軍武官府内で検討した末、酒井はこう返事をしたのである。

「それでは、日本海軍が、ハインケルに航空機の注文をだすから、ハインケル社の代理であるドクター・ハックを、一時でもよいから釈放させてもらいたいということを要求してみよう」と。

このとき、航空大臣でもあるゲーリングは、前の年の八月に始まったドイツの軍備と経済の立て直しのための四カ年計画の全責任者の地位についていた。

酒井は、ベルトールドの助言に従って、小島秀雄海軍武官からゲーリングに宛てて、日本海軍武官からの一通の公式文書を提出してもらった。早い話が、酒井はひと芝居を打ったのである。そこには真っ赤な嘘をついた。

ハック博士は、ハインケルの代理人として、日本海軍が購買計画について折衝している相手である。今、ハック博士を逮捕されたのでは緊急重要な交渉が挫折して甚だ迷惑である。この購買計画が完了するまで日独防共協定の精神に基づきかれに自由交渉ができるようにしてもらいたい。

ハックが関わった防共協定もダシに使った。


その頃、ハックが扱う日本海軍の物資の購買計画はまったくなかった。

「それが情報どおりにゲーリングに利いてね。許されてでてきたわけ。こちらも驚きました。ハックがのこのこ出てきましたからね」

ハックの釈放運動が、ベルトールドの助言どおりに実現したのである。

「ところが、私がもっと驚いたことは、こっちはいい加減に嘘を書いてやったことが、ハックが釈放されて二週間後に実現したわけです。ハインケルの飛行機を買えという命令が東京から来たんです。まったく偶然です」

まさに嘘から出たまことだった。

ドクター・ハックの運命は、このときに一転したのである。

ハックが釈放されて四、五日経ったある日、東京の海軍航空本部からハインケル航空のＨｅ－１１０型戦闘機二十四機、その他にも爆薬、爆莢《ばくきょう》の納期の問い合わせがきた。さらに追いかけるようにそれを上回る大量の注文が飛び込んできた。一千万マルクを超える大商いとなった。

日中戦争の火が燃え広がる中で、海軍にとっても戦闘機の増強が急務だったのである。海軍武官事務所は、ここでハックにもう一つの粋な計らいを行った。

釈放されたハックが、このままドイツ国内に留まると、再びその身を危険にさらす恐れがあった。そこで日本海軍は、ハックがハインケル航空機の莫大な代理店手数料をスイスで受け取れるように取り計らってやったのである。

ハックがこれまで海軍に尽くしてきた誠意と功績に報いようという強い意向が働いた。酒井のみならず小島武官をはじめ、事務所の多くの関係者の自然な思いが一致し、ハックの晩年の生活資金もこれで保証されることになった。

かれは間もなく、欧州で得た中国戦線に関わる外交情報を、日本に有利になるようにと、情報提供に全力を傾注し始めた。

日本海軍事務所でも、日中戦争がやがて世界戦争へ拡大していくとの懸念から情報収集に活発に動き始めていた矢先だった。

ドクター・ハックには、ナチスの虎口から救われた恩義が、今後、日本海軍のために誠心誠意を尽くしてゆく大きな動機となっていった。

わが身を危険にさらしても自分の労力にたいする日本海軍からの謝礼の受け取りは、その後一切断った。これは、これから第二次世界大戦に向かう中でハックとの交流が始まることになる、元日本海軍ベルリン駐在武官補の藤村義朗《よしろう》から、直接に聞いた証言である。

同じような話を、ドイツ駐在武官をつとめた小島秀雄も、戦後、こう回想している。

小島秀雄ドイツ駐在武官

小島はハックとは、一九二三年に最初にドイツに赴任して以来の旧知の間柄だった。

このハック氏は、日独防共協定締結には蔭の人として当時の大島陸軍武官とリッベントロップ（ナチス党外交部長）の間を往復して、これを成立に導いた人であり、以前から日本海軍へいろいろな品物を売込んだ商人であると同時に、報酬なしで、いろいろの情報を持ち込んでくれた人でもある。

（『水交』二七二号、一九七六年）

二人の証言は、ハックの義理堅い性格の一端を示す逸話である。

そして藤村は、ハックが日頃信念としていた、ナチスの人種差別政策への反対にもふれた。かれがハックから直接に聞いた話だと言った。ゲシュタポによるハック逮捕のもう一つの要因となっていた事柄である。むしろこのほうが真の理由だったのかも知れない。

「ハックは、ナチスのやり方に疑問を抱くようになった。ヒトラーが主導するヒューラーイズム(Fuhrerism)、つまりアーリア人種のドイツ民族が世界の最優秀民族であって、ナチスが中心となって世界をコントロールしようという考え方に大きな疑問を抱いた。かれは『人間の摂理』に反するという言葉を使いました」

二年前、ニュルンベルクのナチ党大会の夜、酒井直衛がナチ党員の前で人種差別を激しく非難した同じ思想をハックも抱くようになっていた。

「日本海軍は命の恩人」

一九三七年の暮れ、ナチスの虎口を脱したドクター・ハックは、オーストリアから国境を越えてスイスに逃れた。この時もハックは、密かに酒井直衛に別れを告げに来た。

「酒井さん、私はこれからオーストリアのアルプスを越えてスイスに出発します。いずれまた向こうでお役に立つこともあるでしょう」

ハックは、祖国を捨てる決心をしたのである。五十歳であった。

酒井は、かれの両手を固く握りしめて別れを惜しんだ。

「日本海軍としても、あなたの身の安全の確保には全力を尽くします」

生まれ育った故郷であっても、ハックはナチスが支配するドイツには、もはや未練はなかった。生きてふたたびドイツの土を踏むこともなかろうと思った。ゲシュタポは、釈放されたハックにまだ鋭い監視の目を光らせていた。そこで酒井たちは、スキー客を装ってオーストリアを経て中立国のスイスへ亡命させる手筈を整えたのである。

冬のアルプス越えは、吹雪の中で難渋を極めた。

それでもハックは、着の身着のまま、スキー道具を片手にオーストリアからリヒテンシュタインの国境を越えて、スイス最大の都市のチューリッヒを目ざした。

このとき逃亡を助けたハックの兄のウィルヘルムは、ナチスに毒殺されたという。反ナチ運動の地下工作をしていたことが発覚したからだ。

ハックの反ナチスの覚悟は、この一連の騒動で固まった。

翌年の春、ドクター・ハックは、酒井直衛の手筈にしたがって、スイスからフランスを経て海路を日本へ亡命の旅にでた。日本は、ハックの第二の故郷である。

ちょうど二年前の一月、マルセイユから、ファンク監督たちと日本へ向かった、あの当時に比べると船旅もあまり心楽しむものではなかった。毎日、甲板のデッキ・チェアーに寝そべっては、来し方を振り返りつつ、日本の懐かしい思い出と読書にふけっていた。

二年ぶりの日本は、ハックの旅情を慰めてくれるはずだった。

ところが、ハックの期待に反して、再訪した日本は、以前まであった市民の自由で闊達、モダンな社会の雰囲気が失われていた。

軍靴の音高らかに、中国との戦争で戦時色一色の重苦しい空気が流れていた。二・二六事件を境に、教育に、思想に、市民生活において、国家と国民の姿が息苦しく一変していたのである。

ハックは、すでにこの国が、自分の安住の地ではないことをいち早く悟った。

戦争熱に浮かされていく日本が、かつての古きよき時代の伝統と文化をもつ居心地のよい国ではなくなっていることを肌身で感じるようになった。

「この国もナチス・ドイツと同じ方向に向かいつつあるのではないか」

ハックは心の中で密かに幻滅を抱きはじめていた。

しかも、東京にもハックの滞在を好ましく思わぬ男がいた。

ドイツ航空産業連盟の日本代表として駐在していたカウマン博士という人物である。カウマンにとっては、ハインケル航空の代理人であるハックは、いわゆる商売敵《しようばいがたき》だった。以前、ハインケルの代理権獲得をめぐってハックと争った時期があり、親日派のハックと、ゲーリングを後ろ盾にもつ親中国派のカウマンとは、路線の対立による確執がつづいたことがあった。

さらに、ハックにとってショックだったのは、二月に新しく外相になったばかりのリッベントロップから同じく三月に駐日ドイツ大使になったばかりのオットに対して、ハックのドイツ送還の強い指示がでていたことだった。

ハックを入国させた日本政府へ厳重抗議をするようにとも言ってきた。

かれは間もなくひっそりと日本を去った。

横浜を出港した米国航路の船からは、遠ざかる富士山の頂に夕日に照らされた赤紫の雲がたなびいて見えていた。

ハックは、ふたたび日本の土を踏むことはなかった。

出国にあたっては、ベルリンの酒井直衛が東京の海軍に手をまわして、アメリカ、そしてポルトガルのリスボン経由になった。リスボンの海軍武官はベルリンの海軍武官事務所と連携して、隠密裏にハックをスイスに亡命させたのである。

ハックは、その後の人生を流浪の旅人となって生きる決心をした。

かれは、信頼できる日本の友人には心底からこう漏らしていた。

〈日本海軍は、自分にとっては命の恩人である〉

時折、酒井直衛と連絡をとっては、スイスで落ち合う日々がつづいていた。そのときハックが酒井に遺していた確信に満ちた言葉がある。

「酒井さん、日本はやがてドイツ人によって戦争に引きずりこまれますよ。貴方がたはドイツの軍事的潜在能力を過大に評価している。もし今後アメリカとドイツの間に戦争が起これば、ドイツは間違いなく敗れます」

ハックは、すでにナチス・ヒトラーの政治的野望がもたらす脅威を鋭く洞察していた。

そしてその都度、日本の友人たちに強く警告した。

ハックの警告

一九三九年八月二十三日、ナチス・ドイツとソビエトは突如、独ソ不可侵条約を締結した。日独防共協定が結ばれた三年後、手のひらを返したようなリッベントロップ外相の策が成功して、モスクワでソ連人民委員会議長モロトフとの間に調印が行われた。驚天動地ともいうべき条約の成立で、寝首を掻かれた日本は、平沼騏一郎内閣が総辞職した。

前にも述べたように、日独防共協定の成立直後にイギリス外務省極東局が報告した、「(日本は)今後はその意図に反して、情勢不安なヨーロッパの政治外交の場に足を踏み入れることになった」という警告が的中したともいえよう。

ドイツとソビエトは、不可侵条約の密約部分の秘密議定書で、ポーランドとバルト諸国の勢力圏の確定、つまり両国による分割を取り決めたのである。

ヒトラーは、ソビエトとの不可侵条約によってドイツの背後を安全にした。

そして九月一日、ヨーロッパの制覇をめざしてポーランドに侵攻。ドイツ軍五十七個師団の大軍は、宣戦布告なしでポーランドに電撃作戦を開始した。英仏両国は、ただちにドイツに宣戦布告し、第二次世界大戦の火蓋が切られたのである。

ナチス・ドイツは破竹の進撃をつづけた。決河の勢いで軍をオランダ、ベルギー、ルクセンベルグ、フランスへ進めた。そして大陸にあったイギリス軍をダンケルクに突き落として、返す刀で見るまにデンマーク、ノルウェーを席巻して大陸側からの対英包囲網を確立したのである。

ドイツの快進撃に煽られて、やがて日本では「バスに乗り遅れるな」が、時代のスローガンとなった。

この間、ハックは、冷静に戦況の成り行きを見つめていた。

ヒトラー政権下、ベルサイユ平和条約の破棄、賠償金の支払い停止、再軍備など急進的政策を遂行したドイツが、ついにオーストリアを併合して、ポーランドへ電撃的侵攻を果たしたのである。

ナチスの政策に反対しつづけていたハックは、ナチスの圧倒的勝利を前に、次第に存在感が薄れて、人々も去って行った。

だが、ハックは自らの政治的信念を撤回することはなかった。最終的には、この戦争はドイツが負けるとの確信を持ちつづけた。現況の嵐に耐えて、機が熟したらふたたび行動ができるように自らを保っておこうと律したのである。

一九四〇年（昭和十五年）九月二十七日、ドイツによるロンドン大空襲の最中、ベルリンで日独伊三国同盟が締結された。

日本側は、日本陸軍とベルリン駐在の大島浩大使（三八年からドイツ大使）が前のめりに進めた軍事同盟だった。対立する米英との戦争への抑止効果と、抜き差しならぬ状態にある日中戦争の処理をはかった日本軍部と外相松岡洋右らによる三国同盟の推進であった。

他方のドイツとイタリアは、電撃作戦直後の欧州戦局をアメリカの参戦を見ないうちに有利に展開しようという戦略があった。

だが、結果は日本の思惑が見事にはずれたのである。米英を強く刺戟して太平洋戦争の導火線となったのだ。

三国同盟について、ハックは、スイスにやって来た海軍事務所の酒井直衛に猛烈に反対した。酒井は、ハックの強い警告をはっきりと記憶に刻んでいた。こう言ったという。

「日本が、三国同盟を結ぶことには反対だといった。大反対。なぜかというと、日本にとってナチスと結ぶのは危ないと。ナチは何をやるかわからんと。日本は引きずり込まれて酷い目にあうぞ。この条約は必ず英米を敵にまわし、日本は欧州の戦局にまきこまれるだろう」

ハックの警告と不吉な予感は、ものの見事に的中して現実のものとなっていった。

第七章

スイスの諜報員

スイス亡命時代のハック

藤村義朗とハックの出会い

一九四〇年の暮れ、スイスの首都ベルン――。

旧市街の屋根瓦の向こうには、スイスの名峰ユングフラウの山頂が白く輝いていた。ベルン中央駅前にある高級ホテル、シュバイツァーホフの昼下がりのラウンジには、宿泊客らしい二人の男が、時間が流れるままに静かに語り合う姿が見られた。

ドイツ人と日本人の二人は、このときが初めての出会いだった。

かれらはこのホテルに宿をとって二日目を迎えていた。

日本人の男の目的は、相手のドイツ人が信用できる人物かどうか、情報のソースになりうるか、ホテルを共にしながら密かに品定めをすることにあった。

日本人とは、この七月にシベリア鉄道経由でドイツに着任したベルリンの日本大使館付海軍武官補佐官の藤村義朗《よしろう》（当時の名前は義一）少佐である。この春、海軍大学校を首席で卒業して軍令部第三部ドイツ班の情報担当の参謀からドイツへの転勤を命じられたのだ。

ドイツ人の男は、ドクター・ハックだった。

海軍武官事務所の酒井直衛の紹介で、ベルンまで列車で一時間半ほどのチューリッヒからでかけてきていた。亡命者のハックとの密会は、国際都市のベルンが最も交通の便がよく、外国人も多く人目を避けるには好都合だった。

海軍武官補としての藤村の最大の任務は、欧州情勢をめぐる情報の収集だった。ハックの存在を酒井から教わり、ぜひとも会わねばならぬ人物として、注目していた。

一九〇七年（明治四十年）、大阪府泉北郡の生まれの藤村は、海軍兵学校五十五期の三十三歳。ハックとは二十歳も年齢が離れていた。

ベルリンに着任した時、当初、藤村には、ハックのさまざまな噂が耳に入ってきた。

「ハックは、大使館筋に聞くと非常に評判が悪いんです。信用できないと。陸軍のほうも、ハックは、裏切りなんかして、とんでもない奴だというんですね。酒井とか、ハックの商会を引き継いだレヴィンスキーには評判がいいのですが、あとは皆悪いんです」

むしろ信用できない男という日本人が多かったと、藤村は言う。そこで藤村は、横井忠雄海軍武官の了承を得てスイスまでハックに会いにでかけたのである。

藤村義朗元ベルリン駐在海軍武官補佐官

藤村も、初対面の一日目は非常に用心深くハックとしゃべったが、二人は次第に打ち解けていった。

「私のほうは、日本の秘密は話しません。しかしハックはいろんな情報を全部話してくれるんです。かれの情報は、間違いなかったですよ。ナチスのことをよく知っているでしょ。ナチスの中身もね。日本のことも知ってるでしょ。世界情勢のことを考えながら、ハックは何でも話してくれました」

藤村は、ベルリンには戻れない亡命者にあわせて、翌年の春までにその後数回、ベルンでハックと会った。

やがて、藤村とハックは意気投合し、お互いに腹を割って何でも話せる肝胆相照らす仲になった。

「ハックは、日本海軍は命の恩人だから海軍のために尽くしたい、自分は日本が好きだ、と言った。本当に真面目なよい人間だということがわかりました」

藤村は、ハックの事前の評判と自分が直接に会って確かめた人間性のギャップに戸惑うことはなかった。先入観を捨て自分の人を見る目を信頼したのである。

「ハックは、私に対して絶対に誤った情報はださなかった。いつも本物だった。それでハックと固く約束したんです。私に本当のことだけを知らせてくれと。かれは約束を守り通しました」

酒井直衛と同様に、ハックが藤村との友情を裏切ったことは、その後の交友のなかで一度もなかった。

わたしが、元ドイツ大使館付海軍武官補佐官の藤村義朗と初めて会ったのは、酒井直衛を取材した同じ時期の一九八五年の六月頃だった。

当時、藤村は宇宙航空関連の商社と関連技術、それにスリランカでいちご栽培の事業を展開して、いちごを中東の産油国に輸出するなど国際的な企業家として多忙であった。東京の表参道の交差点から南にはいった南青山の閑静な場所に自宅を兼ねた三階建ての本社ビルを構え、千葉県房総半島の富津市西大和田に工場をもっていた。

戦後、一九四六年三月に復員して、四千円を元手に闇物資を運ぶかつぎ屋からスタートしたという波乱万丈の人生も、酒井直衛と似たような成功物語だった。

藤村は、海外を飛び回る合間をぬって、青山の本社と富津に所有する山荘で、延べおよそ三日間、実に能弁に、ドクター・ハックと心血を注いだ第二次世界大戦末期のスイスでの対米和平工作を語り、話は尽きることはなかった。

戦後、メディアで注目を浴びてきた人物だけに話に手慣れた部分もあったが、気さくで闊達な人柄の藤村の人生は、ハックと同じくドラマチックなものであることには間違いなかった。

藤村は、ハックとの思い出になると昨日のことのように懐かしくその人物像を鮮やかに思い出すことができた。

ハックの情報源

藤村がハックと出会った一九四〇年から四一年にかけてハックは、藤村に役立つ貴重な情報をいくつももたらした。

一九四一年六月二十二日、ナチス・ドイツは国境を越えてソビエトを急襲して独ソ戦争を開始した。宣戦布告なしで三百万のドイツの大軍がカルパチア山脈を越え雪崩れ込んだのである。不意を衝かれてソビエト軍はたちまち崩壊して敗走した。ヒトラーは、独ソ不可侵条約をいとも簡単に破った。

これは第二次世界大戦において重要なターニングポイントとなった。独ソ戦争の勃発によって英米ソの連合国の団結の基軸ができたのである。

さらに日米関係も独ソ戦争の進展につれて緊張が高まった。そして、ついに一九四一年十二月八日の太平洋戦争の勃発に至った。独ソ戦を契機として、日独伊の枢軸国と米英ソの連合国の対立の構図が出来上がった。

独ソ戦争勃発の直後、ヒトラーは、武装中立国のスウェーデンの侵攻も考えていた。一九四一年の七月か八月の頃だった。藤村は、ハックにその事実を確認した。

「ドイツがスウェーデンを狙っているのは事実である」と、返事が返ってきた。

そこで藤村は、ベルリン駐在のスウェーデンの海軍武官に密かに知らせてやった。スウェーデンは防備を固め、ドイツの侵攻計画を断念させたという。

後に、終戦間際になってドイツ崩壊後、ベルリン駐在三国同盟軍事委員の阿部勝雄中将以下、扇一登武官補佐官や酒井直衛など三名のスウェーデン入国がすんなり認められたのも、この時の恩義に応えたスウェーデン政府の計らいである、と以上は藤村の証言である。

さらに藤村は、独ソ戦についても語った。いわゆるヒトラーの「バルバロッサ作戦」である。一九四一年十一月の終わり頃、東部戦線でドイツ軍が大変な負け戦になっているとの情報が、藤村に入った。厳冬が訪れて、これによる補給困難のために攻撃作戦を中止して、防御に移行せざるを得なくなったのである。冬将軍に敗れたのだ。

藤村に第一報をもたらしたのは、朝日新聞の守山義雄記者だった。ドイツ軍敗北の情報は、まだどこにも発表されていなかった。

守山は藤村に言った。

「自分が、戦線に従軍して、現場を見てきたから、急いで帰ってきたんだ。間違いない」

守山はドイツ軍が、モスクワを目前にして、ナポレオンと同じように冬将軍によって窮地に陥ったことを知らせたのである。

このとき、藤村が守山記者の情報のウラをとるために頼ったのが、スイスのドクター・ハックだった。

藤村が情報の確認のためにスイスへ向かうと、ハックは、すでにドイツ軍大敗の情報を握っていた。藤村は、守山記者とハックの二つの情報源から、東部戦線の大敗の戦況を確認して素早く東京に打電した。

「私は、ハックのところへ行って情報を確かめて、間違いないというので、東京へ電報を打った。ハックはさらにこう言いました。『今はね、日本がアメリカと事を構える、英米と事を構えるのは絶対にいけない。なぜなら一番頼りにしている頼みの綱のドイツがこんなにやられておる』。それで海軍大臣と軍令部総長に至急親展の電報を打ったんです」

だが、すでに日本政府では、九月六日の御前会議における「帝国国策遂行要領」の裁可で、日米開戦への流れはほぼ決まっていた。ワシントンで行われている日米交渉で、十月上旬になっても日本側の要求貫徹の見込みがない場合は、対米開戦を決意するというのである。さらに十月下旬を目途として戦争準備を完整することを決定した。

十月十六日の近衛内閣の総辞職を受けて、十八日には東條英機内閣が成立した。

これより戦争に向かって、歴史の歯車は急速に回転を早めていったのである。

そして十二月一日、御前会議で日本は、米英蘭への武力発動の最終的な決断を下した。

ドイツ頼みの開戦に踏み切った日本は、モスクワ近郊で苦戦するドイツ軍の情報など顧慮した形跡はない。十二月初め、ドイツ軍は壊滅的な敗北を喫していた。

同じ頃、ハックは、酒井にも「日米開戦不可」との意見と根拠となる情報を送っている。

米国は、まだ参戦しておらず局外中立を守らねばならぬ立場にありながら、英国に五十隻もの駆逐艦を貸与している。

また、米国艦隊に命じてドイツ潜水艦に発砲させたりしてドイツを挑発している。

米国は対独開戦に持ち込んで米国国内世論を総動員の態勢に導かないと英国を全力で援助し難い国内事情にある。

もし英国がナチスに敗れて、占領されることにでもなると、米国単独でナチス・ドイツを屈服させるのは困難となる。

それでしきりに対独開戦の口実を探している。

もし、この正面工作がうまくいかない場合には、必ずや後門の工作、すなわち日本を刺戟して、開戦に巻き込む方策をとるかもしれない。

日本側としては絶対にこの謀略に引きずり込まれぬことが肝要である。

（『二十年のあゆみ』）

大統領に三選されたルーズベルトは、この年三月、「武器貸与法」を制定して、対英軍事援助を積極的に進めていた。

さらに、十二月八日の日本の真珠湾奇襲攻撃を奇貨として、これを騙し討ちとして世論を煽り、国民を対日戦争へ奮い立たせていったが、これらはハックの情報が指摘した通りだった。酒井は、ベルリンでの努力も空しくついに日米開戦に至ったことを悔やんだ。

此の情報は、当時の遠藤（喜一《よしかず》）海軍武官より即刻東京本庁に連絡報告が行われたのであったが、日本の国情が、これに反する結果に追い込まれたことは、後になってこれを思えば洵《まこと》に遺憾至極であった。（同前）

開戦直前、ハックは密かにベルリンの海軍武官にも手紙を送って、「〝日本及び日本海軍〟のために憂え、醇々と対米戦争の不可なることを説いた」と、日米開戦の無謀を強く難詰している（「痛恨！　ダレス第一電」『文藝春秋』一九五一年五月号）。

藤村にしても酒井にしても、ハックから得た情報に信頼がおけるのを確信するようになった。では、ハックの主な情報源は、どこにあったのか。

その一つは、スイスのバーゼルにあった国際決済銀行（ＢＩＳ）だった。これは設立当初は第一次世界大戦後のドイツの賠償金の支払いを円滑化するための国際金融機関だったが、ナチスが台頭して賠償金の支払いを拒否した以降は、欧米の主要な中央銀行間の国際決済の協力を推進する機能だけが残されていた。

この国際決済銀行に国際金融の銀行マンの顔をしてアメリカから潜り込んでいたのが、後に藤村ともつながりができる米国の諜報機関、ＯＳＳ（戦略情報局）の欧州責任者、ベルンで采配をふるったアレン・ダレス（戦後ＣＩＡ長官）の多数の部下たちだった。

ＯＳＳは、莫大な資金と数多くの情報員を擁して、戦況情報の収集・分析と特殊活動の計画と実施にあたっていた。とくに対独伊の情報収集と謀略戦には目覚ましい活躍を行った。

ここには日本の横浜正金銀行（後の東京銀行）から出向していた北村孝治郎（在バーゼル国際決済銀行理事）やスウェーデン人の経済顧問ペル・ヤコブソンという人物などもいた。

かれらは、終戦間際、ダレス機関との間に、公使館付陸軍武官の岡本清福《きよとみ》中将を取り込んで、陸軍と外務省ルートでもう一つの和平工作に関わることになる。

日本海軍武官府宛ての戦況報告書

一九四一年十二月八日に開戦した太平洋戦争の緒戦の勝運は、一九四二年六月の日本海軍が決定的敗北を被ったミッドウェー海戦までだった。それ以降の勝敗の帰趨は、完全にアメリカ側が決することになった。

陸軍もガダルカナル島の惨敗で、日本の敗色は日増しに濃くなっていった。

まだ日本が勝ち戦に沸いていた四二年の春、チューリッヒに訪ねてきた酒井に、ハックはこう忠告した。

「酒井さん、戦争は必ず終止点があるものです。その際に交渉が出来る隙間をつくっておくように。敵側の中に何らかの連絡方法を予め保持しておくことが大切です」と。

戦争は、始めることは容易だが、戦争を終わらせるのは至難の業である。和平交渉を成功させるためには、つねに敵側と連絡をつけるパイプが必要であることを、ハックは諭したのだ。

かれは、戦争をしている当事者間に秘密の接触と確実な連絡を保つことが重要なことを強く感じていた。国家は、戦争開始にあたっては、莫大なエネルギーと頭脳を費やして研究がなされるのに、戦争を終結させるという、より重要な問題についてはどの国もほとんど注意を払わないのが不思議に思われた。

ひとりの外国人で、戦争中、ハックほど日本の講和をいち早く説き、終戦を案じつづけた人物は稀だろう。

開戦の翌年、まだ日本ではミッドウェー海戦惨敗の情報など、国民にはひた隠しに隠されていた頃、スイスでは知る人ぞ知る話題だった。

当然、ハックは、その全容をつかんでいた。

一九四二年の末、ベルリン駐在の三国同盟軍事委員の野村直邦中将がスイスを訪問した。軍事委員とは、アメリカの参戦阻止を主な目的として奔走し、日米開戦の後は、欧州やアジアでの作戦の協同についてドイツやイタリアの首脳との連絡折衝にあたるために設置された、三国同盟締結による特別なポストだった。

野村は、戦後、一九五六年（昭和三十一年）に回想録『潜艦U‐511号の運命――秘録・日独伊協同作戦』を読売新聞社から出版して日独の秘史を明らかにしている。

野村は、一九四三年五月、ヒトラー総統から日本へ贈られた二隻の潜水艦のうち、ドイツ軍人が操艦するU511号に乗艦して帰国した。翌一九四四年には最後の東條内閣で五日間の海軍大臣となったことはすでに前述した。この野村直邦中将が、スイスで意外な人物と会っていたのである。

野村の『潜艦U‐511号の運命』から引用する。

ここで私はドイツの対ソ決戦に関連して、私とドイツ人ハック博士との会談の一節を紹介することが、読者にとって興味あることと思う。

一九四二年末、私はある要件でスイスに旅行した。このときの同博士との会談である。ハック博士とは私は一九三〇年に、大使館付武官としてベルリンにいた頃から旧知の間柄であるが、その後、同博士は親英米派であるとの理由で、当時のナチス政権に追われ、永くスイスに亡命していた。

野村は、ハックがナチス政権から追われた理由と、かれと旧知の間柄であったことを明かしている。さらにハックは、酒井直衛の忠告したことと同じ進言を、野村にも行った。

私は軍事委員としてドイツに来てからも、同博士とは数回会って、戦局の将来について意見を叩いていたが、一九四二年末に会った時の同博士の話は、次のようなものであった。

「ドイツ国内の実情と、英米からの緒情報を総合して、今度の戦争もドイツの敗北に終ることは明白である。日本は東亜において既に全面的に戦争目的を達成して、有利な態勢を確保している。この際、独伊の前途に見切りをつけて、米英との間に単独講和を行う方向に進んではどうか」

そこで私は、

「ご意見もっともであるが、私の考えでは、独ソが開戦した時に、三国条約の拘束から日本が離脱しておったら、日本は貴見に副うような方向に進むと思う。

しかし今日、もし枢軸側を裏切ることになれば、日本の国際信用は永遠に傷がつくことになる。ドイツと手を切るにも時機があるし、また大義名分が要ると思う。

ドイツが再び第一次大戦の二の舞を演じて、欧州大陸に再度の両面作戦を準備していることの際としては、ソ連と中立関係にある日本の立場をもって、独ソ間の死闘を食い止めるなんらかの方法は見つからないものか、日本としてはドイツに対する信義上、まず第一に右のような努力を試みて、もし独ソ間の斡旋の見込みがないとなった時には、貴見の通り手を打つことが考えられる。もちろんこれは私限りの意見であるが……」

と、語らい別れたのである。


ハックは、ドイツの敗北が必至であるとの確固たる自分の信念を野村に語った。これに対する野村も、独ソ和解案を持ち出して仲介者の立場に日本が立つことの私見を語った。


情報のプロとしてのドクター・ハックの戦局の見通しはいかなるものだったのか。ここに興味深いハックの報告書の手控えがある。第二次世界大戦が始まって以来、かれは、ベルリンの日本海軍武官府宛てに二十八通の膨大な量の戦況報告書を遣わしている。かれの甥のレイナルド医師が所蔵していたものである。

それは開戦直後の一九三九年九月十日にはじまり、十月二十八日、十一月十二日、十一月三十日、十二月一日、明くる四十年は、一月二十一日、一月二十七日、つづく四十一年には三回、四十二年の二回、ドイツの戦局が急速に悪化していく四十三年に十回、いよいよ連合国に追い詰められていく四十四年に六回。最終回となる四十四年十月二十一日までの五年間のドクター・ハックによる詳細かつ膨大な戦況報告は、これだけで第二次世界大戦の裏面史を俯瞰する貴重な記録となっている。

藤村義朗の証言によれば、ハックは、二、三ヵ月おきにスイスからベルリンに報告を寄こしていたというから、これがその報告書であることは間違いない。

文書の中身は、冒頭にまず報告の日付が書かれている。そして、いきなり内容に入って情報源や情報提供者の名前、そして宛て先も一切伏せてある。したがってこれが甥のレイナルド医師の手元になかったならば、ハックが書いた文書かどうかもわからないのである。

戦況報告の中身は実に広範囲、多岐かつ詳細におよんでいる。東部戦線でドイツ軍がソビエト軍との戦闘で直面している困難とヒトラーが抱えている国内の政治問題についても克明かつ正確だ。

さらには米英軍との戦闘が展開されている地中海や東欧の南部戦線、航空作戦、潜水艦作戦、そして戦場での兵士や戦禍で苦しむ市民の死傷者数の激増など、ハックの情報源の数の多さと多様性を想像するに十分だった。

日本が対米戦争に踏み切る直前の一九四一年十一月十六日付の報告書では、ソビエト軍を相手に東部戦線で戦っているドイツ軍の戦況をどのように見ていたか。戦争を多くの情報源をもとに逐一、具体的、合理的に分析してハックの情報は「戦争の見通し」という見出しをつけていきなりこう結論づけている。

私が今まで意見を求めた判断力のある人達は、ドイツは戦争に勝つ見込みはないという考えが支配的である。ここ一週間以来彼らは（アルゼンチン人、フランス人、イギリス人、ポルトガル人、スイス人）、たとえ対ソ戦争の最終段階がどれくらい続くかわからなくても、ドイツはすでに戦争に敗けているとみている。

ハックがこのように見立てた東部戦線では、この頃モスクワ近郊で冬将軍を相手にドイツ軍の苦戦が始まっており、ドイツ頼みの戦争を開始しようとしている日本は、その情報を知らなかった。たとえ知っていたとしてもその情報は軍部の上層部で握りつぶされたであろう。

さらに日本軍による真珠湾奇襲攻撃直後の十二月二十三日付の報告では、ハックは日本海軍のベルリン武官府へのつぎのような警告を発している。

アメリカやイギリス相手の戦争では、人間は百年たっても国民としての誇りを忘れないということを念頭におくべきである。これからはマイナス要因となる行動を避け、戦争の当初から、憎悪を残さず和平を結ぶために何ができるか考えておくべきである。

ドクター・ハックが、酒井直衛や海軍武官に「日米開戦不可」を警告し、歴史の教訓を引き合いに戦争が始まるや日本に早期の和平を説いた根拠は、この報告書にも残されている。

ハックが、スイスでベルリン駐在の野村直邦中将に、単独講和を進言した一年後、たとえば、一九四三年十一月六日の東部戦線の報告は次のようにして始まる。スターリングラード攻防戦が終わって九カ月後のハックの報告は、ドイツ降伏の一年半前の欧州の状況をしっかりと調査、分析していた。

概観

ドイツ国内で生じている深刻な恐慌の程度は、国内の恐怖政治によっても明らかであるが、この恐慌は、ドイツが今や一年以上も被っている、甚だしい軍事的および政治的敗北に帰するべきものである。

ロシアにおいては、ドニエプル川の東側の全領域を失い、クリミア半島では、東側占領地域の「防御陣地」を失っている。

さらに、南部の前線における目下の情勢は、不利な状況にあるので、さらに退却を進めることだけが最善策となりうる。

加えて、この数日間でロシアには冬が訪れており、そうした寒さの中では、経験上、ロシア軍がドイツ軍に対して優勢となる。

ドイツ軍がスターリングラードに駐留した期間はかなり長期にわたったので（特にメリトポリとドニエプロペトロウスク）、マンシュタイン（スターリングラード戦の指揮をとったドン軍集団司令官でドイツ軍随一の有能な将官として知られた元帥）の軍隊が被った兵隊や重装武器、種々のストックそして弾薬庫の損失は、かなりのものだったはずだ。

これに対しロシア軍の戦略的指揮は、非常によい印象を与えており、与えられた任務の遂行は、部分的とはいえ（特に運搬方法）、ほとんど見事といってよいほどだ。

東部戦線での昨年の冬の経験（スターリングラード攻防戦）を注意深く勘定に入れたとしても、ドイツ軍はますます優勢となる連合軍に対し、しばらくすれば、せいぜいリガ・オデッサ線を保持することしかできない。

それによって、ロシア軍との戦争開始の原因となったすべての利点（ドネツ川流域、クリヴォイ・ログ、ニーコポリのマンガン鉱石、ヨーロッパの食糧基地の確保など）を失うことになる。

ルーマニアは、すでに数週間前にオデッサを撤退しており、この領域においては、単に管理任務を果たしただけで、長期にわたって占領することは一切考えていなかったことを弁明している。

クリミア半島撤退のために（クリミアには、軍隊の他に、多分一万人もの病人と負傷者がいたはずだ）必要な分の船を使用することについて、バルカン諸国があれこれと文句をつけたという事実も、ルーマニアとブルガリアのドイツにたいする態度を具体的に表している。（後略）

ハックの報告書は、まだ延々とつづいているが、第一次世界大戦に従軍して、中国の青島《チンタオ》で情報収集を担当し、かつ満鉄での調査研究の経験が豊富なだけに、微細にわたっての情報分析は戦術の専門家の観察眼である。ハックは、情況を冷静に計算する能力をそなえ、物事に対しては静かに覚悟をうちに秘めてかかる性格的な特質を有していた。

一九四三年十一月というのは、独ソ戦の天王山とよばれたスターリングラード攻防戦が決着した九カ月後である。敗北がつづくドイツ軍の内部やレジスタンスの間では、ヒトラーの政府とその犯罪的性格を認識して密かにいくつもの暗殺計画が準備されつつあった。

東部戦線では、ヒトラーに最後の一兵まで戦うことを命じられたパウルス将軍率いるドイツ軍は、将兵九万一千人余が捕虜になった。凍死やチフスなどにより戦後ドイツに戻れたのはわずか五千人に過ぎなかった。

ひきつづき十一月六日のハック報告書の最後の部分を紹介する。


南ドイツへの砲撃が、今、開始されている。さらに、ドイツの公式情報は、大人よりも子供のためのものが多く、毎日ラジオで流される「戦状報告」を含め、ばかげたものばかりだ。それに加え、現時点でドイツにおいての死者は合計四百万人、戦闘能力のもはやない負傷者が四百万人という悲惨な状況にある（スイスの査定）。

前線と祖国における気分は相互に影響し合っており、前線と祖国における同時崩壊が、純粋に軍事的側面から見て、想定されている時期よりも早い時期に訪れるであろうという考えは立ち消えてはいない。


と、ハックは、ナチス・ドイツの崩壊のときが近いことの認識を示していた。

思わぬ再会

奇跡的な運命の巡り合わせが突然に訪れた。まさに奇遇であった。

第七章　スイスの諜報員

一九四三年、早春のある日、ハックは、ひとりでチューリッヒの街の中心にあるチューリッヒ中央駅のレストランで昼食をとっていた。昼食にしてはやや重めだったが、チューリッヒの名物料理である仔牛肉の薄切りのクリームシチュー、ゲシュネッツェルテスの味をゆっくりと愉しんでいた。窓越しに、チューリッヒ湖に注ぐリマト川の遊覧船の船着き場が見えていた。青空から太陽の光が燦々と注ぐ、爽やかな一日だった。

間もなく食事も終わろうとする、その時だった。見計らったようにひとりの男がテーブルに近づいてきた。

その男は、恐る恐る、ちょっとためらいがちに言った。

「もしかしたら、あなたはハックさんではありませんか」

ハックは、男の顔を見上げた。見知らぬ男だった。

「そうですが、あなたは？」

男はハックよりかなり若い、長身の顔立ちの整った甘いマスクの紳士だった。

「覚えていませんか？」

ハックには、まったく見覚えはなかった。

「ゲーローですよ。ゲーロー・ゲヴェールニッツ。ほら、フライブルクの！」

ハックは、あまりにも突然で、しかも相手の少年時代の顔しか記憶がないだけに、驚きも大きかった。

「ああっ」と、思わず声をあげた。

「ゲーロー!!」ハックは相手の顔をやっと思い出して大きな声で叫んだ。

周囲の客も一斉にふたりに視線を向けた。

ふたりは、別れてからすでに三十年余りの歳月が流れていた。

フライブルク大学の恩師、ゲヴェールニッツ教授の息子、ゲーロー・フォン・ゲヴェールニッツだったのである。

ハックが驚いたのも無理はなかった。若い頃、テニスを教えた遊び相手の少年が、長身の立派な紳士となって忽然と目の前に現れたのである。かれはすでに四十歳になっていた。

一方、ゲーローのほうは、見栄えのよい五十代の紳士の顔に表れた、長年、東洋で暮らしたヨーロッパ人が身につける類の、かすかに東洋的な特徴に、フリードリッヒ・ハックを直感したのだった。かつてのゲーロー少年には、頭髪のちぢれと茶褐色の髪の色にかすかな特徴が残っていた。

そして鼻筋の通ったその顔に教授宅に出入りしていた頃の面影が甦ってきた。

ふたりは肩を抱き合って邂逅《かいこう》を喜んだ。

話題はゲヴェールニッツ教授のこと、フライブルク大学のこと、いうまでもなく戦争のことにもおよんだ。そしてゲーローの記憶にはっきりと残っていたのは、少年時代にハックがイルクーツクの駅から寄こしたシベリアの風景が描かれた絵ハガキのことだった。

再会した二人の男には、天の配剤による運命の舞台が急ピッチで回りはじめた。ゲーローは、アメリカからスイスに派遣された外交使節団の一員だと名乗った。

かれは、アメリカに帰化していた。この場では、自分の本当の任務のことは語らなかったが、アメリカのウィリアム・ドノバン長官が率いる世界に網の目をはった諜報機関、アメリカ戦略情報局（OSS）の欧州における政略戦争の責任者、ベルンにいたアレン・ダレスの秘書となっていたのである。しかも一民間人の身分のまま強力な辣腕の部下だった。

OSSは、日本の真珠湾攻撃ののち、一九四二年六月に統合参謀本部の直轄として設けられた「特殊任務」部隊である。地下抵抗運動やサボタージュ、正規軍にはできない非合法活動への援助、さらに対敵情報活動を任務としてアメリカに作られた初めての情報機関だった。弁護士出身のドノバン将軍の意向でそのスタッフには、あらゆる階級、職業のものが集められ、軍人、政治家、教師、銀行員、弁護士、作家、ジャーナリスト、野球選手など、専門知識をもつ多彩な人材で構成されたのである。

（*"The Secret Surrender"*〈静かなる降伏〉）

弁護士出身であるダレスの側近となったゲーローもその一人であった。

ゲーローの任務はナチスやファシストに関する情報を収集し、かれらの抵抗運動に支援と激励を

ゲーロー・ゲヴェールニッツ（左）とアレン・ダレス

与えることだった。しかもこの任務には、正規の情報員としてではなく、ドイツ系アメリカ人の一市民として、ダレスの協力者となり反ナチスの抵抗運動に加わっていたのである。

OSSに所属する全員が、秘密の連絡をとる場合に使用する暗号の番号がきめられていた。伝言が傍受されても、そこに記されている人物の身元は知られずにすむからだ。情報員は、伝言の送受信のたびに番号を使用した。

ちなみにゲーロー・ゲヴェールニッツのOSSでのコード番号は476、ダレスは110だった。

残されているダレスとゲーローの通信文書には、例えば宛て先110、差出人476と記されて次に「題目…」、「本文」、という具合につづいている。

ところで、この日ハックは、自分の仕事については多くを語らなかった。さりげなく日本に関わる輸入品の代理店のことに慎重にふれただけで、お互いに反ナチスの抵抗運動に身を投じている裏の顔についてもこの時点では語るのを避けた。

ゲーローは、ドイツの情勢についての深い知識をもっていた。またドイツ国内にいる反ナチスの抵抗運動の指導者たちとも強いつながりがあった。

ゲーローもハックも、ともに諜報の世界に生きる凄腕《すごうで》である。問わず語りの会話の中に互いの背景と関心ある事柄の共通点が、語らずとも浮かび上がっていた。

別れの時刻も迫ってきた。ゲーローにとっては、折角のこのチャンスを見逃す手はなかった。

アレン・ダレスとの会談

今日、ゲーロー・フォン・ゲヴェールニッツは、米国プリンストン大学のアレン・ダレス文書の中に、ハックとの出会いとハックのその後の活躍と人生を記録した手記を遺している（『原爆は本当に必要だったのか――スイスにおける米国、ドイツ、日本の諜報員たちの秘密接触　広島の三か月前』）。

ダレスは、プリンストン大学の卒業生で、戦後、アイゼンハワー大統領のもとでCIA長官をつとめた。また対日講和条約の締結に貢献した国務長官ジョン・フォスター・ダレスの実弟でもある。

ゲーローの手記は、終戦間際にスイスで友人のハックと関わった日米和平工作についての回想だった。

このタイトルの『原爆は本当に必要だったのか』には、アメリカ側の交渉の当事者の一人として、それが失敗に終わった無念の思いとハックへの追悼の意が込められている。あのとき、ハックが全身全霊をささげた和平交渉がもし実現していたら、広島・長崎の原爆も必要なかった、というゲヴェールニッツなりの後悔だった。

ハックは、この手記が書かれたその十六年前に世を去っていた。

手記は、ゲーローたちが、北イタリアでのドイツ軍の無条件降伏を成し遂げた戦後二十周年を記念してアレン・ダレスとスイスのアスコナに再会したその年に発表している。

日本降伏二十周年記念特集号としてフランクフルター・ツァイトゥング紙（一九六五年八月）に寄稿していたものである。

そのときダレスにもある程度、戦争中の秘密を明かすことの了解をとったと思われる。

当時、ゲヴェールニッツは、ドイツのバート・ウィーゼという町に住んでいた。ダレス文書に保存してあった手記は、英語に翻訳したものだった。おそらくゲーローがダレスに贈呈したものではなかったか。秘密はこの程度しか明かしていませんという言い訳も込めてである。

北イタリア戦線での連合国軍の勝利は、一週間後の一九四五年五月七日、ドイツ無条件降伏の端緒となった。

ゲーローは、終戦直後の一九四六年に、戦時下のドイツの反ナチス抵抗運動を最初に扱った本の一冊 *"They Almost Killed Hitler"*（『彼らはヒトラーを殺すところだった』）を世にだすなど、自身が渦中に身をおき反ナチスの抵抗運動に活躍した人物だった。

私には、ハックにもう少し接近し、彼の政治的見解を聞き出すことが適切だと感じた。そこでその後数カ月間、私は彼とたびたびあった。（『原爆は本当に必要だったのか』）

二人は、会合を重ねるごとに仕事のこともかなり打ち解けて話せるようになった。秘密を要する話には格好の場所があった。

齢を重ねて改めて私の友人となったハックは当時、チューリッヒの街と湖を見下ろす丘に立つ、瀟洒なホテル・ザ・ドルダーグランドで暮らしていた。

彼は数年にわたりそのホテルに滞在していたので、そこではよく知られた客だった。生い茂る樹木がホテルを取り囲んでいるので、我々は何度も散歩にでかけ、日本やドイツの諜報員に盗み聞きされる心配なしに、心ゆくまで話をするという素晴らしい機会をもつことができた。（同前）

心を開いたゲーローには、間もなく、ハックをある人物に会わせたらお互いに面白いのではないか、というアイディアが浮かんだ。

その人物とはアレン・ダレスである。ゲーローは、ダレスとハックが初めて会談した日のことをこう記している。

一九四三年のある時点で、私はハックをダレスに紹介した。対面はうまくいった。この類の対面において、ダレスは第一に、目の前にいる人物の性格と信頼度について全体的な印象をつかむことを重視していた。

彼はたいてい、我々の協同の仕事に最も役立つ形で、相手との接触を保つことを、私に任せていた。

我々が生きている政治的緊張に満ちた時代を通して、私が経験によって知ったことは、私自身のものと関連する政治的目的に身を捧げている人物と関わる時には、たいていの場合、ざっくばらんに振舞うのが良いということだった。

その政治目的というのは、この時の場合は、できるだけ迅速に戦争を終わらせるということとだった。そのような態度をとることが、相手もざっくばらんになってくれるようにお願いし、この類の関係をうまく進める上で、不可欠の相互信頼と確信に満ちた雰囲気を作り上げる、最も確実な方法だったのである。

ハックは、アレン・ダレスの信頼を得たのである。その人柄もダレスの満足のゆくものだった。ダレスのＯＳＳ（戦略情報局）は、大統領の直属機関であり、実兄のジョン・フォスター・ダレスは、ルーズベルト大統領の政治外交顧問であり、大統領に直結した人物だった。アレンは兄のジョン・ダレスとも緊密に連絡をとっていたという。したがって、日本はアレン・ダレスを通して、あるいはアメリカの権力中枢と接触することも可能だったのである。

この日、ふたりの会談がうまく運んだのは、偶然ダレスとハックに共通の友人がいたことも大きかった。ニューヨークに本店をおく、元ベルリン駐在米国ナショナル・シティ・バンクの代表者、当時スイスに住んでいたエド・ホワイトという人物が、お互いの親しい友人だということが話の中でわかったのである。

ホワイトは、ダレスもハックも共に信頼している人物だった。ハックとホワイトとの友好関係が、ダレスとハックとの相互信頼の醸成に確実に役立ったことは、疑いの余地はなかった。

ハックがゲヴェールニッツの紹介でアレン・ダレスと初めて会談を行った日については、ハック文書にベルリンの酒井直衛に宛てたハックの報告が残っている。

一九四三年八月二十日の日付である。

私は数日前に友人G（ゲヴェールニッツ）とD氏（ダレス）宅に夕食に呼ばれた。スウェーデンにいたヨーロッパでのルーズベルトの二人目のスポークスマンが少し前に帰国したため、D氏は唯一のヨーロッパでのルーズベルトの代弁者になった。彼の父は九〇年代に中国で顧問をしていて、そのため下関講和会議（日清戦争）の際中国側のために働いた。D氏自身一九一五年に世界旅行をし、当時、中国、また日本にも二カ月滞在した。

彼は「ざっくばらん」なアメリカ人ではなく、国際的な教養がある賢い人物で、フランス語に堪能であり、ドイツ語も少し話す。彼はニューヨークの最上級の弁護士グループの一員で、ヒトラー時代以前のドイツの代表的人物を大勢知っている。

Dはルーズベルトとハルとの個人的親交を別にしてワシントンですべての人を、またチャーチル、エデン、ベネシュ等のようなヨーロッパの主な重要な政治家をも個人的に知っている。彼は我々が訪問した晩、痛風発作の激痛に襲われ、「人間は残念ながらその身体の奴隷であるので」と、彼は気分が優れないと詫びた。

その晩は、何かの問題が熱心に話し合われるということもなく、一般的な世界情勢が話題になったが、日本やドイツについて非友好的な言葉もなかった。（後略）

ハックは、この報告の中で、日本人が初めて知るアレン・ダレスなる人物のプロフィールにふれていた。これはダレスが、連合国の内部に太い人脈をもつ男であることを知らせてやがてやって来る対米和平工作への伏線となっている。

ダレスとハックの会談は、ゲーローが、反ヒトラーに傾いたイタリア駐在ナチス親衛隊（SS）総司令官カール・ヴォルフ大将ら、ナチス内部の憂国者たちと内通して、「サンライズ（日の出）作戦」の準備にとりかかる一年前だった。

この秘密作戦は、ナチス親衛隊全国指導者である内務大臣のヒムラーの妨害をうけ、さらにソビエトのスターリンも、作戦阻止の横槍をいれるなど、幾多の困難を乗り越えての大作戦だった。

第二次世界大戦中における最も輝かしい成功を収めたダレスとゲヴェールニッツによる「サンライズ（日の出）作戦」は、ルネッサンス期のフィレンツェの至宝、ウフィツィ美術館とピッティ美術館が所有するミケランジェロ、レオナルド・ダ・ヴィンチ、ラファエロ、ルーベンスなど、名だたる名画と彫刻の救出にもつながった。

ヴォルフ将軍がチロル山中のセント・レオンハルト村の州裁判所の建物に避難させていた人類文明の遺産を、無事、無傷で取り戻すことに成功したからである（『静かなる降伏』）。「サンライズ（日の出）作戦」は、ハックの日米和平工作にも関わってくる話なので、後であらためてふれたい。

第二次大戦最大の山場

一九四四年三月十日付、ハックからベルリンの海軍武官府にあてた戦況報告書――。

ソビエトを甘く見くびったヒトラーの戦略の誤りは、欧州の東部および南部戦線の各戦域で悲惨な結末を迎えつつあった。

概略

東部前線では、素人じみた戦略指揮の結果が明らかになっている。この指揮は、内政上、あるいは外交上の理由から、主要な軍事的見地を長い間無視したものだった。

ドイツから伝えられるすべての報告は、ヒトラーがドニエプル線にとどまる事に決心を固めたのに対し、参謀本部が一九四三年秋に南ロシアにおいて、さらに退却する事を勧めた事で一致している。

マンシュタインの全長七百五十キロにおよぶ南部前線を一九四四年の三月まで保持する作戦は本当に成功したが（にもかかわらず、彼の攻撃は失敗に終わっている）、しかし、南部前線全域にわたるロシア軍の総攻撃は、すでに始まっており、ランベルク―オデッサ間の鉄道線路は切断され、そして、ドイツの全南部前線がゆっくりとルーマニアへ押しのけられている事は確実のようだ。

ヒトラーより命令の下った防御方法は、すべてに悪い結果をもたらしている。（略）

ドイツがすべての占領地域同様、ドイツ国内において、その権威を守り通している武器とは、すなわち恐怖政治のことである。かつての同盟国であったイタリア、フランス、ベルギー、オランダ、デンマーク、ノルウェー、及びポーランドとロシアにおいては、毎日何百人もの一般市民が射殺されている。

これに対し、「統制されている」ルーマニアとブルガリアでは、その地の政府がドイツと同じ方法で統治している。

その結果、全占領地の大多数は、最悪なことにドイツに対して敵意を持っており、いたるところに地下破壊工作組織が存在していたり、あるいは、ユーゴスラビアのようにすでに国土の大部分が反乱軍の手中にある。

さらに、ドイツにいる十万人にもおよぶ外国人労働者の潜在的な危険も加わっている。これら外国人労働者の多くは、適切な時期に破壊工作を行って、郷里へ戻る資金を稼ごうとして当然射殺されている。

これはヨーロッパの統一と支配を目的とするナチズムのイデオロギーを拒否していることを明らかにしている。

「新しい秩序」と金権政治家やボルシェビキに対する理念は、賛同を得られず、ドイツ支配の理論に基づく実施方法——強制収容所と大量射殺——は、敵意と嫌悪を生み出しただけである。

報告は、東部戦線におけるヒトラーの戦略や戦術の失敗、ドイツ軍や枢軸国軍の相次ぐ前線からの撤退を知らせた。そしてナチスの恐怖政治に対するドイツの内外からの、国民の憎悪と反感が一段と増大しつつあることを伝えている。それはハックの悲嘆の声に満ち満ちていた。すでに各戦域で、ドイツの敗戦は必至の様相を呈し始めていたのである。報告には滅亡が近づいていることが示された。

ハックは、強制収容所で毎日、数千、数万の人々が命を奪われている、この虐殺に一刻も早く終止符を打つには悪の執行者であるヒトラーを一日でも早く芟除《せんじょ》しなければならないという確信をもっていた。

反ナチ抵抗運動の闘士たちや市民の間にも「ヒトラーを倒すためには、この戦争は負けなければならない」との声が澎湃として起こりはじめていた。

この年の七月二十日に実行される、東プロイセンのラステンブルク総統本営でのシュタウフェンベルク大佐ら国防軍将校によるヒトラー暗殺計画の準備も密かに進行していた。報告はつづく。


非公式ではあるが、確かな情報筋によれば、イギリスに駐留するイギリス・アメリカの全軍隊の半分以上が空軍に属しており、ドイツの上空での攻撃を、これまでの数カ月同様、増加させれば、米、英空軍は、ドイツの占領地域の制空権を手にいれることになる。これまでのドイツに対する空軍の成果は、以下のとおりである。

ドイツの生産品の三〇%を破壊、ドイツ及び占領地において、大量の防空装置を差し押さえ、ドイツの戦闘機に打撃を加え、それによりロシア前線の負担を軽減。

さらに、一千万の空襲被災者を生み、食糧庫と物資倉庫を破壊、輸送手段を損傷もしくは破壊、交通設備の破壊、本省、役所などありとあらゆる中央機関を損傷し立ち退かせるなど。これらは故郷の前線における死者や負傷者の問題と並んで、郷里の（ナチス）組織指導部を、毎日新たな、そして、より困難な問題に直面させていることは明らかである。


さらにハック報告は、膨張したドイツ占領地域の防衛問題の困難についてものべる。

アングロサクソンは、第三の前線を作り上げた。北アフリカを征圧し、地中海をほぼアングロサクソンの内海に変え、今やイタリアにおいては、相当なドイツ軍を釘づけにしている。この前戦にはイギリスの制海権がくわわる。制空権との関連でどこにでも大掛かりな上陸が実現でき、ドイツにバルカン沿岸、イタリア沿岸、南フランス沿岸と広範囲におよぶ大西洋沿岸を監視することを強要している。

ドイツ軍の抱える防御問題は、とてつもないもので、すべてのシステムは、友好的でない国民や敵国の人々に囲まれた状態で持ちこたえなければならない。

しかし、依然としてこれが崩壊していないのが驚きである。

この状態が長く続けば、この問題はドイツにとって深刻になることは明らかである。

この日本海軍ベルリン武官府へのハック情報の三カ月後、ドイツの欧州全域に延び切った戦線は、第二次大戦最大の山場を迎えることになった。

一九四四年六月六日、いわゆる「Dデイ」（攻撃開始の日）である。

いよいよアメリカ、カナダ、イギリスの連合軍による「史上最大の作戦」、ノルマンディー上陸作戦が開始される日がやってきた。

第一波攻撃だけでも、投入された艦船五千三百隻、航空機一万四千機、将兵十七万六千人という大規模なものであり、七月二日までにノルマンディーに上陸した兵力は約百万人に達したのである。

潜水艦での金塊輸送作戦

千葉県富津にある東京湾を望む藤村義朗の山荘で聞く、貴重な第二次大戦中のドイツでの体験談は、時間の経つのも忘れるほどだった。午前十時頃に始まり、昼食を御馳走になりながら、すでに西日が対岸の三浦半島の山裾に沈みかけていた。

そろそろお暇《いとま》をと、腰を浮かせるタイミングを見計らっていたときだった。

藤村が唐突に、

「潜水艦で、金塊二トンを運んだのを知っていますか？　純金の塊《かたまり》を」

と、ふいに話題を変えた。

「それは、どこからですか？」

「日本からドイツへ。呉軍港からフランスのロリアンのドイツの潜水艦基地までです。この潜水艦作戦に、私が関わったんです」

金塊の話といわれて、こちらも俄然、興味が湧いた。

藤村は、今日まで他人にはあまり語ったことがない話だと言った。それは、一九四四年六月、アイゼンハワー連合軍最高司令官に率いられた連合軍が、パリ解放をめざして、イギリス海峡を渡ったノルマンディー上陸作戦（オーバーロード作戦）の時の話だった。

七月末、すでに連合軍は、ノルマンディーのアヴランシュのドイツ軍防衛陣地を突破してパリへ向かって進撃中だった。

七月二十二日、藤村武官補佐官は、パリ経由でビスケー湾の軍港ロリアンに向かうため、ベルリンを出発した。その任務は、ロリアンのドイツ潜水艦基地に八月一日に入港予定の、日本からの金塊二トンを積んだ潜水艦イ号第52の積み荷を受け取ることだった。

藤村は、ちょうどベルリンのアンハルター駅を出発直前、二日前の七月二十日にヒトラーの暗殺未遂事件が起きたことを知らされた。

ラステンブルク総統本営でのヒトラー暗殺の失敗は、二十日夕刻からベルリンやパリまでも伝わって大騒ぎになっていた。ベルリンでは国防軍によるクーデターも同時に企てられたが、ことごとく失敗して、二十二日は、ベルリンは殺気立って混乱の極にあった。

藤村は、出だしから不吉な予感におそわれながら、海軍武官事務所の酒井直衛と技術士官、医師など七名を従えてベルリンを出発した。

途中、パリを経由して、ここから七月二十九日にロリアンへ出発したのである。

かれらはパリを出るとき、全員が遺書を残した。

一行はドイツ海軍差し回しの大型バス一台に便乗し、ドイツ兵二十人位が機関銃車六台で護衛についた。移動は空からの敵の攻撃を避けて夜間のみとした。途中の困難を見込んで二日間の日程を組んだ。ロリアンへ急いだ。八月一日の潜水艦イ号第52の到着予定は午前八時である。

パリを出発する前に、イ号第52からも一日のロリアン入港が、暗号による無線電信で届いていた。後でわかったことだが、これはイ号第52の暗号を解読したアメリカが発信した偽電だった。

藤村たちは、連合軍との遭遇を避けるため迂回路をとった。

「すぐ目の前のノルマンディーでは戦争をしているんですからね。見つかったら戦闘機がやってくる。何回か掃射隊がブーンとやってきたんです。四、五人のドイツ兵がバスの上に乗って見張りをしているんですが、足でダンダンと鳴らして知らせる。するとバスが止まって我々はクモの子を散らすようにパーッと逃げるんです。戦闘機が撃ってきて、護衛のドイツ兵が二人死にました」

ブルターニュのロリアン港に着いたのは七月三十一日の夕方だった。

約束の八月一日、いくら待てどもイ号第52の姿は現れなかった。

藤村らはもう一晩待った。

「後ろへ英米軍が入ってきたでしょう。それでドイツの潜水艦基地は包囲されて孤立したんです。基地もそれまで静かだった、それが基地にヒトラー・ユーゲントの若い娘たちがいたものですからもう大混乱。パットンの戦車隊がドイツの囲みを突破して出て来たのもその日なんです。パットンに後ろを遮断されたのです」

大西洋に面したロリアンの潜水艦基地が連合軍に押さえられたら、Uボートの今後の作戦への影響は甚大である。ドイツ軍の基地部隊は留まって軍港を死守することを命じられた。

一方の藤村は、今後の判断に迷った。

「どうするか、考えたことは三つしかありません。一つは、ドイツの潜水艦に乗って英国の国境を潜ってノルウェーの基地に行く案、二案は、仕方がないからここで腹を切って死ぬ。『どうだ』と言ったら、みんな腹をさすって『痛い痛い』と。三案は、バスと機関銃を装備した車が六台あるから、パリへ逃げ帰るということです」

藤村は、第三案を選択した。敵の包囲の中を敵陣突破の決死行である。藤村は、往路のパリからロリアンに向かう道中で敵の爆撃の行動パターンを研究していた。敵は昼食時間の十二時頃にほぼ攻撃をやめるのである。そこで十二時から逃避行を開始することになった。

夜間は森の中の道を走行して、八月八日、一週間かけてやっと無事にパリに到着した。

「もう髭ぼうぼうで、隠れ隠れて逃げ帰ってきたんです。パリにおった連中は、まず足元を見ましたよ。幽霊じゃないかって。

その時の潜水艦が、まだビスケー湾の入り口付近に沈んでいるんです」

パリでは、八月十七日にレジスタンスの一斉蜂起が起こり、八月二十五日に連合軍によるパリ解放が実現した。藤村たちは危機一髪で、ベルリンへ帰りつくことができたのである。


潜水艦イ号第52の乗組員は、全部で一二二名、その内七名は、レーダーやジャイロ技術など三菱重工業や愛知時計電機、富士通信機などの企業の最優秀の研究者で、ドイツに技術導入に赴く民間人だった。

積み荷は、金塊の他に、錫、モリブデン、タングステン、計二二八トン。阿片二・八八トン、キニーネ三トン、生ゴム五四トン。ドイツの兵器製造に欠かせない天然資源と医薬品の原料となるものだ。

そしてイ号第52の帰国の際には、日本が起死回生をかけた戦闘機メッサーシュミットMe163の設計図とジェットエンジン、それに潜水艦技術の研究者など二名の民間人を乗艦させる予定だった。

第二次世界大戦中、日本から同盟国のドイツに向けて、全部で五隻の潜水艦がロリアン港へ、喜望峰回りで大西洋を渡った。二つの国を結ぶ交通手段は、潜水艦しか残されていなかったのでである。ドイツに無事到着したのはそのうち二隻、往復とも無事日本へ帰りついたのはわずか一隻だった。

宇野亀雄艦長（中佐・戦死後大佐）指揮する最新鋭大型潜水艦イ号第52は、水中排水量二六四四トン、全長百八メートル、ドイツに向かった最後の潜水艦となった。

その前任のイ号第29では、無事金塊が到着してその時の迎えも藤村だった。

この金塊は、なぜ必要だったのか。

それは戦争中、ドイツやスイスから最新の科学技術や兵器を購入したのに見合うだけの、相手を満足させる日本の技術や兵器は少なかった。必要とされたのは、海上封鎖されている東南アジアの天然資源だった。そこで、生ゴムやキニーネの譲渡をし、それだけでは資金不足の分を、金塊で支払ったのである。

「その金塊は、作戦をするのにドイツとかスイス、スウェーデンあたりから、いろんなものを買わないかんでしょ。彼らは特許をもっていますから、なかなか高いことを言うんです。お金を出さんと売ってくれないです。

それで現ナマをポンポン渡してね。金塊をね。純金ですよ。九九・五と書いた大阪造幣局で作った純金の延べ棒ですよ」

渡航に成功した訪独潜水艦の四番艦イ号第29の金塊二トンについては、藤村武官補は、これをドイツ国立銀行に持ち込んだ。新型兵器の購入資金や特許料、そして軍人や外交官など駐在員の活動費もこの金塊でやりくりしたのである。

戦後、藤村には、ＧＨＱからイ号第52の金塊についての調査がきた。インド洋上のペナン島の日本海軍基地で、金塊をイ号第52に積み込んだという兵士の証言が現れたのだ。その人物は、金塊がドイツを目指したことを証言していた。

そこで当時ドイツにいた日本側の関係者を探すうちに、元ベルリン海軍武官補の藤村に行きついたのである。

「『君だろう、金塊のありかを知っているのは』と、いきなりこう来たんです」

藤村は、ＧＨＱの調査官に反論した。

「潜水艦がどこに沈んでいるかということは、私しか知らんのだ。でも、私はそれを教えない」

実は、藤村もイ号第52の沈没地点は知らなかった。腹立ちまぎれにＧＨＱの担当者を茶化したのである。

「私は、金塊二トンよりも、そこに約百名の兵員が死んでいるんですからね。潜水艦を引き揚げて供養したいなと、今でもそう思っているんです」

東京湾からの潮風が吹く山荘で、潜水艦イ号第52と金塊の話は尽きることはなかった。

暗号解読されていた潜水艦の航海記録

以下は、後日談である。

藤村義朗に会った十年後、一九九五年の秋、アメリカ人のある海洋研究家が、ある日、わたしを東京・渋谷のＮＨＫ放送センターの職場に訪ねてきた。藤村はすでに三年前に八十五歳で世を去っていた。

訪問者はポール・ティドウェルという名のベトナム戦争にも従軍した元アメリカ陸軍の軍人で、太平洋戦争の末期、日本から二トンの金塊を積んでドイツに向かったまま、行方不明になった日本海軍の潜水艦、イ号第52の宝探しに執念を燃やしている人物ということだった。

「自分はついに潜水艦の船体らしきものを大西洋の深海五千メートルの海底に発見した。それは間違いなくイ号第52のものである」

と、興奮の面持ちでまくしたてた。それ以前にも、イ号第52らしい潜水艦発見のニュースは、いち早く海外でも報道されていた。わたしもそのことを新聞記事で知っていた。

そのときは、「藤村さんが話してくれたあの話だな」と直感した。

潜水艦イ号第52の金塊話は、まったくの秘史であり、戦後は完全に埋もれたままだった。ティドウェルが、イ号第52のことを知ったのは、一九九〇年、東西冷戦が終わった後に始まったアメリカ国立公文書館の情報公開に基づく史料からだという。潜水艦の正確な沈没地点と積み荷に金塊二トンがあることも記載されていたのである。

ティドウェルの話を聞くうちに、これは間違いなく藤村義朗が話していたイ号第52のことに違いないと確信した。ティドウェルは、自分たちが撮影した海底に横たわる無惨な潜水艦の残骸の写真も持参してきた。ロシアの海洋調査船「ユッモルゲオロギア号」をチャーターして、一カ月以上かけて探し出し、やっと撮影に成功したという。

そこで、わたしは、ティドウェルに言った。

「イ号第52の金塊を引き取りに行った人物の証言を録音テープにしてもっています」

かれは、人一倍大きな目をさらに見開き「なぜ」という驚きの表情を見せた。

わたしは、経緯を詳しく説明した。

この日、ティドウェルの来訪の目的は、潜水艦イ号第52を主人公に、自分と金塊探しのテレビ番組の共同制作をしないか、という企画の相談だった。そして持参した海底写真が確かに潜水艦イ号第52の艦影であるか、確認をして欲しいとも言った。

番組は後日、わたしとティドウェルとのこの日の出会いがきっかけで、ＮＨＫのディレクターたちの手で優れた感動的な特集番組が実現した。

水中撮影した水深五千メートルの海底に横たわるイ号第52の船体は、痛々しかった。それ以上に、海の藻屑となって半世紀も大西洋の深い海底に眠っている優秀な技術者たちの悲惨な人生と残された家族を思うと、胸が痛んだ。

もちろん宇野亀雄艦長以下、百十五名の乗組員の人生にも戦争の過酷さは同じである。


イ号第52は、一九四四年三月十日、大阪造幣局の刻印のある純金の延べ棒一四六本（約二トン）を積んで呉軍港を出港した。シンガポールを経由してフランスのロリアンまで三万キロの過酷な任務である。

イ号第52の暗号名は「モミ」とされた。この「モミ」の航海記録は、その発信した短波の無線通信が暗号解読されたことによって秘密は丸裸にされていたのである。

アメリカ国立公文書館が保存するアメリカの最高機密文書「トップ・シークレット・ウルトラ」のスタンプがおされた米国史料の中にティドウェルは、イ号第52の呉軍港出発後の足取りや積み荷、そして米軍機による撃沈地点まで記されている文書を発見した。「トップ・シークレット・ウルトラ」とは、米軍の最高機密文書の意味である。

イ号第52については、派遣命令が出た翌日の一月二十五日、東京の海軍軍令部からベルリン駐在の三国同盟の軍事委員阿部勝雄中将（四三年五月より野村直邦の後任）に送られた航海予定を知らせる電信から、「モミ」のすべての情報が暗号解読されていたのである。

潜水艦イ号第52は、すでに六月二十四日、午前二時過ぎ、大西洋の北緯一五度一五分、西経三九度五五分付近で撃沈されていた。藤村や酒井たちがロリアンで入港を待った一月以上も前である。米国航空母艦ボーグから出撃したアベンジャー雷撃機の音響探知機がそのスクリュー音を感知、音響追尾魚雷マーク24によって沈められたのである。

いずれもアメリカが開発したばかりの最新の電子兵器だった（『消えた潜水艦イ52』）。

夜が明けると、穏やかな海面には潜水艦イ号第52の浮遊物があたり一面に漂っていた。

スイスとの外貨借款交渉

ドイツでの最新技術の導入と新兵器購入のために、大勢の日本人の命を賭けた潜水艦の金塊輸送作戦が繰り広げられていた頃、スイスでは、ドクター・ハックによる、日本のための懸命な外貨借款の努力がなされつつあった。

ベルリンの海軍武官事務所へは、東京から兵器調達や民間企業からの要請による軍需用品購入の訓令はくるが、外貨はなく、海軍からの送金もなかった。

そこで唯一の頼みの綱は、外国から外貨を借り入れる借款の成否にかかっていた。

酒井直衛は、こう語った。

「戦争中、外国で日本が外貨の借款ができたなんていうのは、この件が唯一でしょう。他にはないですよ。ハックがやってくれたのです」

一九四四年一月十日付のハックが海軍武官府へ送った報告書の中に、スイス政府からの三千五百万スイスフランの借款の話がでてくる。

この文書も宛て先や発信者の名前は記されていない。

だが、酒井の証言と照らし合わせれば、ハックの報告書であることは確かである。

その頃、スイス国内では、大量に天然ゴムが不足していた。そこで日本が天然ゴム約十トンの提供を保証して、スイスから三千五百万スイスフランの借款をする交渉がハックの手でなされつつあった。

この金の使用目的は、日本海軍がスイスの有力な兵器製造企業エリコンから二十ミリ機関砲二万挺を調達することだった。

スイスは、永世中立国であり、他国の戦時国債を買うことや紛争当事国への武器の輸出は、中立義務違反となる。この中立義務に反しての貿易だけに、条件や抜け道を探って交渉が難航していた。

しかも中立国のメーカーや商社は、連合国から日本やドイツとの取引に圧力を受けていた。ブラック・リストに載れば、今後、商売ができなくなる恐れがあった。

したがって、エリコンも日本との取引に難色を示していた。この極めて難しいスイスとの交渉を、酒井は、ハックに頼ったのである。日本海軍の酒井直衛の代理人としてハックを任命し、スイス政府の戦時経済部長との交渉が行われた。

すでに東南アジアからの天然ゴムの輸送は、潜水艦イ号第52のように、成功の確率は極めて低かった。担保する物件が保証できないことも交渉が暗礁に乗り上げている理由の一つだった。しかし、ハックの交渉は、成立した。かれは、機関砲をエリコンからいったんスイスの機械販売業者に購入させ、裏でそれを業者から日本海軍に転売させることにした。そして代金の決済は、表向きでは日本の横浜正金銀行とスイス銀行がやりとりする体裁をとった。

裏では機械販売業者にスイス銀行を経由してスイス政府が全額保証の融資を行った。あえて物件と資金の流れを複雑な構造にして、取引の実態を隠す工作を施したのである。

事実は、日本海軍とスイス政府間のやりとりだった。

この借款交渉には、かつてハックが設立した〝シンチンガー&ハック商会〟の後継者、レビンスキーという人物の協力も大きかった。しかし、はたして天然ゴムが、無事スイスまで運ばれたのか、確認されてはいない。間もなく日本が戦争に敗れたからだ。

二十ミリ機関砲は、連合軍の封鎖線を突破して船で確かに日本へ発送された。ここまでは、確実な情報である。だが、この荷物がはたして無事日本まで届いたのか、その消息は戦乱の闇の中に消えてしまっていた。

第八章

和平工作とハック

スイス・マッジョーレ湖に臨むゲヴェールニッツの別荘。ドイツ軍と連合軍の秘密会談が開かれた

ハックに託された和平交渉

一九四五年四月一日、沖縄は、日本本土決戦の前哨戦として、日・米英両軍が激突する国内最大の戦場となった。アメリカ第五艦隊司令長官、レイモンド・スプルーアンス大将を総指揮官とする機動部隊が、沖縄本島をめざして上陸作戦を開始したのである。

沖縄戦に投入された連合軍の艦船の総数は千三百十七隻、艦載機千七百二十七機、投入された将兵の総員四十五万人余、その規模においてノルマンディー上陸作戦につぐものだった。

つぎに本土決戦が敢行されれば、住民を犠牲にした沖縄の悲惨な戦場を見ても、結果は、想像を絶する過酷な戦争の終末を迎えることは明らかだった。

この年四月、日本の運命はまさに崖っぷちに立たされていた。

四月五日、ソビエト外相のモロトフが、モスクワの駐ソ大使佐藤尚武にたいして中立条約の不延長を通告。太平洋戦争を通じ、日本がソビエトと曲がりなりにも中立関係を維持し、北方からの脅威を防いできた安全弁がとれることになった。日本はいつソビエトから攻撃をうけてもおかしくない、不安定な状態におかれることになった。

一九三六年の日独防共協定によってソビエトとの関係が一挙に険悪化して以来、張鼓峰事件、ノモンハン事件などの紛争を経て、一九四一年四月、モスクワでスターリンと松岡洋右外相との会談で結ばれた四六年四月まで有効とする日ソ中立条約も、あと一年で期限切れを迎えることが決まったのである。

四月七日、終戦内閣となる鈴木貫太郎内閣が成立した。そしてその日の午後二時二十三分頃、沖縄特攻に向かっていた連合艦隊の戦艦「大和」が鹿児島県坊ノ岬のはるか沖合で米軍機に撃沈された。

日本海軍の栄光を担った最新鋭戦艦の最後は象徴的だった。

もはや日本には南方から一滴の油も入ってこなくなっており、戦争経済力はほとんど枯渇してしまっていた。石油資源を求めて開戦した根拠が根底から崩れたのである。

こののち、六月に開催された最高戦争指導会議は、本土決戦方針を採択。同月、義勇兵役法が公布された。本土決戦に備えて男子十五歳から六十歳、女子は十七歳から四十歳までの国民により「国民義勇戦闘隊」が編成されることになったのである。

六月二十三日、本土決戦の捨て石とされた沖縄戦が終結した。

いよいよ、日本はいつ、いかにして終戦を得るか、連合国側の王手がかかった中で厳しい選択が迫られることになった。


さて、一九四五年四月二十三日のスイスでは――。

この日、ドクター・ハックは、日本公使館付海軍武官補の藤村義朗から、アメリカとの和平工作について正式に仲介の依頼を受けた。ベルン駐在のアメリカ戦略情報局アレン・ダレスを相手に和平交渉のいわば鎹《かすがい》になることを求められたのである。

この日に向けて満を持していたハックは、藤村の仲介者としてダレスの名を冠したいわゆるダレス機関の有力な関係者とただちに接触している。

今後の交渉の実務を担うハックの友人のゲーロー・フォン・ゲヴェールニッツ、チューリッヒの銀行家エド・ホワイト、ダレス機関の要人で日本語が堪能なポール・ブルームらが、顔を揃えたのである。

ベルリンの日本海軍武官府にたいして、三国同盟や日米開戦の非を訴え、警鐘を鳴らし続けてきたドクター・ハック――。

一九四一年十二月、ハックは、日本が対米開戦に踏み切ったとき、密かに警告文をベルリンの海軍武官に送ってその無謀を厳しく批判していた。そして来るべき日に備えて、日本海軍が望むならばと、海軍の恩義に報いるために自らが米英側との路を開く衝にあたる覚悟を伝えていた。

ハックは、親しい日本の在欧の外交官や軍部の関係者に、日本があらゆる機会を利用して自ら戦争を抜け出すよう、しかも、日本の立場がまだ強い内に、東京に対する彼らの影響力を行使すべきことを、口が酸っぱくなるほど訴えつづけていた。しかし、当時、緒戦の華々しい戦果に酔った軍部の鼻息は荒かった。

この時の日本は、軍部の強い力を押さえて終戦に導くことのできる人物もなく、国家の組織体制もバラバラで、ハックの熱い思いも空しい画餅に過ぎなかった。

日本をいかに断末魔から救いだすか、開戦以来三年余り、心を砕いてきたハックが、いよいよふたたび歴史の舞台に引っ張りだされるときが訪れたのだ。

ハックは、酒井直衛に、戦争には終わりがあることを説いた。

「その際に交渉ができる隙間を作っておくように。敵側の中に何らかの連絡方法を予め保持するが必要」と。

酒井がハックから、初めて「隙間」の話を耳にしたのは、太平洋戦争が始まって間もなくのチューリッヒでだった。

以来、ハックは、「隙間」については、酒井に会うたびごとに口にしていたので、これらの話はそれが何年だったかは、酒井の記憶は確かではない。

ハックは、ある日、酒井に初めてベルンのダレス機関のことについてしゃべった。

「酒井さん、戦争というものは、スタートすると終わりがある。敵に連絡つけておかないと、終わりが来ないよ。しからざれば無条件降伏あるのみ。幸い自分には、今、スイスにアメリカのダレス機関という大統領と直結している情報部の知人がいるから、連絡をとってもいい。隙間を作っておかないと」

ハックは、ダレス機関の友人のゲヴェールニッツのことを明かしたのである。

日本は、戦争を始めるにあたって終戦方策を研究していたかといえば、そうではない。「隙間」どころか、日露戦争の時と違って戦争の終わり方については、そのまともな検討すらなされていなかった。ハックは、できることなら自分が「隙間」になろうとも言った。ハックが、ゲヴェールニッツと再会したのは、一九四三年早春の頃だったので、これはそれからあまり経たない日のことである。

ハックとゲヴェールニッツは、再会後、ふたたび信頼し合って、お互いの仕事上の秘密についても密接な情報交換ができる間柄になっていた。

ゲヴェールニッツは、当時の状況を手記『原爆は本当に必要だったのか』でこうのべている。

ハックとの関係において、私はざっくばらんに振る舞うようにした。そしてもし望むなら、彼の見解や彼が私に話したあらゆることについて、自身もまたワシントンの米国政府に情報を提供するダレスに伝えようと思うとハックにいった。しかし彼が何らかの理由でこのやり方を望まないならば、我々は今後、会う必要もないとも伝えた。ハックは私の提案に非常に興味を持った。彼が最も尽力していたのは、日本が戦争から抜け出すのを手伝うための方法を見つけることだったからである。

戦争終結をうながすために

酒井は、ベルリンへ帰った後、ハックの情報を海軍武官の横井忠雄少将に報告した。

実は、第二次大戦中、ベルリンにいた日本海軍のごく限られた幹部たちの間で、早い時期からいつか来るであろう終戦に備えて、日米直接和解の道を模索していたのである。しかし、この事実は、海軍武官事務所の中の極秘事項だった。

この秘密を知り得たのは、野村直邦、阿部勝雄の新旧在独軍事委員、横井忠雄、小島秀雄の新旧海軍武官、扇一登、藤村義朗の新旧海軍武官補佐官、それに海軍武官秘書の酒井直衛だった。

しかし、戦争中、潜水艦による帰国交代があって、終始、責任をもって終戦の問題に取り組むことができたのは、三国同盟軍事委員の阿部勝雄と酒井直衛、そして海軍武官補の藤村義朗の三人だけだった（「痛恨！　ダレス第一電」）。

小島武官は、一九四三年九月に二度目の海軍武官に命じられて、横井武官と交代して潜水艦で着任していた。横井武官は、本国の海軍の然るべき要路の人物に、酒井からの情報を伝えたに違いない。

間もなく、横井武官から酒井へ、ハックと会って「隙間」の話を進めることが命じられた。そしてただちに、実行に移された。

「ハックの取り計らいで、私とゲヴェールニッツの三人で会談しようということになった。会談は汽車の中がいい、秘密を保つためにね。それで三人でベルンからチューリッヒに行く一等車の中で言いました。『私は、海軍武官から依頼を受けたので伝えます。ドクター・ハックにわれわれ日本海軍の代理人として連絡員をお願いします』」

東北に向かって丘陵地帯を行く列車の車窓には、牧草地の風景がどこまでもつづいた。酒井直衛の記憶による、ハックを仲介者とする日米の接触は以上のような事情で始まっている。

酒井にハックとの接触を命じた横井武官は、一九四三年八月、潜水艦イ号第8で帰朝しているので、これはその頃の話である。

こうしてアメリカ側の連絡員であるゲヴェールニッツの前で、はじめて酒井の口からハックに日本側の代理人となることが要請されることになった。

これが対米直接和平交渉の端緒となる出来事だった。

四五年四月二十三日の藤村義朗による正式な要請より少なくとも一年半以上も前の話である。

太平洋方面では、すでに四三年二月にガダルカナル島から日本軍が撤退し、四月に山本五十六連合艦隊司令長官の戦死、五月にはアッツ島の日本軍守備隊二千五百人が玉砕した。

その頃、海軍武官事務所の酒井直衛は、ベルリンとスイスの間を一カ月に一度は往復して、ハックからの情報収集にあたっていた。

酒井のスイス行きにはもう一つの理由があった。かれの妻は、ロンドンにいた頃に知り合ったイギリス人女性だったが、日本が戦争に入ったとき、ハックのすすめで妻と二人の娘たちをジュネーブに疎開させていたのである。そこで酒井は、家族に会うために月に一度はスイスに来て、その都度ハックに会っていた。

その時、ハックから酒井へ、すでに紹介したナチスや東部戦線の情況報告書も手渡されていたのである。

酒井の旅券は、大使館の外交伝書使（クーリエ）の特権を使ったので、荷物が開封される危険は少なかった。確証はないが、ハックの報告の中には、ゲヴェールニッツから入手した、反ナチスの抵抗運動家やアメリカ側から得た確度の高い情報が含まれていたことは想像するに難くはない。

ハックは、枢軸国のドイツやイタリアをはじめ、中立国のスペイン、ポルトガル、スウェーデンの要人やロシアにも情報源となる太い人脈を持っていた。

現在残されている一九四四年十月二十一日までのこれらの報告書からは、ハックが日本に戦争終結をうながすために懸命に正確な情報を送りつづけていた様子が見てとれる。

情勢判断を誤った愚策

ところで、藤村義朗のスイスでの和平工作については、これまで多くの書籍やテレビ番組、映画などの話題となってきた。

藤村が、和平工作の事実を明らかにしたのは、一九四八年（昭和二十三年）の春、ＧＨＱ（連合国軍最高司令官総司令部）歴史課から嘱託の元海軍大佐大井篤がやってきて、対米接触の顚末を明かすことをうながしたのが最初だった。その時は、藤村はアレン・ダレスとの約束で他に公表しないことを決めていた。

そこでいったん、大井の要請を断っている。

ＧＨＱでは、早速、ニューヨークで弁護士業に戻っていたダレスと連絡をとると、藤村の執筆を承諾する旨の返事が戻ってきた。

藤村には、ＧＨＱから箱根の強羅ホテルの立派な部屋が用意された。十日ほどかけて、記憶をたどりながらスイスにおける日米和平工作の事実を書きあげたのである。

その時、スイスで一緒に和平工作に関わった朝日新聞記者の笠信太郎にも相談しながら原稿を完成した。

藤村は一九五〇年（昭和二十五年）十月にもＧＨＱ歴史課の事情聴取に応じて、『米国代表ダレス氏との米日直接和平交渉』という陳述記録を残している。

やがて藤村工作のことが外部にも漏れ始めると、執筆をうながす出版社が相次いであらわれた。世間の注目をあびる第一弾となったのは、雑誌『文藝春秋』の編集者、池島信平から口説かれて書いた「痛恨！　ダレス第一電」である。

当時、まだ日本はＧＨＱの占領下にあり、この手記はスクープとなり大きな反響をよんだ。

やがてアメリカ側でも当時の秘密文書の公開が少しずつ始まった。

一九七〇年、二十五年間の情報開示禁止の期限が切れた文書が解禁され始めた。早速、これに着目した毎日新聞の国際事件記者・大森実が、藤村に接触して書いたのが『戦後秘史1　崩壊の歯車』（講談社、一九七五年）である。大森は、米国国立公文書館で和平工作の史料を見つけ、藤村がまだ存命であることを知って南青山の自宅へ駆けつけた。

今、手もとにあるプリンストン大学で入手したダレス文書の中の一枚に、一九六七年五月二十六日付のゲヴェールニッツからダレスへの手紙がある。

『大日本帝国の崩壊』（河出書房新社、一九六八年）の著者、ウィリアム・クレイグの取材申し込みがきていることをダレスに報告し、情報を開示すべきや否やを相談している。

かれに情報を提供することは、貴方からぜひそうすべきと勧めて頂けない限り、あまり気が進まないといったところです。

と、戦後二十二年経った当時、まだアメリカの二十五年間公開禁止の情報が解禁前だったこともあってか、あるいは米国諜報機関の活動の実態にふれられるのを嫌ったのか、当事者のゲヴェールニッツは、自らの口から和平工作の核心にふれることを避けようとしている。

ここからは、藤村の「痛恨！　ダレス第一電」など当事者の記録と、わたしが直接に面談取材した藤村義朗や酒井直衛、当時の海軍省の主要なポストでスイスの藤村との窓口となった軍務局長保科善四郎の証言とかれの克明なメモをもとにした『大東亜戦争秘史』（原書房、一九七五年）、さらにアメリカ側の史料などにより、スイスにおける和平工作はなぜ失敗したのか、果たして可能性はあったのか、ドクター・ハックの努力が報われなかった、その失敗の本質を探っていきたい。

本題に入る前に、ここで重要なことを一つ押さえておきたいと思う。

太平洋戦争で日本の大きな敗因の一つに、軍部の情報軽視と頭脳優秀とされたエリート集団である大本営作戦参謀の独善的な視野の狭い組織体質があった。

特にそれは陸軍が顕著だった。

開戦当初から戦局のさまざまな局面で、その欠陥は露呈してきた。そしてその止めを刺したのが、終戦間際に、スイスの和平工作にも影響を及ぼした、ソビエトの斡旋を当てにした対米終戦工作という情勢判断を誤った愚策だった。いわばソ連を相手にポーカーフェースのゲームの罠にはまるような妄動である。

藤村海軍武官補佐官が、ハック・ルートで終戦工作に着手していたちょうど同じ頃、一九四五年四月二十一日、東郷（茂徳）外相は、木戸（幸一）内大臣と会って、ソ連を斡旋役として戦争終結を促進させようとの密談を交わしていた。

この案は、参謀本部第二部長（作戦）の有末精三中将が戦後著した『有末機関長の手記　終戦秘史』（芙蓉書房出版、一九七六年）によれば、そもそもの発案は有末から始まったものだという。有末は、阿南惟幾《これちか》陸相など陸軍首脳部に諮ったうえで、東郷茂徳外相をたずねた。

そこで陸軍全体の意見として、ソ連をして対日参戦の阻止と和平斡旋に乗り出させるように外交交渉を頼んだのである。

東郷外相としては、すでに時機遅きに失しているとの思いがあり、いったん躊躇した。

だが、東郷は、開戦当初から早期終戦を意図していた。本来アメリカとの直接交渉を望んでいたのだが、これには陸軍が絶対にうんといわないのは明らかだった。しかも、すでにソ連は対日参戦の肚《はら》を固めていると読んでいたので、相手がおいそれと交渉に応じるとも思えなかった。しかし、東郷は東條開戦内閣の外相であり痛恨の思いがあった。そのために、鈴木内閣ではひそかに終戦の一事を目的に外相を引き受けていたのである。

東郷は、駐ソ大使時代にモロトフ外相と親交があり、日本が思い切った条件を出せば、あるいはモロトフも応じるかも知れないと考えた。

可能性はゼロではなく、ソ連に頼るしか残された道はない、と判断したのだ。このような理由もあって、東郷は、陸軍の意向に応えたのである。

事態は日本の知らないところで動いていた

五月十一日から、十二日、十四日の三日間にわたって、宮中では、鈴木貫太郎首相ら最高戦争指導会議構成員（首相、外相、陸・海相、陸軍参謀総長、海軍軍令部長）六名による会議が開かれた。ここでソビエトへの和平工作依頼の原則の決定がなされたのだった。

それは、ソ連の対日参戦防止と好意的な中立の立場の保持をあてにしつつ、戦争終結に向け日本に有利な仲介を依頼する交渉を始めることだった。そして代償として南樺太の返還、津軽海峡の開放、北満州の諸鉄道の譲渡、旅順、大連の租借権の譲渡など日露戦争で獲得した権益の放棄、場合によっては、千島列島の北半分の譲渡なども話し合われた。ただ、朝鮮は日本に留め、満州国は独立維持などの方針が話し合われたのである。しかし、ソ連の仲介依頼については、まだこの時点では、ひとまず留保することにした。

いずれにしても片思いの極めて一方的な決定であり、焦燥感にとらわれた日本の苦渋の決断だった。

六月三日、日本政府の意向を受けた広田弘毅元首相が、散歩ついでに表敬訪問したふりをして、唐突に箱根の強羅ホテルに滞在中の、駐日大使ヤコブ・マリクを訪ねてソ連との接触を開始したのである。会談はあくる四日も行われた。

交渉にたった広田は、駐ソ大使の経験もあり有数のソビエト通として知られた人物だけに東郷外相が強く望んで説得したのだった。

六月十八日、最高戦争指導会議では、留保していたソ連による和平仲介の依頼も交渉目的の一つに加えられた。六月二十二日の御前会議では、天皇からも戦争終結に向けて実現に努力するようにとのお言葉があった。

そして六月二十八日には、進行中の広田・マリク会談で日ソ交渉の具体的提案として、満州国の中立化、ソビエトから石油の供給があればソビエト海域での漁業権の放棄も差し支えなしとの案が、東郷外相から広田元首相に示されている（外務省編『終戦史録』）。

だが、現実には、日本が知らないところで事態は急速に動いていた。

二月のクリミヤ半島のヤルタで開かれた米・英・ソ三カ国の首脳による、戦後ドイツの占領政策をめぐるヤルタ会談で、「ドイツ降伏後、二、三カ月で対日参戦する」と、ソビエトは密約したのである。

このソビエトの対日参戦は、アメリカの強い要請によるものだった。

だが、ソ連はなぜ八月八日に宣戦布告し、日本降伏の直前に参戦に至ったのか。OSS（戦略情報局）から国務省へ出向し、戦後日本の占領政策に携わった経済学者のエレノア・ハドレーが、回想記 *"Memoir of a Trustbuster: A Lifelong Adventure with Japan"*（邦訳『財閥解体　GHQエコノミストの回想』）の中で興味深い話を語っている。

ハドレーが記すところによれば、それはアメリカの諜報機関が、「とんでもない誤報」をもたらした結果だという。

アメリカは、日本陸軍の精鋭師団である関東軍が、まだ強力な兵力を温存しているという誤報を信じていた。そのために関東軍が降伏後も満州で戦争を続行することを恐れていた。そこで国境を接するソビエトに対日参戦を強くうながしたのが一因だったという。

ソビエトにとっても一方的に中立条約を破った背景には、日本の多年にわたる反ソ政策に報復しようという思惑もあった。そして軍国主義を粉砕して、極東における権益を回復し、戦後のアジアにおける影響力を増大しようという野望があった。

戦争の終局に来て二つの大国の思惑が一致したのである。

そのころ、ソビエトでは、対日参戦に向けて機甲師団の大軍が、戦車を満載してシベリア鉄道を極東へ盛んに移動しつつあった。

七月上旬、事態は、近衛文麿を特使としてソ連に派遣し、講和の早期実現を希望する旨の、天皇の親書を手渡す案も具体化してきたのである。

一連の日本の動きは、ただちにモスクワ駐在の佐藤尚武大使にも実施方の訓令が発せられた。後日談となるが、この佐藤尚武大使は、ソビエトから近衛特使受け入れ拒否の回答に接して、もはやソビエトとの交渉で有利な講和をなし得る可能性はなくなったと判断した。

そこで七月二十日、東郷外相宛てに速やかに戦争終結を求める最終意見電報を打電した。日本の交戦力が壊滅してなお戦争をつづけることの無意味を説いて、天皇制の護持だけを条件に、事実上の無条件降伏を訴えたのである。

「敵の絶対優勢なる爆撃砲火のもと、すでに交戦力を失いたる将兵及び国民が全部戦死を遂げたりとも、ために社稷《しゃしょく》は救わるべくもあらず。七千万の民草枯れて上御一人ご安泰なるをうべきや。……」

国民が全部死に絶えて、どうして天皇一人の安泰を守ることができようか、と、四千字を超える悲痛な長文の電報だった。まだ国民の誰もが言いだせなかった内容である。

佐藤は、この電報を打電した後「祖国の興亡この一電にかかるとさえ思われ、書き終えて机に伏す。涙滂沱たり」と日記に記している（『佐藤尚武の面目』栗原健）。

スイスにおける藤村中佐の心境も、まったく佐藤大使と同じであった。

日本の国外にいる人間だけが客観的にこの国の姿を見つめることができたのである。

しかしながら、スイスにおける藤村・ダレス交渉の一方で、東京とモスクワとの間では、甘い幻想を追う動きが始まっていた。しかも後者は、相手からは冷ややかにいなされながらの交渉だった。

日本の政治指導者たちは、非情な国際政治の現実に呆れるほど鈍感だった。

八月九日に、日ソ中立条約を破ってソ連軍が、突如、満州の国境を越え、怒濤の如く侵攻してくるまでは、である。

この時期、主な和平工作には、他にも小磯国昭首相が密使の繆斌《みょうひん》を使って重慶政府（蔣介石の国民党）に対して試みた陸軍主導の和平模索、それにこの海軍がスイスにおいて行ったダレス機関との間で進めた対米直接工作などがあったのである。以上は余談である。

ベルリン海軍武官府の決断

ここで時計の針を、藤村義朗中佐がスイスへ向かった一九四五年三月二十一日の時点に戻したい。藤村が、ハックへの正式な仲介依頼を行った約一カ月前である。

ベルリンの日本海軍武官事務所は、いよいよ第二次大戦の終末が近いと判断した。ドクター・ハックにうながされ、この時のために準備してきた、ハックを通した日米直接和平交渉の開始を決断したのである。

出先の一海軍武官府の独断による軍規を破る極刑覚悟の行動だった。日本では和平を口にするなど、それこそ死の覚悟をもって臨むべき重要な時期である。

日本の軍隊は、戦陣訓の「生きて虜囚の辱《はずかし》めを受けず」に象徴されるように、降伏ということは許されていないし、命令されたこともなかった。陸・海軍刑法では、降伏に重刑が科せられた。降伏という字は日本の軍人の辞書にはなかったのだ。無条件降伏ではなく、徹底的な負け戦の中での有条件の和平交渉となれば、交渉の困難は火を見るよりも明らかだった。

しかも、すでに一九四三年十一月、米、英、中の三カ国首脳は、エジプトのカイロで会談して、日本の無条件降伏をめざすことを合意していた。

さらに、戦後の領土処理について日本の植民地を剝奪することを決めていた。第一次世界大戦で日本が奪取、占領した太平洋の全ての島々の返還である。

それに満州、台湾、澎湖諸島など日本が中国から奪ったすべての地域の中華民国への返還、朝鮮半島の自由と民族の解放などがふくまれた。早くも連合国は、ドイツの無条件降伏も視野に、第二次大戦の最終段階に向けた調整を開始したのである。

このカイロ会談から一年余り、連合国の重大な決意を知悉したハックは、対米直接交渉の衝に当たるには、日本側の代表に、決定権限をもつ将官級の人物を強く進言していた。

アメリカの高いハードルを越えるには、アメリカ政府の中枢に直結しているアレン・ダレスに匹敵する人物が絶対に必要だった。

しかし、ベルリンでは、三国同盟軍事委員の阿部勝雄中将の決断が遅れて、代わりに実務に通じた武官補佐官の藤村中佐が単独で派遣されることになったのである。藤村にとっては、一介の海軍中佐が、国の命運を担う交渉にあたることの荷の重さに、緊張と重圧の連続だった。

やがて、日を追ってドイツの情勢は緊迫の度を増してきた。硫黄島から沖縄戦へと、破滅への道をたどる日本は、一刻の猶予も許されなかった。

そこで海軍武官の小島少将は、自らがスイスに赴き交渉にあたる決心をした。小島武官と藤村が、海軍主導で和平直接交渉の任にあたることを決めた背景には、開戦以来研究してきたかれらの確固たる信念があったからである。

海軍武官府の中で一番若手の武官補だった藤村には、戦争の早い時期からこの戦いをいかに有利に終わらせるか、その方策を探るようにとの、武官からの密命をうけていた。

「海外における私どもの最高の任務が、戦争をいかに終わらせるかです」

そこで藤村は、こう考えていた。

「対米和平の申し入れをするには、日本陸軍は、絶対に不適任である。米軍は日本の陸軍を信用せず、陸軍の介在するいかなる申し入れも拒否するだろう。自分たちがスイスにおいて多くの外国人と接触して得た経験を元に、ドクター・ハックと共に研究を重ねた結論は、日本海軍のみが対米交渉の可能性がある」と。

小島は、一刻を争った。スイスへの出発を急がねばならなかった。

スイス政府に入国のビザを要求した。しかし一向に返事がこない。旧知の坂本駐スイス公使が病気入院中だったので病気見舞いを口実に使ったが返事をよこさなかった。

そこで小島はドイツ外務省の友人の伝手で理由を探ったところ、イギリスBBC放送が小島海軍少将が大戦中に潜水艦でドイツへ潜入した事実を報道したことがあり、スイス当局は海軍高官である小島の入国を警戒していることが判明した。

このときの情報では武官府の若い人物であればビザが下りる可能性があるという。そこで小島は、一番若い武官補佐官だった藤村義朗にスイス行を命じたのである。

こうしてスイス公使館付顧問の肩書で藤村中佐と大阪商船のベルリン支配人、嘱託で外交官身分の津山重美が、ドクター・ハックが待つスイスへ向かうことになったのである。

海軍武官室で情報担当をしていた津山の仕事は、モスクワのラジオ放送を傍受して情報収集することだった。

藤村がスイスへでかける決心をしたのも、ハックが待っていてくれたからだった。ハックは、用意万端、ただちにダレス機関との交渉に入れるよう手筈を整えていた。

ベルリン出発の夜は満月だった。

月明かりの中、アウトバーンを、ニュルンベルク、国境の町コンスタンツへと二台の車を飛ばした。ふたりの入国ビザは、ベルリンの公使館ではとれず、国境での発給の約束をとりつけての綱渡りだった。コンスタンツのクロイツリンガー通り国境検問所でどうにかビザを取得することができた。ここはドイツ―スイス国境の柵によって厳重に遮断されていた。

途中、イギリス空軍機の機銃掃射を受けた。昼間は森に隠れるなどして、決死的な冒険旅行となったのである。

「ニュルンベルク郊外で大爆撃に遭うたんです。それで林の中に入って、じっと伏せていたんです。そのときに、この目の前にあった草が、ちょっと草の芽が出ているんですね。それで覚えている。『ああ、いよいよ春が来たなぁ、って』」

春の野づらには、平和の兆しが芽吹いていた。藤村は野草の命に自分の命を重ねてみた。

藤村たちには、ベルリン大学で日本語を学び六カ国語が堪能な、クリスタル・クラマーという四分の一ユダヤ系の十九歳の若い女性が同行した。

彼女は、武官事務所に出入りしていた金持ちの商人の娘だった。日本海軍に関係していたことで父親も大目にみられていたが、藤村はその男に頼まれて、ナチスの迫害から救うべく、その娘をスイスへ国境を突破させたのである。

この後、スイスでのクリスタルは、日本語の重要文書をたちまち英語に訳してタイプに打つなど極めて優秀なアシスタントとして活躍する（津山重美「終戦前夜秘話」『水交』五三二号、一九九九年）。

「ベルンについてすぐにハックに駅前のホテル・シュバイツァーホフに来てもらってね。いよいよ来たぞって。前からハックに約束してありますから。ハックは少し遅いけど、いよいよ日本が滅んでしまう、『これからいよいよ和平をやるんだ』って。ハックに『来たぞっ』ちゅうて。『早くやろうって。大賛成でした。ハックはそれまでにずっと網を張っておりました。ダレスとも組んであるし、ホワイトというバーゼルの連中ともちゃんと組んでいるし、短時間にぱっとそれぞれの要点に連絡ができたんです」

この時、皮肉なことに武官補佐官（三月、スイス公使館付顧問）の藤村中佐が派遣されたことが、やがて歯車が狂い始める一因となる。

将官級の人物の派遣を求めていたハックの不安が的中することになった。しかし、これは東京の海軍首脳部の側に大きな問題があったのである。

ダレス機関の藤村評価

藤村たちの出発後、崩壊寸前のベルリンでは慌ただしい動きが始まっていた。四月十四日、大島浩大使（一九四〇年・大使に再任）も、リッベントロップ外相の勧告で、小島海軍武官ら大使館員三十三名とともに、ベルリンの戦禍を逃れてチロル山中の保養地、オーストリアのバートガスタインへ退避した。しかし、かれらは、ドイツが無条件降伏をした翌日の五月八日、この地を制圧した米軍第三師団の捕虜となったのである。

一方、阿部勝雄中将以下、海軍武官補佐官の扇一登大佐、酒井直衛らの三名は、ベルリン陥落と同時にソ連軍に包囲される直前にベルリンを脱出して、ドイツ軍需省から借りた魚雷掃海艇で中立国スウェーデンに逃れた。国外脱出を図る十名のドイツ人技術者たちも一緒だった。しかし、小舟を駆ってバルト海をイースタードの港に着くと、たちまち武装解除された。スウェーデンでドイツ降伏を知らされて、三人はそのまま抑留されてしまった。

その間も、藤村とハックは、味方であるべき東京を相手にスイスで孤軍奮闘の戦いをつづけていたのである。

ところで、スイスのダレス機関が、交渉相手の藤村をどう見ていたのか、その手掛かりになる覚書が残っている。

一九七四年（昭和四十九年）十一月に機密解除された、アメリカ中央情報局（CIA）に保存されていた公文書である。ダレス機関が、ドクター・ハックから得た情報をもとに、和平工作が本格化した途中で本国へ報告したものだ。

藤村への好意的な人物評価がなされている。

スイスの日本人外交官の中で唯一、それなりの器を備えている人物は、元ベルリン駐在武官補佐官で（一九四〇年以降）、現在は在ベルン日本公使館付となっている藤村義一（註・戦後に義朗と改名）である。年齢は四十歳ぐらい、日本海軍の一人で、顕著な経歴を有している。

彼は日本の米内海軍大臣と無線電報で直接連絡をとっており、諸々の報告を日本人公使に知られることなく、米内に伝達しつづけていることは、重要な事実である。

アメリカ側は、藤村にそれなりの人物評価を下して交渉に臨んでいた。ここでいう、「無線電報」というのは、日本から潜水艦で運んできた九一式海軍暗号機で組み立てた暗号電報のことで、秘密の厳守に重要だった。

藤村が海軍大臣と軍令部総長に宛てた親展の軍機密電報は、「作戦緊急電」と銘打たれ、直接、大臣や総長に届くように、藤村は細かく気を配っていた。

ダレスから特に注意をうながされていたのも機密漏洩の防止だったからだ。ダレスが「サンライズ作戦」を成功に導いた大きな原因も、リトル・ウィリーという名の特別に養成したチェコスロバキア人の無線技士を使って秘密の保持につとめたからだった。

ダレスが「サンライズ作戦」から学んだことは、戦争をしている当事者間は秘密の接触と確実な連絡を保つことがきわめて重要だということだった。この方法が確立されると、秘密を公けにされたり、暴露されることもなく、お互いが信頼し合えて、話し合いに希望がもてるからだった。この点、藤村が厳重に機密を守ることができる九一式暗号機を保持していることは、重要だった。

ダレスが、秘密の厳守にこだわったのは、自らの体験から来ていたのである。

九一式暗号機については、終戦間際まで残っていたのは、ベルリン、ローマ、ストックホルム、アンカラ、リスボンなど枢軸国と中立国に配置されていたものだが、スイスに運んだのは、三井物産の社員であり、苦心惨憺の末にベルリンからベルンへ運んでいた。

そして、ベルリンで訓練を受けた津山重美が、深夜、公使館員の目を避けて、公使館三階の無線室で暗号の組み立てや解読など「作戦緊急電」のための孤独な作業をつづけていた。

藤村は、当時をこう回想する。

「夜になって、公使館員が皆帰った後に、一緒にさよならと帰って夕食も食べて、夜の十二時過ぎにまた戻ってくるわけですな。潜り込んでいって、それで朝の三時、四時まで、明かりを外にもれないように九一式暗号機で暗号組み立てをやったのです」

藤村と津山はいったん自宅に帰り、毎朝、何食わぬ顔で出勤した。そして他の一般電報と同じように通信士に打電させた。公使館の武官室では、最後までかれらの秘密に気づいたものは誰もいなかった。

四月二十五日、ドクター・ハックは、早くも日本海軍の代理者として本格的な行動を開始している。ハックは、ベルン郊外のムーリーという小さな村の鳥料理店へ藤村を誘った。ＯＳＳ（戦略情報局）のエージェントの二人の男を藤村に引き合わせるためだった。アレン・ダレスの右腕だったポール・ブルームとリチャード・ジョイスである。

横浜で、貿易商のフランス国籍の父とアメリカ国籍の母との間に生まれたブルームは、少年時代を山手居留地で育った。

戦後はＣＩＡ東京支局長として日本に住み、日本関係の洋書や浮世絵の蒐集家としても知られたが、現在、それらの蔵書は横浜開港資料館に寄贈されてブルーム・コレクションとなっている。だが、和平工作に携わった時期のブルームは、藤村の前では堪能な日本語を一言もしゃべっていない。素性は一切、隠したままだった。

四人の男たちは、テーブルから窓越しに、スイスアルプス、四一五八メートルのユングフラウやメンヒ、アイガーと連なる山の頂を眺めながらただ静かに料理を口に運んでいた。

「和平のことなんか一言もいわない。景色だとか、スイスの生活だとかね、今ドイツから来たばかりで苦しかったとか、そんな話ばかり、あんたの上役のダレスと和平したいなんて話はこれっぽちもしませんでした」

藤村との初対面で、ふたりのアメリカ人は、かれに好印象をもった。藤村もOSSのアメリカ人に同じ気持ちを抱いたのである。

「ハックを信頼していましたからね。ハックの言うのは間違いないと。ポール・ブルームとジョイスに会ってね、これならば一つ和平の話をね、この人からダレスに通じていいなという、わたしもそういう決心がついたんです」

と、藤村は言う。

明くる四月二十六日、ダレス側から日本側へ、要望事項と藤村たちの経歴の提出を求めてきた。日米の双方は、初対面の印象で地下のパイプが貫通したのである。

ハックは、ダレス機関に出向いて口頭で、日本側の構想と藤村の覚悟を熱く語った。

「和平については、日本海軍のみが終戦の決意ができること、この問題については、自分たちが全力をあげて東京の海軍首脳部を説得すること、同時に日本政府に速やかに終戦を決意させる覚悟であること」など、藤村の断固たる決意をそっくり伝えた。

ハックが、使者に立った後の数日間、藤村たちは期待と緊張のもとに、祈るような気持ちでダレスからの返事を待った。

アレン・ダレスとの会談

そのような四月末のある日のことである。

場所はベルン駅前のホテル、シュバイツァーホフの近くだった。

「突然、ハックが朝、私の下宿にきてね、『ダレスが今日会ってくれるんだ』という。それでその日に会ったんです」

藤村がダレスと会談する日がやってきた。ハックをとおして催促し待ちかねていた日が到来したのである。その頃は秘められていたが、このホテルの二〇一号室がダレスの長期滞在している部屋だった。

藤村は、なぜか「痛恨！　ダレス第一電」では、ダレスと初めて会った日のことは書いていない。

しかし、わたしの質問には、四月の末、ヒトラーの自殺の一報が飛び込んできたころに（四月三十日前後）、ダレスと面会したと言った。藤村は、初対面のダレスに言った言葉を覚えていた。

「ダレスに会った時に、戦争がいよいよ駄目になって日本が負けてきたから、和平してくれなんていうことは言わない、まず本土決戦だと言ったのです。徹底的にやるんだという情報が日本から来ていると。竹槍の一日の生産能力が二十万本だというのです。それで竹槍でもって本土決戦するんだから出先のお前たちもしっかりしろということを東京から言ってきている。今から思えば笑い話ですがね」

藤村は、ダレスに自分の覚悟のほどを伝えたつもりだった。

だが、藤村は、当初、ダレスのことを、後に国務長官（一九五三〜五九年、アイゼンハワー政権）となったアレン・ダレスの実兄のジョン・フォスター・ダレスだと思っていたことを戦後一九五〇年十月のＧＨＱへの証言の中で正直に語っている。

しかしアレンは、ルーズベルト大統領の信任厚かった兄のジョンとは戦争中も緊密に連絡をとりあっていた。

そして五月三日のことである。

ハックが、嬉々とした明るい表情で日本公使館の武官室に飛び込んできた。

「藤村さん、とうとうワシントンの国務省から返事が来たよ。日米直接和平の交渉をダレス氏の線で始めて差し支えないということです。スイスのダレス機関も達成に全力を尽くし、最善の努力を惜しまぬと言っている、米国側の準備は整っているそうです」

米国側は、ハックに、日本側の覚悟と準備を怠らないよう念押しすることも忘れなかった。藤村には、ハックが口にする報告からアメリカ側の本気度が、ひしひしと伝わってきた。

ハックはそれまでの接触の経験から、藤村以上にアメリカの強い意欲をくみ取った。今後の日米直接交渉にかける意気込みは、藤村に決して負けてはいなかった（「痛恨！ ダレス第一電」）。

東京との極端な温度差

日本をいかにして破滅の淵から救出するか、藤村とハックたちは朝日新聞欧州移動特派員の笠信太郎の知恵も借りながら、五月八日の午後、緊急第一電を東京に打電した。

他の暗号電報と混同されぬように「至急親展軍機」として直接、米内（光政）海軍大臣と及川（古志郎）軍令部総長（五月二十九日・豊田副武に交代）に届くように、細部に至るまで目配りを怠らなかった。

藤村は、戦後、スイスからの送還時に和平交渉記録と往復電報の全てを焼却したため実物はないが、携行したメモにもとづいて再現したというこの電文については藤村たちの当初の意気込みがいかなるものであったか、また、かれの信念と背景を知るために、あらためて「痛恨！　ダレス第一電」から引用する。

本文要旨…五月三日、ベルンに於いて在スイス米要人ダレス氏より、本武官に対し予て親交のあるハック博士を介して、左の要旨の連絡申入れがあった。

速やかに戦争を終熄せしむる事は単に日本のためのみならず、世界全体のために望ましいことであり、日本が之を希望するならば、余（ダレス氏）は之をワシントン政府に伝達し、その達成に尽力しよう。

尚之に対する本武官の意見。

一、ダレス氏の経歴（略）

二、ハック博士の経歴（略）

三、伯林《ベルリン》の陥落も焦眉に迫った今日、日本の採るべき道は、速やかに対米和平を図る事であると信じるに付き、敢えて具申する次第である。尚本件は其の重大性に鑑み何分の御指示ある迄、本武官以外には厳秘に保つべし。速やかに御指示を得度。

藤村は、スイスにおける米国政略戦争の責任者、ＯＳＳ（戦略情報局）のアレン・ダレスを通して和平交渉を行う必要性を、「緊急第一電」を通して強く海軍大臣と軍令部総長に意見具申を行った。ダレスとの約束を守って他に情報が洩れぬように秘密の厳守のことにもふれた。

藤村は五月八日の第一電から、五月二十二日に海軍省保科（善四郎）軍務局長から初めての返電が届くまでに、五月十日、十三日、十四日、十六日、十八日、二十日、と合計七本の緊急電を打ちつづけた。

この「作戦緊急電」に対する東京の海軍省と軍令部の反応は、どうであったか。そこに何が起きていたのか。

五月二十二日の海軍省保科軍務局長からの藤村武官への第一信の返電となる訓令は、

「貴武官のダレス氏との交渉の趣旨はよく分かったが、どうも日本の陸海軍を離間しようとする敵側の謀略のようであるから注意せられたい」

いよいよスイスで本格的に直接交渉による和平工作に踏み出すべく待ち構えていた矢先だけに、藤村とハックにとっては、肩すかしの衝撃的な内容の返事であった。

この極端な温度差はどこから来たのか、藤村は、東京の無関心ぶりに、眼のあるひとはいないのかと嘆いている。

藤村よりもなお呆れたのは、ダレス機関の実情を知るハックだった。しかし、この海軍中央の態度は、軍官僚がよく使う手で、発信名は大臣や軍務局長であっても、実際は、下僚の局員のその場しのぎの対応であることを、藤村は見ぬいていた。

「作戦緊急電」はいかに扱われたか

では、当の保科軍務局長は何と言っているか。保科は、五月十五日に軍政の中枢である海軍省軍務局長に任命されたばかりだった。

わたしが保科善四郎（平成三年に百歳で没）に面談したとき、九十五歳という高齢ながら、まだ矍鑠《かくしやく》として弁論も闊達《かつたつ》だった。戦後は政治家として衆議院議員を四期つとめた自信に満ちていた。保科は、戦時中の日誌をもとにして書いたという回想記『大東亜戦争秘史』の中で、藤村との電報の応酬についてこう述べている。

保科は、藤村が予想したように、五月二十二日の返電の中身には直接関わっていなかったのである。

東京の海軍省宛に日米和平交渉に関する第一信が発せられたのが、ドイツ無条件降伏の日、五月八日であるとされている。（略）ところが五月十五日に軍務局長になったばかりではあったが、私の手に入ったのは、六月二十五日のことで、それ以前に打電して来た藤村電については、前任者から何の中継も行われていないし、私にはその他の電報も全く記憶がない。

保科は『大東亜戦争秘史』で、藤村から海軍省に宛てた第一電が発せられたのは、「ドイツ無条件降伏の五月八日であるとされている」と、記している。かれの言い回しは、自らがその日、電文に関わったのではなく、藤村義朗が「痛恨！　ダレス電」で、第一電を五月八日に発信したと言っているので、保科もこの日付を認めているニュアンスである。

しかし、保科が海軍大臣室から回覧されてきた電文を受け取ったのは六月二十五日で、一カ月半余りも経ってからだという。

その間、五月二十二日付の東京からスイス宛ての最初となる訓令は、就任間もない保科軍務局長の名前を使って、藤村に返電されていたことになる。

では、海軍大臣と軍令部総長に宛てた「作戦緊急電」は、それぞれ海軍省と軍令部の内部でどのような処理がなされたのだろうか。

戦後、GHQ歴史課の大井篤が、一九五〇年（昭和二十五年）二月二十日に行った調査「ダレス、藤村交渉について」で関係者が答えている。保科局長の下で実務を担った当時の海軍省軍務局第二課長の末沢慶政の証言である。

保科善四郎海軍省軍務局長

藤村中佐から海軍大臣と軍令部総長あてに届いた「高度の秘密電報」は、まずかれらが入手して、その措置を軍令部第一部（作戦）の柴勝男大佐と協議して、海軍省軍務局長と軍令部第一部長というそれぞれの上司に上申していた。

軍務局長と第一部長は、その上申をもとに海軍大臣や軍令部総長に上げるのが通常の伝達ルートだった。大臣や総長に秘密電の内容が届く間に下僚の判断が入るのである。内容によっては、握りつぶす場合だってありうるだろう。

逆に、大臣や総長からの指示にも同じことがありえたのだった。

事実、第一信の訓令案は、末沢たちが起案して、そのまま大臣と総長が採択して藤村あてに発せられた電報だった。その頃、終戦という問題は、心の中で仮に考えている者でも、これを言葉に出して論ずることは身の危険を覚悟しなければならないという情勢だった。

したがって、藤村の電報を誰も言葉にだして喜んだものはいなかった。むしろ不信の言葉を口にする者があっただけだった、と末沢は答えている。

ちなみに、和平問題については特に慎重であるようにとの米内海軍大臣の意向が伝えられていた。

終戦問題には、海軍次官、軍令部次長以下、下僚の職員にいたるまで、戦争指導と外交の業務にかかわる者といえども、関与してはならないという通達だった。

保科軍務局長は、米内海軍大臣の肚の中が窺える発言を聞いている。

「米内さんは、『終戦は早くやらなければならぬのだが、それは六巨頭（最高戦争指導会議構成員）以上で考える。その他の軍官民凡てのものは却って一致団結戦う態勢にしておくことが終戦をうまくやる上には大切なことだ』とこういう肚でしたよ」と、保科に本音を漏らしていたのである。

背景に、陸・海軍の首脳部が一致して、秘密裏に事を進めていたソビエトの斡旋に期待する和平交渉の問題があった。

藤村・ダレス交渉の真っ只中、五月二十九日――、海軍総司令長官から海軍統帥の最高責任者である軍令部総長に就任した人物に豊田副武大将がいる。

豊田は、一九五〇年（昭和二十五年）に著した『最後の帝国海軍』（世界の日本社）の中で、和平工作のことをこう記している。

　スイス駐在海軍武官の藤村中佐が、米代表のダレスという人から終戦について申入れを受けて居つた。当時スイスから来たそれについての電報の内容ははつきり記憶していないが、結局海軍省も軍令部もそんなものは危険だ、第一言つて来て居るのが中佐で、こんな大問題を中佐ぐらいに言つてくるのはおかしいという訳で、真剣にとり上げる者はなかつた。

藤村の階級が、中佐（当時三十八歳）であったことへの侮りがあった。万事、階級が優先する軍官僚組織の上層部には、外交上の大問題を軽輩が扱うことへの不信感がまず思考の先に立っていた。和平という重大な提案を、外交ルートの公使を相手にせず一海軍中佐に申し入れてきたことが不安の種となったのである。

海軍大学校第三七期の恩賜の軍刀組で、昭和天皇から卒業式で親しく長剣を授与された優秀な藤村でも、悲しいことに階級社会では一介の中佐に過ぎなかった。

ハックが懸念したように、交渉にあたる人物が将官級でなかったことが、かえって日本側のほうで足を引っ張る大きな要因になってしまった。

ダレスについての情報がなかった日本

豊田軍令部総長は、その時、海軍が藤村・ダレス交渉を、どのように見ていたかも語っている。それは、アメリカが日本の戦争継続を断念させるために軍部の一角である海軍を切り崩そうとする謀略であると見ていたこと。ダレスの提案は、日本海軍が一歩踏み出すには、関心をそそるような具体的な内容を持っていないこと。そしてアメリカ側を代表する交渉相手のダレスという人物をよく知らないこと。ドイツを終戦に導いた人物というが、ドイツの降伏には日本が模範とするものは何もなかったこと。

要するに海軍の結論としては、藤村の進言は、アメリカ側の日本の戦意を打診する観測気球か、あるいは戦意破摧《はさい》の謀略ではないかと考えていたのである。

米内海軍大臣も同意見であつたし、其の他海軍省、軍令部の首脳部にも、これに関心を寄せるものは一人もなかつた。それで藤村中佐に対しては、余り深入りせぬよう、不即不離の態度で応酬するように返電したと記憶している（後略）

五月二十二日に藤村が受け取った東京からの最初の返電に符合する内容である。

さらに、藤村との間で海軍省の窓口となった軍務局第二課長の末沢は、ＧＨＱにこう証言した。

その頃、私共下僚の方は、上層部間に於て、米英との和平を考え、ソ連にその仲介を頼む議が論ぜられて居ることを仄かに洩れ聞いた。それで藤村ダレス交渉に於て、「深入りせずに米国側の肚を探る」ことが出来れば都合が良いと考えた。併しその交渉が進んで本当に日米間の直接和平が出来ることなどは全然問題にされなかった。

海軍では後日暫くしてこのダレス氏の申し入れの処理を外務省に移したが、その時の海軍部内で私共の主に望んだのは、全くソ連に対する交渉を行う為の参考として、ダレス藤村交渉から米ソの反響を探り出そうとするにあったと記憶する。

（「ダレス、藤村交渉について」）

不幸なことに、東京は藤村・ダレス工作で藤村中佐の意図をほとんど汲んでいなかったのである。

さらに問題なのはアレン・ダレスという人物とダレス機関のことだった。海軍省では、その情報をまったくもっていなかった。

藤村からの電報であわてて外務省に問い合わせたところ、かつて日本や中国にいたことのある東洋研究学者の中にダレスという人物がいた、だが、詳しいことはわからぬという返事だった。

ダレスの関連資料が戦災で焼失していたからだという話もあるが疑わしい。

保科善四郎は、『大東亜戦争秘史』の中でこう述べている。

問題はわが国の関係者の中に「アレン・ダレス」なる人物の経歴を知っている者がおらず、外務省も全然そのリストを持っていなかったから、どうしてもこの工作の見透しをたてるのに熱が入らない。（中略）そのようなわけで、戦後の国務長官ジョン・フォスター・ダレスの弟が、ＣＩＡの長官になるほどの重要人物であることを、日本政府は誰一人キャッチしていなかったのである。

要するに日本は、戦争の相手国の情報をほとんど持たずに戦いに突入していたということである。

藤村は、五月十六日に打った第五電で、ダレス機関による北イタリアでの単独停戦、いわゆる「サンライズ作戦」で、ダレスが果たした功績を詳しく報告した。

第一電でダレスとハックの経歴を送った報告につづく第二弾の人物情報と評価である。

五月七日の無条件降伏にいたるまで自棄の戦争をつづけたドイツ国民と、速やかに和平を図ったドイツ占領下にあるイタリア国民とを比べて、どちらが幸福であり、不幸なのかを問うたのだった。

日本も、ここに至っては国家、国民のために一日も早く速やかに和平の実現を図ることの緊要を力説したのである。いうなれば、趣旨はモスクワの佐藤大使と同じことを述べていたのだが、スイスの藤村のほうがまだ可能性は高かった。

藤村がこの第五電でのべた、ドイツ軍が占領する北イタリアで、連合軍とドイツ軍との間に秘密の停戦交渉を成立させる過程で、アレン・ダレスの右腕でハックの友人、ゲーロー・ゲヴェールニッツの果たした役割は特筆すべきものがあった。

ダレスとゲヴェールニッツのふたりは、政略戦によって、欧州におけるナチスの支配を終わらせることに渾身の努力を傾注したのである。

とりわけゲヴェールニッツは、停戦交渉で連合軍の中心的役割を果たした。かれが、ドイツの著名な経済学者でドイツ自由主義者だった父親の手づるや自分のコネクションを使って、ドイツ国内の反ヒトラーの地下グループに築いた人脈は大きかった。

ドイツとスイスの間を行き来して、例の一九四四年七月二十日のヒトラー暗殺事件を企てた連中とも密接に接触していた。

ゲヴェールニッツは、その気質や説得力が、ドイツ人と交渉する時に理想的な人物だったと、のちにダレスは回想している。ドクター・ハックが、ゲヴェールニッツと再会したとき、たちど

ドイツSS総司令官カール・ヴォルフ大将

ころに刎頸の交わりをむすぶ間柄になった理由もその人柄にあった。

一九四五年の初頭、ナチス・ドイツの敗北が必至となった頃、まだヒトラーは、奇跡の勝利を確信していた。部下の将軍たちはかれを恐れて降伏を進言できなかった。

しかしイタリアを占領していたドイツ軍の中には、無益な破壊から祖国を救おうとした一群の人々がいたのである。

イタリア駐在ドイツSS（親衛隊）総司令官カール・ヴォルフ大将がその中心人物だった。ヒトラーから与えられた肩書は、イタリア駐在ドイツ軍事全権、戦線後方地区長官兼軍政司令官などと、ドイツ軍の威光が衰えるにしたがって、粉飾され増えていった。

ヴォルフは、前にのべたフィレンツェのウフィツィとピッティ両美術館の至宝をチロル地方の山中に疎開させた将軍である。

ヒトラーの直属部隊の将官だったヴォルフは、やがて、自分やドイツ国民がヒトラーに欺かれ、誤った道を歩んできたことを悟った。戦争の長期化が、ドイツ国民を無益な死に追いやるだけだと、密かにゲヴェールニッツたちと接近するようになった。

この年、二月二十八日に始まった停戦交渉の、その最終段階では、スイスのイタリア国境に近い保養地、アスコナのマッジョーレ湖に臨むゲヴェールニッツの別荘で、ドイツ軍のヴォルフ将軍と連合軍のアリグザンダー元帥ら代表者たちによる秘密会談が開かれた。ゲヴェールニッツは、警護や秘密保持にも便利な湖水に面して建てられた自邸を提供した。

やがて四月二十九日、第二次世界大戦における最初のドイツ軍の無条件降伏の調印式が、連合軍との間にイタリアのガゼルタで行われたのである。そして五月二日、イタリア戦線の百万人のドイツ軍は武器をすて、五月七日のドイツ無条件降伏の端緒となった（『静かなる降伏』）。

藤村の巻き返し

ヒトラーは、ガゼルタでのドイツ軍降伏調印式の翌日、四月三十日にベルリンの総統官邸の地下壕で自決した。千年王国を豪語したナチス第三帝国は、わずか十二年で崩壊した。イタリアの元首相のムッソリーニがパルチザンに処刑された二日後だった。

ゲヴェールニッツと密接に連絡を取り合っていたドクター・ハックには、「サンライズ作戦」の成功をはじめ、枢軸国側の一連の情報はただちに伝えられたに違いない。

ヒトラーの最期を伝える情報は、五月二日の米軍機関紙のスターズ・アンド・ストライプスの号外で、またイタリア戦線でのナチス降伏は、五月三日の同紙で、いずれも第一面の紙面全部を使って大きく報道されている。

藤村は、東京の無知蒙昧に呆れているハックに頼んで、とにかくダレス機関にたいし、今しばらく東京からの返事を待つよう、かれらを繋ぎとめることに必死だった。だが、東京では、相手のダレス機関が政略戦争の一組織であったことも不安の材料となった。

そして次の第八電で、藤村は猛烈な巻き返しをはかった。

「東京で敵の謀略というのであれば、具体的な資料はあるのか。今後の参考のために折り返し教えてもらいたい。当方の見るところでは断じて謀略でないどころか次の点で信頼性に確証がある」

と、ダレス機関が大統領に直結した米国の政略機関であり、今度の北イタリアの実績を見てもいい加減な組織ではないことを具体的に訴えた。しかも、仮に百歩譲って敵の謀略であるにしても、日本が滅亡の淵に立つ今、ドイツのような惨状に陥るよりも望ましいではないか、と、断固、速やかな回答を求めたのである。

藤村は、竹槍で徹底抗戦を成し遂げようとする頑迷固陋な作戦部の一部の連中が、和平のブレーキ役となり全体を掻き混ぜているに違いないと踏んでいた。

実際、五月十九日に軍令部次長に就任した神風特攻の生みの親、大西滝治郎中将が、陸・海軍の離反をはかる米国の謀略説を唱えて和平交渉反対の急先鋒に立ったのである。

藤村はハックの情報から、ドイツ崩壊後の米軍兵力の極東への展開予測と、ソ連軍の欧州からの急速なソ満国境への集結状況も打電した。二十六日から三十日にかけて、第九電から第十二電までがその内容だった。

六月に入ると、沖縄の激戦の様子や戦艦「大和」の撃沈の情報が入ってきた。まだ日本では、極秘にされていた頃である。

その後東京からは、何の返事も来なかった。

六月六日の第十六電では、藤村は東京がモスクワを通して和平工作をしようとしている状況を詳しく指摘した。秘密を暴露して東京を牽制したのである。そしてソ連を相手にした場合の意見具申も行った。

藤村は、ハックから日本政府の対ソ接近の情報をもらっていた。おそらくハックは、ゲヴェールニッツか、あるいはポール・ブルームから情報を入手したのだろう。

佐藤大使は、六月八日、東郷外相宛てに対ソ外交の強化について「本使としては到底その望みなきを信ずる」と、否定的な意見具申の電報を打った（『外交なき戦争の終末』）。

このとき、東京とモスクワの外交電報をアメリカは傍受解読して、内容は完全に筒抜けだった。よく知られているように、太平洋戦争の直前にアメリカの暗号解読グループが、日本外務省の暗号解読に成功して、機密保持のためにそれを「マジック」とコード名でよんでいた解読情報である。すでにアメリカは、広田元首相がマリク大使と会談することは、東郷外相がモスクワの佐藤大使に六月一日に打った「マジック」でつかんでいた。

解読された電文については、アメリカ側では、フォレスタル海軍長官以外にも、あるいはトルーマン大統領やバーンズ国務長官、スチムソン陸軍長官などにも当然、伝わっていたことだろう。

米内海軍大臣に直諫

藤村は、東京から迅速に返事が来ないことに焦りを覚えていた。そこで自らが帰国して軍首脳部の説得にあたることを考えた。ハックに相談してダレス機関にそのための飛行機の便宜供与を依頼したのである。

アメリカ側は、有能な交渉相手の藤村が不慮の事故に遭う場合のことやそのまま帰還しないことを恐れた。そこで大臣あるいは大将級の要人で、条約に署名権限を有する人物の東京からの派遣を提案してきた。日本政府が希望すれば米側が空路輸送を絶対確実に引き受けるという条件つきの返答だった。

藤村の「痛恨！　ダレス第一電」にあるこの特使派遣の件については、裏付ける証言がある。

ＧＨＱ歴史課の大井篤の質問に対する保科軍務局長の一九五〇年一月十六日の答えである。

「日米間の和平に関しダレス氏が日本海軍代表と直接に話をして見度い、若し日本海軍に於て同意ならば大将級の海軍将校をスイスに派遣してくれ、その日本代表を輸送する航空便は、上海以西に於ては、米国側が之をアレンジする、と云うのである」

藤村中佐は、ダレス側からのこの前向きの提案に一筋の光明を見出した。

六月十五日、藤村は第二十一電で、米内大臣あての親展電を打った。

それも一晩熟考した挙句に、尋常ならざる覚悟をもって意見具申を断行したのである。

「今やあなたには、残っている戦力、国力の総てを捧げてこの対米和平を成就することが唯一の国に報ゆるの所以ではないでしょうか」

と、一介の海軍中佐が米内海軍大臣に直諫したのである。

今度の返事は、意外と早かった。

六月二十日、米内大臣の名で藤村武官宛て軍機親展電報として打ち返してきた。二度目の返電だった。

「貴趣旨は、よくわかった。一件書類は外務大臣の方へ廻したから貴官は所在の公使その他と緊密に提携し善処されたし」

藤村は、この電報を受けとって慨嘆した。

日本が最後の瀬戸際にきていることに鑑み、これほどまでに条理を尽くして説明してきたのにと、東京に人なきことを痛感したのだ。

外務省に交渉の主導権が移ることは、ダレスとの秘密厳守の約束を二重に破ることを意味した。一つには通信の秘密を厳守できた九一式海軍暗号機が使えなくなることであり、もう一つはこれまでの海軍ルートから外務省ルートへ情報が漏れることだった。

東京からの返電を受けると藤村は、すぐさまハックとともにダレス機関に赴いた。今後はダレスとの秘密厳守の約束が守れなくなったことを深く詫びたのである。和平工作が外務省ルートに移されたことで、仲介者のハックの落胆は大きかった。

ではなぜ、海軍から外務省へ交渉ルートを移したのか、この間の事情については、実際に移行を決断した保科軍務局長のＧＨＱ歴史課への証言がある。

　私はこの交渉の件を外務省に移管した。それ迄は、本件は外務省に知らせてなかった。それと云うのは藤村中佐から、ダレス氏は本件を、殊更に日本海軍に申入れて来たものであって、スイスでも公使や陸軍武官は、この交渉のことに干与して居ない、ということを言って来てあったからであった。併し藤村中佐に深入りするなと電報を打って了ったからには、之を放置すれば、ダレス氏の提案はその儘《まま》立消えになって了う心配が感ぜられた。私共は、内心この提案を利用し度い希望であったのを、それが正式外交ルートを通じてなかったと云う理由で、利用し難かったのである。

（「藤村、ダレス交渉について　一九五〇年一月」）

保科善四郎は、藤村・ダレス工作について、ダレス側から先に申し入れてきたとする藤村の話を語っているが、これまで見てきたようにこれは日本海軍のベルリン武官府から申し入れたものだった。

いずれにしてもはっきり言えることは、スイスにおける和平工作は、日本にとっては、ドクター・ハックがいてこそ初めて成り立った終戦工作だったということである。

第九章

刀折れ矢尽きて

1945年８月６日、広島への原爆投下により生じた巨大なキノコ雲。米軍撮影（共同通信社）

海軍の沈黙はつづいた

七月に入った――。外務省ルートが加わってから、藤村の和平工作の動きは鈍ってきた。

藤村には、日本の荒涼たる悲惨な光景を想像することさえできなかっただろうが、そのころ東京は、徹底的なB29による空襲ですでに灰燼に帰していた。

霞ヶ関の海軍省と軍令部の赤煉瓦の建物もすでになく、軍人たちは地下壕での生活を余儀なくされていた。米軍の戦略爆撃は、さらに日本列島の地方都市まで焼き尽くしつつあったのである。

CIAの保存文書に、七月五日付でゲヴェールニッツが、ハックから得た情報の要約を箇条書きにしたものがある。

「以下に記すのは、日本側の進展に関してHが話したことの要約である」と題して日本軍部の終戦をめぐる緊張についてアレン・ダレスに報告した記録である。

「最高機密」の刻印が押され、ハックについては「H」というイニシャルを使っている。

ハックは、次のようなことをのべている。

日本を戦争終結に導こうという明確な目的をもって、天皇により鈴木内閣が組閣された。だが、陸軍の反対により、内閣はこの方針を進めることができていない。

一方、陸軍が生みだしている脅威は強まるばかりである。陸軍の承認を得ない行動をとることを、閣僚たちが以前よりさらに恐れている事態に立ち至っている。
今後、陸軍による統制は、さらに強化されることにならないとも限らない。
Ｈ（ハック）は、鈴木内閣の組閣と、一九四四年七月二十日にドイツで企てられた反乱（註・ヒトラー暗殺計画）とを比較している。どちらの場合も自国を戦争から抜け出させることを意図していたからである。（中略）
陸軍の影響力を強めている別の要素は、海軍が著しく威力を失っている一方、今次大戦において、陸軍がこれまでのところ被った損失は比較的少ないということである。海軍の受けた損失は、兵員、物資両面において甚大である。（一九七四年十一月十三日機密解除文書）

ハックは、陸軍の強い反対が終戦への決断を鈍らせているとの情勢判断をのべていた。
同じくハック情報に、終戦工作に加わることになった当時のスイス日本公使館の加瀬俊一公使をダレス機関にどのように伝えていたかの記述がある。

加瀬俊一駐ベルン日本公使のことを、日本政府に怯えきっていて分別も知性もない、三流の輩《やから》とＨ（ハック）はみなしている。

と、ハックが、加瀬公使に極めて手厳しい見方をしているというのだ。
この間、藤村も、ハックから得た情報をもとに、米内海軍大臣や豊田軍令部総長あてに米・英軍やソ連の動き、欧州の混乱の様子などをひたすら打電した。その都度、和平を急ぐよう執拗に訴えつづけていた。
ハックへは、ゲヴェールニッツから確度の高いアメリカ側の情報が絶えず入っていた。だが、東京からはなしの礫《つぶて》だった。相変わらず海軍の沈黙がつづいた。
ゲヴェールニッツの七月五日のダレスへの報告は、東京から返事が来ないことへのハックの苛立ちが記されている。

H（ハック）にうながされて藤村が東京の海軍大臣に最近送った何通かの電文への返電は届いていない。しかし、日本の軍事的地位が低下する時、スイス経由の通信連絡路を日本政府が突如復活させる可能性は十分にあるとHは考えている。東京から重要な通信文が届いたら至急私に知らせることと、私はただちにスイスへ戻ってくることを、私はHとの間に約束した。

この時点で、ゲヴェールニッツは、ドイツのヴィースバーデンにいて覚書を認めていたのだが、実は、このとき、東京の海軍中央では、藤村・ダレス工作で本当に日米間に直接和平ができるなどとは、まったく考えていなかったのである。ダレスも藤村との交渉を断念した。

ペル・ヤコブソン工作

しかし、ドクター・ハックは、まだ諦めてはいなかった。かれはさらに、もう一つの終戦工作にも関わっていた。

ダレス機関とハックは、交錯する二つの終戦工作に関与して日本との接触をつづけようとしていたのである。

七月八日、スイスの二人の日本民間人が、陸軍武官の岡本清福《きよとみ》中将（終戦時スイスで自決）に会って、陸軍の協力を取り付ける約束をしたが、これは陸軍ルートでもダレス機関との間に和平工作を立ち上げようとしていたのである。

動きはすでに五月のドイツ無条件降伏の直前から芽生えていた。

二人とは、欧州の横浜正金銀行（東京銀行の前身）の役員で、国際決済銀行の理事の北村孝治郎と同行外国為替部部長の吉村侃《かん》であった。

こちらの工作では、北村たちは、国際決済銀行の経済顧問でスウェーデン人のペル・ヤコブソンに、ダレス機関との仲介を頼んだのである。

七月十日の午後、国際決済銀行の所在地のスイス・バーゼルでおよそ一時間半にわたって会談が行われた。ヤコブソンを仲介人に、日本側は、北村孝治郎と吉村侃、そして戦略情報局（ＯＳＳ）からはゲヴェールニッツ、ポール・ブルーム、ロバート・シェイらが一堂に会して接触を開始している。

この会談内容は、ゲヴェールニッツとヤコブソンがすり合わせて、即刻、ゲヴェールニッツからダレスへ七月十一日付の軍事郵便で報告された。

アレン・ダレス文書の中に一九七四年十一月十三日に機密解除されたＣＩＡの記録が残されている。いわゆるヤコブソン工作の日米双方の雰囲気と内容を探る上で興味深いので報告書を見てみたい。

1．ヤコブソンは、バーゼル国際決済銀行の日本人理事及び横浜正金銀行の北村、国際決済銀行の外国為替部長の吉村侃と何度も会談を重ねてきました。

両者とも日本を戦争から救い出すためにあらゆる手段を尽くすつもりでいます。

2．七月八日、北村と吉村は、元ベルリン駐在陸軍武官の岡本中将と話し合い、自分たちの終戦工作への協力を取り付けました。岡本は一九四一年から一九四二年にかけてベルリンにある日本の組織の長であり、またその間にベルリン駐在武官の地位にあったと言われています（岡本の経歴に関する情報についてはさらなる調査が必要です。この点について、私は間もなく在スイスのわれわれの同志、「H」に連絡をとるつもりです）。

協議の結果、岡本は、北村や吉村と協力して活動していくことで合意しました。

ダレス機関はここでも交渉相手の日本人の情報をハックに頼っている。国際決済銀行の民間人ルートで立ち上がった新たな和平工作にもハックは、ゲヴェールニッツとともに関わっていたのである。ここでいう岡本清福の正確な地位は、一九四一年から四二年当時は、陸軍参謀本部第四部長と第二部長（情報）を歴任している。そして一九四四年三月に遣独伊連絡使節団長からスイス公使館付武官（中将）へ転任していた。

ゲヴェールニッツは、七月八日の北村と吉村、岡本ら三名の会談における終戦をめぐる日本人たちの本音の話を報告している。

この三名の日本人が同意した点は、かれらが日本の同胞たちに何らかの影響を与えるためには、合衆国政府は、日本の皇室へ「特別な配慮」を示すつもりでいると、かれら自身が断言することが不可欠であり、またそのようにはっきり言わなければかれらの活動はすべて、最初の時点から意味のないものになってしまうということです。

天皇制存続の重要性を論じ合う中で、北村たちは理由を次のように説明しました。

「日本人が天皇崇拝に固執するのは、自らの面子を保つための一つの方策である。そうすることにより、日本の敗北が確実になっている最中、日本人は自分にこう言い聞かせることができる。

我々は日本人として生きる上で真に大事な唯一のもの——我らが天皇、我らが神——だけは、なんとかお守りすることができている、と」

ここには、軍人の岡本はさておき、民間人の北村たちの強い批判が言外に込められている。それは、軍部の指導者たちが天皇制存続を盾に降伏に逡巡するのは、職業的プライドと組織防衛を満足させるためにそうしているのであり、戦争終結の責任逃れのためではないか、というものだ。

国際決済銀行のふたりは、天皇制をめぐる核心的問題には、かなり直截でかつ客観的だった。

さらにゲヴェールニッツは、つぎのようにつづける。

ヤコブソンに仲介を頼む上で日本側は、以下の点を明言しています——。

北イタリアにおけるドイツ軍の降伏をもたらすために スイスで進められた諸々の交渉について日本側は熟知していること。これらの交渉においてこれまで非常に重要な役割を果たした米国側代表者（ダレスたち）たちがおり、最終的にうまくいったのは彼らのおかげだったことを日本側は認識していること。日本の降伏を早めるために、日米間にもこれと同様の接触がスイスで形成される必要があると日本側は考えていること。

先ほどのべた米国側代表者たちは、この類の交渉においてすでに相当の経験を積んでいるため、今回の任務にうってつけの存在であると日本側は思っていること――。

私はヤコブソンに対し、イタリアを降伏させるための我々の交渉について、おおまかなところを説明しました。その際、事態を進展させるためには、岡本とその同志たちが本当に東京で影響力を持つ存在かどうか確認することが何よりも重要であると伝えました。これに関連して私は、ヴォルフ将軍との間で我々が進めた手順に言及しました。ヴォルフ将軍との接触を始めることに合意するよりも先に、我々が Parri《パルリ》 の無条件解放を要求した、あの交渉の際とった手順です。

さらには、どのような手段をとるかについていろいろ提案することは、我々の役目ではないけれども、例えば、現在、日本の捕虜となっている多くの米国将兵たちが解放されれば、それは岡本とその同志たちが相当の影響力を有していることの証明になるだろうと私は個人的に考えているということも話しました。

ゲヴェールニッツがいう、Parri《パルリ》 とは、「サンライズ作戦」でドイツ側が、降伏の誠意を示す証として釈放した捕虜だった。イタリアの抵抗運動の指導者の一人で、戦後初代イタリア首相となった人物である。ナチスのＳＳ（親衛隊）に逮捕され投獄されていたパルリ男爵の釈放が、ドイツ側の降伏交渉の本気度を示す証となった。

「サンライズ作戦」の降伏交渉を先例にしたゲヴェールニッツの報告からは、ヤコブソンを仲介者として始まったもう一つの和平工作が、謀略ではなく、日本側と真摯に和平交渉を続けようとする意志がくみ取れる。そして、ダレスとゲヴェールニッツにつながっていたハックの終戦を願う行動は、ヤコブソン工作においてもまだ衰えることはなかった。

ダレス側は、ヤコブソンを介した北村と吉村の二人の日本人との和平工作に、まだ次の段階へのかすかな望みを託していた。


私（ゲヴェールニッツ）が受けた印象をまとめると、岡本と北村は東京において影響力を行使する存在かどうかを確認することが不可欠だと思います。そのためにはスイスですぐに「Ｈ」（ハック）と会うことを私は提案します。

この二人の日本側代表者が現時点で影響力をもたないとしても、彼らとの接触を深めておくことは無駄ではないと思われます。日本の崩壊が近づく時、また実際近づきつつある中、かれらとの関わりが極めて重要なパイプへと発展することがありうるからです。

ドイツ崩壊に際して私が得た経験は、そのようなパイプの存在が、戦争の最終段階において戦争終結を早めることに大いに寄与することを証明しています。

藤村・ダレス工作が挫折してもなお、ゲヴェールニッツは、まだ、ハックを頼みにあらたな和平工作の細い糸を懸命に手繰り寄せようとしていた。それも「サンライズ作戦」が成功してドイツの終戦を早めたことによって、少なくとも百万人を超える将兵や民間人の生命が救われたからだ。

ハックがゲヴェールニッツの厚い信頼を得て、もう一つの和平工作にも深く関わっている証拠がいくつも残されていた。

ハックは、太平洋戦争の最後の瞬間にいたるまで、日本救出のため重要な働きをしていたのである。

終戦工作のすべてが終わった

七月二十五日、ゲヴェールニッツはハックと会って、岡本清福陸軍武官と北村孝治郎についての情報をもらっている。

一九七四年十一月十三日に機密解除されたCIAの保存記録にハックからのその情報が残されている。「最高機密」の刻印が記されているが、こちらは、ゲヴェールニッツから報告を受けたアレン・ダレスが、八月一日付の軍事郵便で、OSSの欧州戦域の総責任者であるジョン・マグルーダー将軍に報告したものである。

藤村・ダレス工作が頓挫してもアメリカはまだ、ヤコブソンによる和平工作のルートを生かそうとしていた。ハックは、その前日（二十四日）、藤村中佐と終日を共にしていたことを語ったうえで、岡本武官の人物情報を次のようにゲヴェールニッツへ伝えている。

岡本中将のことは、二十年前からよく知っている。少し前に、岡本は病気のために、陸軍駐在武官の職を解任された。陸軍内で上級の地位にあったことと、その前職（陸軍武官）とのおかげで、かれはスイスの日本人外交官たちの中で、今でも相当名が知れた存在である。今では日本陸軍の中で、重要な地位を占めており、彼自身、東京で相当の影響力をもっている。真珠湾攻撃の時点では、ヨーロッパにおけるドイツの勝利を強く信じていたが、岡本は聡明で真面目な人間である。

つづいて北村孝治郎についてはこう語っている。

ハックは、北村とも長時間話をした。北村のことは知的で信用できる人物だと思っている。北村は常々、連合国への共鳴の気持ちを抱いており、それなりに高位にある日本人の中では、真珠湾攻撃の際にベルリンで開かれた勝利祝賀会に出席しなかった唯一人の人間である。

ハックは、日米開戦の反対者だった北村が、真珠湾攻撃の成功で日本とドイツが喜びに沸いていた頃、ただ一人、大島大使が主催した戦勝祝賀会にでなかったその見識と反骨精神に共感していた。北村も筋金入りの反ナチスの硬骨漢だった。

我々の同志ハックによると、銀行家であり民間人である北村は東京でほとんど影響力をもっていない。ハックと北村が同意したことは、日本の種々の政務を代理するベルンの日本人外交官たちが協力して行動することでしか、日本政府に影響を与えることはできないということである。陸軍、海軍、外務省の代表者たちを取り込んで共同活動をなしとげると北村は語った。

北村は、ハックに対して彼自身の意見として、日本の加瀬公使から真の協力を得ることは難しいと思う、なぜなら加瀬は率先して物ごとにあたることをあまりに恐れているからだと説明した。

加瀬公使についての評価は、七月五日付でハック情報をもとに、ゲヴェールニッツがダレスに報告で酷評していたとおりである。ドクター・ハックは、国際決済銀行の工作ルートでも、最後の和平工作に必死だった。

アレン・ダレスは、七月十七日に始まったベルリン郊外ポツダムにおける米・英・ソ三カ国首脳による第二次世界大戦の戦後処理を話し合うポツダム会談に出席すべく、七月二十日、ドイツへ旅立った。アレン・ダレスへのワシントンからの指令によるものだった。

ダレスは、二十一日の週末はスイスにいる予定をたてていたので、急な呼び出しだったことは確かだった。

二十六日、連合国はポツダム宣言を発表し、日本へ無条件降伏の要求を突き付けた。

八月六日、広島へ原爆投下。

八月八日、ソビエトは対日宣戦布告。満州と朝鮮の国境を突破してソ連軍が侵攻開始、日本の関東軍は総崩れとなった。

八月九日、長崎への原爆投下。

終戦工作のすべてが終わったのである。

藤村とハックは、気落ちして、ただ茫然とアメリカ側からの情報と新聞やラジオのニュースに耳をそばだてるしかなかった。

ハックが初めて見せた怒り

八月十四日の午後三時ごろだった。日本時間では午後十時である。

藤村が自分のアパートにいて、たまたまハックが訪れていた。そこへ偶然に東京からの至急の電話がつながった。

「藤村中佐、あの話はなんとかならないか!!」

米内海軍大臣の先任副官今村了之介《いまむらりようのすけ》大佐からだった。

東京では、その朝、午前十時五十分、天皇の意向で急遽、召集された最後の御前会議で、いわゆるご聖断によりポツダム宣言の受諾の最終方針が決定されていた。国家の運命が遂に決せられたのである。

無条件降伏の決定で、この日は午後から、東京の陸・海軍の中枢部は、殺気立った騒然とした空気に包まれていた。

スイスの藤村の部屋では、偶然、ハックが居合わせて新聞を読んでいた。かれの顔は、見るみる青ざめて椅子から立ち上がると、読んでいた新聞を激しく床に叩きつけた。

「何で今頃……、百日遅かったっ‼」

日頃の温厚なハックが、藤村の前ではじめて見せた怒りの声が大きく響いた。なぜ、五月に交渉を始めたときに、もっと真剣に対応しなかったのだ、というハックの無念の思いがこもっていた。かねてハックが、ゲヴェールニッツに告げていた「日本の軍事的地位が低下する時、スイス経由の通信連絡路を日本政府が突如復活させる可能性は十分にある」との予言が、まさに的中したかのようだった。あまりにも身勝手な東京のやり方にハックは、とうとう堪忍袋の緒が切れたのだ。

ドクター・ハックが関わったスイスでの二つの和平工作は、ある時期かなりの可能性を秘めていたことは事実だろう。

その四十年後、わたしが藤村に話を聞いたとき、戦後、日本に帰って初めてわかったことだと断って、かれはこう言った。

「当時、私は至急親展の軍機電報で打った。ところがこれが海軍内部のあるところで止まっていた。その後、私がスイスでやっていることが上に伝わって、米内光政海軍大臣や保科軍務局長はこれで行こうと決めた。豊田副武軍令部総長も、これはよいものができたと喜んだ。そこで米内が東郷外務大臣のところへ話をもっていったら『地獄に仏だ』と言ったそうです。ところが陸軍が反対した。するとそれまで賛成だった軍令部総長も反対にまわったそうです。大事なときに大事な人がいなかったとしか言いようがありません」

と、必死の努力が報われなかった悔しさを語った。

本土での徹底抗戦を主張する陸軍と豊田軍令部総長が反対したのは事実である。豊田は、米側の謀略であるとして強硬に反対した大西軍令部次長にひきずられた結果だった。当時東京にいて、藤村・ダレス工作の情報と決定に関わった海軍の要路の人物たちの戦後の証言を照合してみると、大方が賛成だったという。しかし実際には、スイスと東京には大きな認識の違いがあり、和平交渉が空転していたというのが歴史の事実である。

その理由は何なのか。記憶の曖昧さや、情報の共有がなされなかったこともあるだろう。それとも各人が戦後になってかばい合うか、責任逃れの証言をなしたということなのだろうか。藤村は、わたしへの以上の証言でも明らかなように、要路の人々をかばっているように思える。しかし、現実にはどうであったか。

米内海相と海軍次官の井上成美《しげよし》の密命を受けて海軍省で終戦工作に挺身した軍人に、高木惣吉少将がいる。病と称して海軍省教育局長の職を辞して、閑職に身をおきながら、重臣をはじめ宮中や軍部の要人たちの間を駆け巡って身命を賭して和平への動きをうながしていた人物である。

高木少将は、自身がメモした『高木海軍少将覚え書』（毎日新聞社、一九七九年）の中で、藤村からの「作戦緊急電」を受けて六月七日付で「在瑞西《スイス》武官電報要旨」としてその要点を以下のようにメモに残している。

米軍部、特に海軍は無条件降伏を狙う。（日本）軍の再建不能ならしむる為、大規模の空襲、工業、輸送、都市殲滅、後一挙本土上陸を企図す。時期は七、八月と判断。

藤村には、現実に空襲にさらされている当時の日本の惨状は、想像の限りであろうけれど、現実に進行している状況はまさにこれ以上のものがあった。それでもこの電文からも、米軍の本土上陸作戦の前になんとか終戦を遂げなければならぬという、藤村の悲壮な覚悟が伝わってくる。当然、このアメリカ側の情報の背後にはハックがいたことは確実だ。

さらに、藤村が、米特使ダレスは「ステチニアス、グルーと直接連絡、重視せられあり」と、ダレスがトルーマン大統領やステチニアス国務長官、グルー国務次官らと直接連絡をとっており重視するように言ってきていることを、高木は記録に留めている。

この日、高木は、藤村からの緊急電をもとに米内海相に感想を求めていた。

米内が語ったことの覚書である。

・米内大臣の考え

（1）黙殺。（2）謀略的申入れの疑いあり。（3）彼（ダレス）に対するワシントンの返事を待って様子を見ても遅くなし。

米内海相は、アメリカの謀略を疑って、黙殺すべきことを言ったと記している。

同じく米内は、六月十四日朝にも高木に同じ考えを述べている。

スイス電に対する大臣の考え

謀略の疑いあり。デュラス（ダレス）が本国（アメリカ）に打電したらしいとのこと故、その返事がくるのを待っても遅くない。

高木に、密かに終戦の方策を探らせていた海軍トップの米内海相までも、真意はともかく藤村・ダレス工作に敵の「謀略」との疑いを抱いていたのである。『高木海軍少将覚え書』では、六月七日の米内との話し合いの中で、高木は藤村電が伝えてきたスイスへの飛行機派遣の米国側の申し出の内容を報告している。

　日米話合いの意図《いと》にてもあらばワシントンに連絡す。
　海軍大将級を瑞西《スイス》に送る意図なきや。もしその考えあれば♈便（飛行機）は準備する。

高木は、アメリカ側の意向を米内にこう伝えて自身のスイス行きの希望ものべた。

　瑞西《スイス》の電報がほんものならば、私を送って貰えば本土上陸位喰止《くいと》めらるる心地す。

この高木少将の意見に対する米内海相の考えは記されていない。当然、反対されたことだろう。

米内については、次のような証言がある。ベルリン駐在だった小島秀雄武官が、終戦直後、一九四五年（昭和二十年）十二月に欧州からアメリカ経由で抑留生活を終えて帰国した時のことである。小島は、旧海軍の同人誌『水交』に次のような話を記している。

私は米内大将を訪ねて藤村中佐から電報が来ましたかと訊ねたところ「電報は来たが彼がどうしてスイスにいるのか、ダレス機関と連絡したといっているが、事情がよく判らない。若い補佐官がアメリカの情報機関に利用されているのではないかという疑念があった。（小島）武官の命で派遣されて、ハックという男との連絡を命ぜられていたという事情さえも、当人の電報には何等言及されていないので話の筋道が全く判らなかった」といわれた。

（「藤村義朗中佐の和平工作電はなぜ無視されたのか」『水交』二七二号、一九七六年）

藤村からの情報の不足が、米内の判断に際して疑念を抱かせていたという逸話である。ともかく、藤村・ダレス工作のルートが、海軍から外務省に移されたときに、和平工作は終止符が打たれたのである。

プリンストン大学のアレン・ダレス文書を見ると、ドクター・ハックを仲介者とする和平工作は、陸軍や大西軍令部次長が言うような謀略ではなく、アメリカもかなり真摯に対応しようとしていた形跡が見てとれる。

アレン・ダレスは、ゲヴェールニッツとの共著 *"THE SECRET SURRENDER"*（静かなる降伏）の中でこう記している。

一九四五年七月二十日、ワシントンからの命令で私はポツダムへ行き、スチムソン陸軍長官に東京から知り得た情報を報告した。

即ち、日本は天皇と憲法を保持できれば、それが日本国民に破滅的な降伏が知らされたあとでも日本で規律と秩序を維持するための基本条件となりうるなら、降伏を望んでいるということであった。

ダレスはスチムソン陸軍長官に、日本は天皇制と憲法（大日本帝国憲法）が維持できれば、無条件降伏にも応じる用意があることを伝えた。

このダレスの報告の情報源となったのは、藤村がハックに頼んで、日本の和平条件としての国体の護持と天皇の地位について、ダレス機関の人物たちと秘かにもっていた話し合いである。

『静かなる降伏』で、ダレスは最後にこう書いて擱筆した。

だが不幸なことに日本の場合は、われわれのほうに時間がなくなっていた。東京の権威筋が「このチャンネルこそが和平を実現する安全な道であり、自分たちが接触しているアメリカ人たち（註・ダレス自身のこと）はワシントンの最高首脳部と直接コンタクトがある」ことを確信する以前に、モスクワが和平の仲介者として浮上し、日本政府はソビエトを通して和平工作を追求することを決定していたのだった。（中略）

この和平工作のチャンネルを推進する時間がもう少しでもあったら、日本降伏の物語はまったく違った結末になったかも知れない。

ダレスは、自分たちが、アメリカ政府の最高権力者である大統領の了解のもとに二つのルートで和平交渉を行おうとしたことを言っている。だが、日本政府の関心はもっぱらソ連の仲介による交渉に移っていた。その間に自分たちに残された時間がなくなったことを悔やんでいたのである。

ドクター・ハックは、ダレス機関との間にたって藤村義朗や北村孝治郎ら二つの和平工作に関わり、懸命に日本を断末魔から救い出そうとしていた。

だが、ハックが執念を燃やした、開戦以来三年有余にわたる、誠実な終戦への必死の努力も報われることはなかった。

これは、広島と長崎に原子爆弾が投下される直前の出来事だった。

終章

ハックの遺言

スイス亡命中にハックが過ごしたホテル・ザ・ドルダーグランド

ホテル・ザ・ドルダーグランドの老人

チューリッヒ湖を眼下に見下ろしながら、坂の多いチューリッヒの街並みを抜けると車は、秋の色に染まった木立が鬱蒼《うっそう》と茂る山道に入った。急な坂をうねうねと上る。この道の行き止まりにドクター・ハックが過ごした目指すホテルがあることを思うと、いかにもスパイが身を潜めるのにふさわしい環境だった。

やがて目の前にそのホテルが現れた。特色のある三本の尖塔が屋根に聳える、一八九九年創業の、伝統と格式を感じさせる古風な佇まいの建物である。玄関をはいり広いロビーにでると、彫刻を施した大理石の柱が何本もいかめしくたっている。ロビーには、厚い真紅の絨毯の上を長逗留の客らしい老婦人が、愛玩のプードルをつれてゆったりと歩いていた。

いかにもヨーロッパの高級ホテルにふさわしい風情だった。

あれから三十年近くたっても、わたしにはあの風景はいまでも瞼のうらに鮮やかに焼き付いている。

ドクター・ハックが、ここホテル・ザ・ドルダーグランドに滞在していたのは、スイスに亡命して間もなくの一九三九年から、終戦直後の一九四五年秋までの五年半余りの間だった。

戦前に、日本海軍などから得たハックの事業家としての財力がホテル暮らしを支えていたのであろうが、ホテルの支配人は、ヨーロッパで十指に入る超高級ホテルだといった。ハックが滞在していたのは、このホテルの中でも最高級の「サロン」とよばれる部屋だった。

その日、ホテルを訪ねたときには、ここに五十年以上もつとめ、八十歳になる元ボーイのルイギ・アンチェスキー老人が健在だった。かれは、ハックの専任でボーイ長だった。いかにも上客を相手にしてきた物腰だった。

わたしは、ロビーの片隅の椅子に腰をおろした。ドイツ取材で何度も世話になったマリオン・ズアーという横浜育ちのドイツ人女性がアンチェスキーを探し出して通訳してくれた。

まず、わたしは、ハックについての一番の思い出を語って欲しいと頼んだ。

老人の記憶の中にハックは消えてはいなかった。四十年前のハックが蘇ってきた。

「ドクター・ハックのことはよく覚えていますよ。当時、ドイツ人はありがたい客ではなかったが、彼だけは別でした。紳士の中の紳士でした。温厚でまじめで、ドクター・ハックとはよく話をしましたが、仕事のことについてはいっさい聞きませんでした。

話題は天気のことと戦争のことばかりでした」

ハックは、朝から外にでかけ、夕方にはきちんとホテルに戻る毎日だったという。ときおり、日本人がハックを訪ねてきた。そのときは、森の中に散歩にでかけてしばらく帰ってこなかった。

おそらく日本人は、間違いなく藤村義朗であり酒井直衛であったろう。かれらは人目を避けるかのように、森を歩きながらひそひそと話し合っていた。

友人のゲヴェールニッツも、ホテルを取り囲む深い森が密談に最も適していた場所だと自らも記録に残していた。

戦後、ずいぶん経ってアメリカＣＩＡ長官（一九五三年に就任）のアレン・ダレスが久しぶりにここに宿をとった。

ダレスとアンチェスキーは、戦前から旧知の間柄だった。ホテル・ザ・ドルダーグランドでダレスとハックが会っていたことも覚えていた。

ダレスは、昔を振り返りながらアンチェスキーにからかい半分に言った。

「あなたは、ハックの素性を知っていたかい？」

アンチェスキーは、ハックを普通のドイツの商人と思っていた。普段は口数も少なく、高級ホテルの宿泊客ではあったが身なりはいつも質素だった。

ダレスは、笑いながら言った。

「たぶん知らなかっただろうが、ドクター・ハックはわたしのスパイだったのだよ」

アンチェスキーは、一瞬、呆気にとられた。ダレスが諜報機関の親玉であるＣＩＡ長官だということもその時初めて知ったからだ。

アンチェスキーは、ダレスの話は最初、冗談だろうと思った。あの誰よりも素晴らしかったドクター・ハックがスパイだったなんて、にわかに信じられなかった。

アンチェスキー老にとって五十年余りのボーイ生活の中で、ダレスのこの一言の衝撃が、最も思い出深い出来事だったと言った。

終戦にまつわる忘れがたい記憶

日本が降伏したあと、藤村義朗は一時放心状態となった。

ハックも同じように脱力感に苛まれた。

だが、藤村には、海軍武官補としてまだやらねばならぬ仕事が残されていた。ダレスとの秘密の厳守に使用した九一式海軍暗号機の処分をしなければならなかった。本国からは武官室で隠し持っていたダイナマイトでの爆破命令がきていた。

だが、ベルンの市内で爆破作業を行うわけにはいかない。そこで藤村は暗号機の処分を考えた。

「公使館の中でダイナマイトでやったら大変でしょう。そこで大事なところだけ分解して、それを鞄にいれてトゥーン湖に沈めにいったんです。インターラーケンの近くです。水深四百二十メートルのスイスでは一番深い湖です。事前に調べておきました」

日をおかずして八月十五日、藤村と津山は、人目を避けてベルンから車で暗号機をトゥーン湖へ運んだ。湖では、小さなボートを借りるとはるか沖合にでて、周囲を憚りながら鞄を静かに水面に下ろした。澄みきった波静かな湖水に暗号機を葬った。鞄は、ゆっくりと輪を描きながら深く湖底に沈んでいった。

その様子を見届けて、藤村は、やっと長い戦争が終わったことを魂《たましい》の底から実感した。湖の向こうには雪を戴いたユングフラウの山塊が屹然とそびえていた。山を見上げながら、藤村には空しさがこみあげて、ひとりでに頰に冷たいものが伝ってきた。東京との秘密通信に使われた九一式海軍暗号機の電文も、すべてがアメリカに解読されていたことが戦後にわかっている。わたしが藤村に会ったとき、かれはまだ暗号が解読されていないことを信じ切っていた。

藤村には、スイスでもう一つ、終戦にまつわる忘れがたい事件の記憶があった。スイスの日本公使館が連合国から供託されていた莫大な資金の隠匿問題である。

捕虜の食糧や嗜好品など、国際条約の捕虜収容規定で抑留費用として連合国から供託された外貨四千五百万ほどのスイスフランの大金が大使館の横浜正金銀行スイス支店の銀行口座に残っていた。

さて、この供託金をどうするか。終戦直前の公使館では、加瀬公使の召集で岡本陸軍武官、藤村海軍武官補によって鳩首会議がひらかれた。

そこで、とりあえず連合国からの供託金を山分けして外務省が一千万スイスフラン、陸軍が一千万、海軍が五百万を隠すことに決まった。

藤村は、海軍の五百万スイスフランをもってその隠し場所をさがした。

そしてサンモリッツの北、ダヴォス近郊の小さな村に住むスイス人の知り合いに頼んで、荷物を預けた。百万フランずつを包装し油紙につつんだ札束を、五つの木箱につめて中身を知らせずに村人に保管を頼んだのである。

ところが、しばらくたってドイツ降伏後のスイスで、中立国の銀行に預けられたドイツが保有する連合国の捕虜供託金の押収が始まった。加瀬大使は、自分たちの不正が暴かれることを恐れた。そこで再び供託金を返すように武官たちに要請したのだ。

「もうはっきり言いますよ。加瀬さんは怖くなって、今度は連合軍に差し出そうということになったんで、わたしは猛反発したんです。海軍がもっている五百万フランは絶対に連合軍に渡さない。国際赤十字に皇后陛下の名前で寄付するんだ、と強硬に突っぱねたのです」と、藤村はお金が惜しいのではないと断って言った。

会議で藤村が主張したのは、戦後の日本は、医療費や食糧費が困窮するに決まっている、そこで赤十字に寄付した金で、日本の窮状を救ってもらおう、という案だったという。

だが、結局は加瀬公使の提案どおり供託金の四千五百万スイスフランは連合国に差し出した。

藤村があえてこの話題を口にしたのは、ハックが加瀬公使の資質を酷評したように、藤村・ダレス工作が外務省ルートに移ってからは、自分たちの活動が頓挫してしまったことへの、口惜しさを語りたかったのだろう。

「あの時スイスには、平時の外交官しかいませんでした」とも付け加えた。

しかし、加瀬公使も終戦時、必死の和平への努力をしていたのは事実である。加瀬の東京に宛てた戦争終結を訴える真摯な努力の証拠は、今日、全て暗号解読がなされて「マジック」情報として米国国立公文書館に残されている（『日本の暗号を解読せよ――日米暗号戦史』）。

二人の間には、和平工作をめぐる根深い感情的対立があったという。

藤村中佐が、ハックと最後に会ったのは、一九四六年二月のことだった。

その間、敗戦直後の藤村は、虚脱感に苛まれて死に場所を探してスイスの山中をさまよい歩いた。ピストルと青酸カリに、イギリスの歴史家、アーノルド・J・トインビーの『歴史の研究』など二冊の本を携えて死所を求める旅にでた。岡本清福公使館付陸軍武官も、終戦時の八月十五日夕方、チューリッヒの自宅でピストルをもって自決していた。遺書には書き残されていなかったが、和平工作の失敗が岡本を死に追いやったことは疑いのないことだった。行年五十一歳だった。

藤村は、スイスとイタリア国境のベルニーナの小さな駅、ベルニーナ・スオットに着いて駅前の郵便局の二階にあった安宿に滞在した。

藤村は毎日、裏の岩山に登っては、本を読んでは物思いにふけっていた。

トインビーは、本の中で述べていた。

〝古代から現代にいたるまで多くの文明の歴史を滅ぼしてきたのは軍国主義である。戦争の技術は、一切の平和的な技術を犠牲にして進歩する〟

戦争とは何か、人間とは何か、なぜ人は殺し合うのか、複雑な思いが脳裏を去来した。そのうち、なぜかぼんやりと生きようという気持ちが湧いてきた。

山から村に下りる途中に牛小屋があった。中に入ってみると数頭の大きな乳牛が干し草をはんでいた。近くにバケツがおいてあった。藤村は、自分の手で乳を搾ってみようと悪戯《いたずら》ごころが浮かんできた。牛はおとなしく寄ってきた。

牛の乳首を指でつまんで押さえると乳が勢いよくバケツに飛び散った。やがてバケツが牛乳で満たされるにつれ、自然と生への意欲が蘇ってきたのである。藤村は、しばらく村に留まって村人からバターやチーズの作り方などを教わりながら日々を過ごした。

やがてベルンに戻ると町の時計工場にも通って時計の製造法も学んでみた。帰国したあとの身の振り方を考える余裕がでてきたのである。

そんなある日、藤村にも帰国命令が飛び込んできた。イタリアのナポリから日本へ帰還船がでるという知らせだった。

藤村が、ナポリへ向かってスイスを出発する二、三日前のことだった。

ドクター・ハックが突然、ベルンの藤村のアパートを訪ねてきた。

久しぶりの再会だった。

二人には、敗戦以来、あまりにも多くのことがありすぎた。

ハックもすでに豪華なホテル、ザ・ドルダーグランドを引き払い、チューリッヒのアパートで地味な暮らしをつづけていた。

亡命者でスパイだったハックは、母国ドイツのナチス秘密警察の残党の目に怯えなければならなかった。

藤村に別れを告げにきたハックは、藤村に小さな箱をにぎらせた。餞別の品物だった。箱を開けると中には、菊の花をかたどった18Kのカフスボタンが入っていた。菊は、日本の国花であり、十六花弁は皇室の紋章である。いかにも日本人を知り尽くしたハックの心づかいだった。

「藤村さん、あなたは、日本に帰ったら食えなくなるよ」

と、ハックは、さらに身に着けていたダイヤのペンダントを一個そえようとした。

藤村はそれだけは固く辞退した。

ハックにとっても、何か貴重な品であるように思えたからだ。

これが、太平洋戦争の果ての、日本とアメリカの戦争を終わらせようと死力を尽くした男たちの、はるか欧州でくりひろげた熱い友情とドラマの終幕だった。

藤村は、ナポリで酒井直衛たちと故国への帰還船で再会した。スペイン船籍のフルスウルトラ号という三千トン余りの小さな貨客船だった。戦乱をくぐり抜けてきた一行は、帰国の喜びよりも、失った過去の戦争の苦しみのほうが大きかった。

フルスウルトラ号は、一九四六年三月に無事、神奈川の浦賀港に入港した。

藤村義朗は六年ぶり、酒井直衛は三十年ぶりの故国だった。長い航海だったが、こんどは地中海も太平洋も、平和の海に戻って波静かだった。

「私が死んでも、墓はいらない」

一九四六年（昭和二十一年）、晩春の陽光うららかな日のことだった。

帰国した藤村義朗は、東京・目黒区富士見台の白宅に米内光政を訪問した。終戦の大任を果たした米内は、終戦直後の幣原内閣まで最後の海軍大臣をつとめたのち、前年十二月に公職を退いていた。

すでに不治の病におかされて、やつれた面持ちに往時の勢いはなかった。だが、藤村の訪問を気持ちよく受け入れて着流しで対座した。そして藤村をねぎらって言った。藤村は米内の言葉をこう書き留めている。

> 在欧海軍首脳部の和平準備や君達のダレス機関に対する和平折衝を成功に導きえなかったのは、いろいろの事情はあったが、一に米内の責任だ、申し訳ない。
>
> （「痛恨！　ダレス第一電」）

言葉は、ポツリポツリと途切れがちだった。

終戦に精魂を使いはたした米内光政が、その生涯を閉じたのは、藤村が訪れた二年後、一九四八年（昭和二十三年）四月、六十八歳だった。

チューリッヒで晩年を過ごしたドクター・ハックの健康もすぐれなかった。長年の持病の高血圧に苦しんでいた。さらに日本海軍の協力者として知られていたハックは、スパイだった過去の幻影に脅かされた。恐怖の日々をすごすようになったのである。次第に他人を信用できなくなり、ハックは精神を病んでいった。

ハックの心の中では、戦後も戦争が終わることがなかった。それでも夢枕に、懐かしい日本の風景がふと現れて心を癒すことがあった。

京都、奈良、福岡、習志野と、若き日の思い出が忘却の淵から浮かびあがっていた。ハックの記憶の中には、かすかに日本での往時の出来事が生きつづけていたのだろう。

ドクター・ハックの最期を看取った甥のレイナルド・ハック医師は、枕辺でハックの日本への思慕の情が募るのを聞いている。

「叔父は亡くなる前の数週間、病床につきそう私に自分の人生や生きてきた時代をふりかえって話してくれました。

自分の人生は、たいへんおもしろかったこと、若いころ、多くの友人にめぐまれたこと、そして日本にいたころが一番よかったと、繰り返し語ってくれました」

終戦の和平工作への功績を多としたアメリカ政府は、アレン・ダレスの計らいでナチスから国籍を剝奪されていたハックにアメリカ国籍を与える旨を伝えてきた。ゲヴェールニッツがダレスを動かしたのだろう。

しかし、ハックは、スイスに住みつづけることを願って申し出を断った。

甥のレイナルド医師が、ハックをたずねたのは、一九四八年の暮れだった。

「私が、叔父に会ったのは、スイスのチューリッヒでした。そのころ叔父はもうそんなに健康ではありませんでした。仕事上の野望は、持っていませんでした」

それでもハックは、スイスに残してあった酒井直衛の家族の生活の面倒を最後まで見ている。

さらに、朝日新聞の移動特派員だった笠信太郎に酒井が戦争中に立て替えたお金を、酒井が帰国後に笠から日本円で受け取れるような細やかな心づかいがしてあった。

「わたしは、帰国してこの事実を知って感涙を禁じえませんでした」

と、酒井直衛は語った。

一方の藤村義朗が、ハックにかれが大好きだった京都への永住を勧める手紙を書いたのは、一九四九年（昭和二十四年）、三月のことだった。

藤村が帰国して三年目。ようやく自分の生活も落ちついて、ハックがいちばん気にいっていた京都の地へ、かれを迎える準備を整えた矢先だった。

しかし、ハックは、藤村の手紙がスイスに届く三日前に世を去っていた。六十二歳だった。

その年の日本映画界には、スターダムの頂点を極める二十九歳の女優、原節子がいた。

ハックが、京都で、原節子とアーノルド・ファンク監督との出会いのきっかけを作ってから十三年の歳月が経っていた。

昭和二十四年（一九四九年）は、原節子が戦後の人間模様を次々と体現した一連の作品、『お嬢さん乾杯』（木下惠介監督）、『青い山脈』（今井正監督）、つづいて、小津安二郎監督の映画に初めて出演して、『晩春』で大女優の名声を揺るぎないものにした年だった。

不朽の名作、『東京物語』（小津安二郎監督）が大ヒットする四年前のことである。

フライブルクにあるハックの墓

ドクター・ハックの亡骸《なきがら》は、故郷のフライブルクの中央墓地の片隅に葬られた。

「私が死んでも、墓はいらない。名前もいらない。流浪の旅人となって消え去るだけだ。

それが私にはいちばんふさわしい」

このハックの遺言にしたがって、ハックの墓には名前は刻まれていない。

ハックの姪のウルズラ・ピルケ夫人の管理に委ねられているという墓は、今も無名のままである。わたしが訪れたときには、墓碑に〝Lüke家〟の文字が刻まれていたがその理由はわからない。

戦後、ドイツにあっては、ハックの名前も足跡もその遺言どおりにまったく埋もれて消えてしまっていた。

その人生を最初に掘り起こしたのは、ハックの母校のフライブルク大学で現代日独外交史を研究する歴史学者のベルント・マーチン教授だった。

一九六九年、在日ドイツ大使館の招待で初めて日本を訪れたとき、たまたま酒井直衛に出会ったのがきっかけだった。このとき、酒井の話からハックというドイツ人の数奇な生涯を聞いてたいへんに驚いた。

「私とハックとの出会いは、それはまるで探偵小説を地でいくようなものでした」

と、マーチン教授はわたしに語ってくれた。


これまでも引用してきたが、ハックのフライブルク時代以来の親友であるゲーロー・フォン・ゲヴェールニッツが、ハックを追悼して戦後二十年目に書いた手記、『原爆は本当に必要だったのか——スイスにおける米国、ドイツ、日本の諜報員たちの秘密接触　広島の三か月前』の最終章が、ハックの人生を的確に語っている。

ふたりは骨身を削って日本の終戦工作にあたった。


かつては国家のさまざまな分野に大きな発言力を持っていた日本海軍は、指導者層の決断力不足により、米国政府と直接的につながる伝達経路をつくる、おそらく最後のチャンスを失った。この経路が確立されていれば、早期終戦への道を開くことになっていたかもしれない。

しかし、一九四五年七月に、日本政府は戦争終結に向けてロシア政府に要請し、モスクワを頼みとした。

日本が和平調停をあてにした当のロシアが、その三週間後の一九四五年八月八日に対日宣戦布告し、満州で日本を攻撃したとき、日本の責任ある立場の指導者たちがどれほど政治的現実を見誤っていたか、完全に明らかになった。

その二日前の八月六日には、広島に原子爆弾が投下されている。

戦後公表された諸々の文書に加えてこの手記（註・藤村義朗の「痛恨！　ダレス第一電」）を読み、ドクター・ハックが真剣に自身の活動に取り組んでいたこと、私を間違った方向に導くことがなかったこと、日本の真の友人として、彼の第一の目的は日本を戦争から救い出すことにあったことを知ることができ、私は満足だった。これはすべて、日本で原子爆弾が炸裂する以前の話である。

日本を愛したスパイ、ドクター・ハック。

かれが、この国の破滅を身を捨てて守ろうとした日本は、その後、奇跡的な経済発展をとげた。そして戦後七十年を迎えた今、ふたたび戦争への道を一歩踏みだして、歴史の岐路にたとうとしている。

あとがき

歴史を顧みるときの醍醐味の一つは、過去を俯瞰できる立場に身を置いて考えることができることだろう。かつてテレビの歴史番組という分野で仕事を続けてきた自分は、現代史に足を踏み入れた昭和五十年代からは、昭和史の貴重な生き証人に出会ったとき、その証言を相手の了解を得たうえで録音テープに収めて保存するようにしてきた。関連して蒐集した一次資料も同じである。

手元に残る録音は、歳月が経つにつれ逆に時代の息遣いがリアルに伝わってくるようになった。放送番組には秒単位の時間枠の制約があり、伝える情報量はとうてい本や新聞の活字にはかなわない。集めた情報をはたして正しく取捨選択できたのか、未練を残しつつ捨てることは日常茶飯事だった。

時が過ぎ去るにつれ資料や証言を再整理しなければという思いを抱くのは、この仕事をやってきた者の宿命だろう。本書の執筆の動機もその一つである。

以前、私は「昭和」という時代の淵源を追った『ドキュメント昭和――世界への登場』という大型テレビ番組の制作に携わったことがあった。一九八六年（昭和六十一年）に放送を開始した九回シリーズの番組で、私はそこで「満州国」と「ナチスドイツ」に関わる二つのテーマを担当した。

テレビの放映と同時に番組の内容に即した取材記も執筆したが、私は日本とナチスドイツの接近を検証する中で、ひとりの気になる人物に遭遇した。それが本書の主人公であるドクター・ハックことフリードリッヒ・ハックである。取材当時は、テーマが拡散したために、ハックはあくまで歴史の脇役であり、真の人物像に迫ることなく表面的で消化不良に終った。

あれから三十年近く経ち、はたしてハックが日独交流の歴史の中で果たした役割に対する扱いは、あれでよかったのかという思いが募った。次第に魅力的な人物となって甦ってきたのである。当時、取材に応じてくれた一次証言者たちの全てが鬼籍に入った今、歴史の節目に立って日独接近と離反の重要な鍵をにぎったドクター・ハックを直接に語れる人はいない。彼らが生きた第二次世界大戦の前夜や戦争中の日本の進路を思うと、国策をどこでどう間違えたのか、そこに何があったのか、日本が破滅の淵に至った歴史を俯瞰する中でハックの果たした役割は、決して小さくないと思えてきたのである。終生、日本に魅せられ日本を敬愛した数奇な運命のこのドイツ人は、終戦間際、亡命先のスイスで日本を戦争から救おうと必死だった。

幸い、手元には取材ノートや蒐集した一次資料の全てを保存しており、何よりも取材当時の証言者の生の声が録音テープに残っているのが励みとなった。録音には窓辺から聞こえてくる小鳥の声やお茶を注ぎ足す音までも残され、歳月の隔たりは感じられない。

むしろ自分の記憶の風化に伴って証言が輝きを増してくるようだった。

ドイツをはじめイギリス、アメリカで蒐集した一次資料も、作家や研究者など興味ある人からの要望があれば提供してきたが、それぞれに切り口や関心が異なり、ハックの生涯にはまだ意外と知られていない事実が埋もれていたのも今回の新しい発見だった。

戦後七十年を迎えて、戦争を経験した世代が絶えていく今日、この国は大きな歴史の曲がり角にきている。明治維新から同じく七十年を経た一九三八年（昭和十三年）当時の日本は、日中戦争の激動の渦中にあった。政治、軍事の指導者たちの中には第一次世界大戦という近代総力戦の実相を知る経験者は誰もおらず、威勢よく声高な戦争賛美の声が国家や国民とそれを煽る新聞・ラジオに満ちていた。ハックが三国同盟締結に向かおうとする日本に警鐘を鳴らし、米英との戦争を予言して反対した二年前である。

埋もれていたひとりの男の生涯をたどることで、あらためてごまめの歯ぎしりにも似た歴史への自分の拙い思いを綴ろうと思い立った。


本書の刊行までには多くの方々のお世話になった。あらためてお礼を申し上げたい。

昭和の大スター原節子誕生のきっかけとなった京都太秦のJ・O映画の撮影所跡地の探索には、京都の生まれ育ちで土地に明るい、名古屋の高級陶磁器の老舗、ノリタケ元会長の岩崎隆さんが、一日をかけて案内して下さった。嵐山電車で四条大宮から蚕《かいこ》ノ社《やしろ》までの裏町の車窓に流れる町屋の風景は、ファンク監督一行の古都への感慨を想起するのにおおいに役立った。そして原節子と同世代で『武士《サムライ》の娘』の編集助手だった岸富美子さんの抜群の記憶力は、当時の日本映画界の歴史と背景を教えてもらうに十分だった。

以前に訪れたドイツやスイス取材で、ハックの甥レイナルド医師やファンク夫人、ホテルボーイのアンチェスキーさんを探し出して貴重な資料や証言を世にだすことを手伝ってくれたマリオン・ズアーさんには厚くお礼を申し上げる次第である。ファンク夫人とは、その後しばらく交流が続いたが数年後、ご子息のハンスさんから訃報が届き、フランクフルト取材の唯一の淋しい思い出となった。

本書の執筆にあたってはご多忙の中に推薦文を寄せて下さった保阪正康さん、校閲者、装幀の間村俊一さん、何よりも三年近くを誠実に奔走し、刊行を支えてくれた編集部の金澤智之さんに厚くお礼を申し上げる次第である。

二〇一五年一月

中田整一

主要参考文献・資料

書籍

『映画スター自叙伝集　このままの生き方で』丸ノ内書房編集部編、丸ノ内書房、一九四八
『最後の帝国海軍』豊田副武述、柳澤健編、世界の日本社、一九五〇
『潜艦U-511号の運命――秘録 日独伊協同作戦』野村直邦、読売新聞社、一九五六
『現代史資料1　ゾルゲ事件（一）』みすず書房、一九六二
『ウエスターン・トレーディング株式会社小史　二十年のあゆみ』非売品、一九六七
『静かなる降伏　サンライズ作戦／大戦終結を演出す』アレン・ダレス／G・ゲヴェールニッツ／志摩隆訳、早川書房、一九六七
『ナチズム――ドイツ保守主義の一系譜』村瀬興雄、中公新書、一九六八
『アドルフ・ヒトラー』ルイス・スナイダー／永井淳訳、角川文庫、一九七〇
『米内光政　山本五十六が最も尊敬した一軍人の生涯』実松譲、光人社、一九七一
『ドキュメント現代史3　ナチス』嬉野満洲雄・赤羽龍夫編、平凡社、一九七三
『完訳 わが闘争（上・下）』アドルフ・ヒトラー／平野一郎・将積茂訳、角川文庫、一九七三
『大東亜戦争秘史――失われた和平工作』保科善四郎、原書房、一九七五
『有末機関長の手記――終戦秘史』有末精三、芙蓉書房出版、一九七六
『海軍大将米内光政覚書』高木惣吉写、実松譲編、光人社、一九七八
『高木海軍少将覚え書』高木惣吉、毎日新聞社、一九七九
『「ゾルゲ」世界を変えた男――ソ連で初公開された36年目の新事実』セルゲイ・ゴリャコフ、ウラジーミル・パニゾフスキー／寺谷弘壬監訳、パシフィカ、一九八〇

『赤十字福岡九十年史』日本赤十字社福岡県支部編（日本赤十字社福岡県支部、一九八〇）
『昭和史の天皇20』読売新聞社、一九八一
『戦後秘史1　日本崩壊』大森実、講談社文庫、一九八一
『佐藤尚武の面目』栗原健、原書房、一九八一
『ドキュメント昭和4　トーキーは世界をめざす』NHK〝ドキュメント昭和〟取材班編、角川書店、一九八六
『ドキュメント昭和9　ヒトラーのシグナル』NHK〝ドキュメント昭和〟取材班編、角川書店、一九八七
『スターリン時代――元ソヴィエト諜報機関長の記録』ウォルター・クリヴィツキー／根岸隆夫訳、みすず書房、一九八七
『日本の暗号を解読せよ――日米暗号戦史』ロナルド・ルウィン／白須英子訳、草思社、一九八八
『ヒトラーの外交官――リッベントロップは、なぜ悪魔に仕えたか』ジョン・ワイツ／久保田誠一訳、サイマル出版会、一九九五
『米国諜報文書ウルトラ in the パシフィック』ジョン・ウィントン／左近允尚敏訳、光人社、一九九五
『太平洋戦争日本の敗因6　外交なき戦争の終末』NHK取材班編、角川文庫、一九九五
『川喜多かしこ　映画ひとすじに』川喜多かしこ、日本図書センター、一九九七
『ナチズム極東戦略――日独防共協定を巡る諜報戦』田嶋信雄、講談社選書メチエ、一九九七
『スイス発緊急暗号電――笠信太郎と男たちの終戦工作』坂田卓雄、西日本新聞社、一九九八
『ドイツ兵士の見たニッポン――習志野俘虜収容所1915〜1920』習志野市教育委員会編、丸善ブックス、二〇〇一
『原節子――伝説の女優』千葉伸夫、平凡社ライブラリー、二〇〇一
『ゾルゲの見た日本』みすず書房編集部編、みすず書房　二〇〇三
『ゾルゲ事件　獄中手記』リヒアルト・ゾルゲ、岩波現代文庫、二〇〇三
『幻の終戦工作――ピース・フィラーズ　1945夏』竹内修司、文春新書、二〇〇五

『満州国皇帝の秘録――ラストエンペラーと「厳秘会見録」の謎』中田整一、幻戯書房、二〇〇五
『ドキュメント ヒトラー暗殺計画』グイド・クノップ／高木玲訳、原書房、二〇〇八
『アレン・ダレス――原爆・天皇制・終戦をめぐる暗闘』有馬哲夫、講談社、二〇〇九
『満鉄を知るための十二章――歴史と組織・活動』天野博之、吉川弘文館、二〇〇九
『李香蘭と原節子』四方田犬彦、岩波現代文庫、二〇一一
『はばたく映画人生――満映・東影・日本映画』岸富美子インタビュー、せらび書房、二〇一三
『鈬子――世界を魅了した「武士の娘」の生涯』内田義雄、講談社、二〇一三
『原節子 わたしを語る』貴田庄、朝日文庫、二〇一三

『日本陸海軍の制度・組織・人事』日本近代史料研究会編、東京大学出版会、一九七一
『日本外交史辞典』外務省外交史料館日本外交史辞典編纂委員会編、山川出版社、一九九二

手記・書簡・論文・公文書など

「フリードリッヒ・ハック遺稿及び覚書」（レイナルド・ハック氏所蔵）
「陸軍省欧受大日記　大正四年～大正八年」（防衛研究所戦史研究センター史料室）
「日独戦争の際　俘虜情報局設置並独国俘虜関係雑纂」（外務省外交史料館）
「在本邦独国特命全権大使『フォン・ディレクセン』他五名叙勲ノ件」（国立公文書館）
「アレン・ダレス文書」（プリンストン大学図書館）
「OSS　戦略情報局文書」
「第三帝国における独日関係」ベルント・マーチン
「太平洋戦争と枢軸国の戦略―ドイツを中心に」（防衛省防衛研究所編、二〇一一）
「藤村義朗中佐の和平工作電はなぜ無視されたのか」小島秀雄（「水交」誌二七二号、一九七六）

「終戦前夜秘話」津山重美（「水交」誌五三一号、一九九九
「GHQ歴史課　陳述書」（防衛研究所図書館・国会図書館憲政資料室所蔵）
「ナチ党対外組織部の記録文書」（成城大学田嶋信雄氏の蒐集文書）

雑誌・新聞など

『歴史読本ワールド　ヒトラーの戦争』（新人物往来社、一九八八年）
「痛恨！　ダレス第一電——無条件降伏直前スイスを舞台に取引された和平工作の全貌」藤村義朗、「文藝春秋」一九五一年五月号
「日本を愛したスパイ——終戦和平工作に奔走した二人の外国人の軌跡」辺見じゅん、「文藝春秋」一九九二年五月号
福岡日日新聞、東京日日新聞、朝日新聞

テレビ映像など

『ドキュメント昭和——世界への登場　第九集　ヒトラーのシグナル』NHK（一九八七年三月放送）
『木曜スペシャル　太平洋戦争秘話 欧州から愛をこめて』日本テレビ（一九七五年十二月放送）
『ドイツによる青島建設　日独戦争　俘虜収容所と俘虜の活動及び俘虜研究等に関する年表』（インターネット）

関連年表

西暦（年）	元号（年）	ドクター・ハックをめぐる動き	関連事項
1887	明治20	**10月7日** ドイツ・フライブルクにて出生	
1897	明治30	**9月14日** 地元のギムナジウム（九年制教育機関）入学	
1906	明治39	**7月10日** ギムナジウム卒業と同時に大学入学資格試験に合格、ジュネーブ、ミュンヘン、ベルリンの各大学で国家経済学を学ぶ	
1910	明治43	フライブルク大学で経済学の博士号を取得。翌11年春から12年の夏にかけてハンブルク大学植民地研究所で研究に従事、経済学講師を務める	
1912	明治45	南満州鉄道株式会社の東亜経済調査局（東京）の一員となり、秋からドイツ人顧問ゲハイムラー・ヴィーネフエルトの秘書を務める	
1914	大正3	**9月** 文官の予備役中尉として青島要塞司令官ワルデック海軍総督の秘書官兼通訳官として従軍 **11月** 福岡俘虜収容所に送られる	**7月28日** 第一次世界大戦勃発 **8月23日** 日本、ドイツに宣戦布告 **11月7日** ドイツ軍が日本軍に降参
1915	大正4	**11月** 捕虜将校5人の脱走事件が起き、幇助犯として小倉の陸軍第12師団に拘引	

1916	大正5	1月　軍法会議で懲役一年六カ月の判決	
1918	大正7	3月　千葉県習志野俘虜収容所に移送	11月3日　第一次世界大戦終結
1919	大正8	12月22日　習志野俘虜収容所から釈放	6月28日　ベルサイユ条約で講和が成立
1920	大正9	1月　ドイツ政府から第一級鉄十字勲章を授与。三菱製紙と労働契約を結ぶ	
1921	大正10	武器のエージェントとしてベルリンの日本大使館に出入りする。海軍武官事務所勤務の酒井直衛と知り合う	
1923	大正12	シンチンガー&ハック商会を設立	
1930	昭和5		4月22日　ロンドン軍縮条約締結
1931	昭和6		9月18日　満州事変勃発
1932	昭和7		3月1日　満州国建国
1933	昭和8	6月　酒井とともに「日独協会」理事に就任	1月30日　ヒトラー、ドイツ首相に就任。ナチス政権誕生 3月27日　日本、国際連盟脱退を通告 9月　赤軍第四部から派遣されたリヒアルト・ゾルゲ、来日。諜報機関の組織化に着手
1935	昭和10	1月19日　山本五十六海軍中将、ドイツ外交顧問ヨアヒム・フォン・リッベントロップの招待によりベルリンを訪問、ハックが仲介	

年	和暦	事項	
		7月3日　東和商事・川喜多長政とアーノルド・ファンク監督との間で日独合作の映画制作の取り決め 11月　日独間の同盟に関して、ドイツ側より「反共産主義」を謳うラウマー案が提案される 12月11日　英紙デイリー・ワーカーが日独秘密交渉を暴露	
1936	昭和11	2月8日　日独合作映画『武士《サムライ》の娘』（日本版『新しき土』）の撮影準備のために、ファンク監督、ハックら一行が来日 2月9日　ファンク監督、京都J・Oスタジオで『河内山宗俊』（山中貞雄監督）に出演していた原節子に出会う。その後、『武士の娘』の主演女優に抜擢 5月　大島浩陸軍武官の依頼で満州国皇帝溥儀と会見 7月　『武士の娘』、京都のJ・Oスタジオでクランクイン 8月8日　ソビエト諜報機関長ウォルター・クリヴィツキー、大島陸軍武官と参謀本部間の電報を入手 11月25日　リッベントロップ事務所で日独防共協定締結	2月26日　二・二六事件起こる
1937	昭和12	1月　『武士の娘』完成 2月4日　『新しき土』、日本国内封切 2月19日　日独防共協定締結の功労者として、日本政府から叙勲 3月4日　ハックへの日本政府の叙勲にあたって、ヒトラーが叙勲許可を与える 3月10日　ナチス外国組織部東京支部から本部宛てにハックに関する密告書送付	

1939	昭和14	7月　秘密国家警察ゲシュタポによって逮捕。その後酒井らの救出活動によって釈放 12月　スイスに亡命 ハックからベルリン日本海軍武官府宛てに戦況報告書（44年10月21日まで全28通）が送られる	8月23日　独ソ不可侵条約調印 9月1日　ドイツ、ポーランド侵攻。第二次世界大戦勃発
1940	昭和15	7月　藤村義朗海軍武官補、ベルリンに赴任、年末に酒井の紹介でハックと出会う	9月27日　ベルリンで日独伊三国同盟調印
1941	昭和16	12月　ハック、ベルリン海軍武官府に「日米開戦不可」の意見と根拠となる情報を伝える	4月13日　日ソ中立条約締結 6月22日　独ソ戦勃発 9月6日　御前会議、帝国国策遂行要領を決定 12月8日　真珠湾攻撃、太平洋戦争勃発
1943	昭和18	早春、チューリッヒで大学の指導教官ゲヴェールニッツの息子ゲーロー（米戦略情報局対独部門長アレン・ダレス秘書）と偶然に再会。これを機にダレスとの親交を得る	11月22日　米英中、カイロ会談
1944	昭和19		7月20日　ヒトラー暗殺未遂事件 8月1日　日本海軍の金塊輸送作戦
1945	昭和20		2月4日　米英ソ、ヤルタ会談

		3月 藤村義朗、日米和平交渉の任を担ってスイス赴任 **4月23日** ベルリン日本海軍武官事務所、ダレス機関を通じての日米和平交渉開始。藤村、ダレスと会談 **7月** ハック、岡本清福陸軍武官と民間人によるスイスでの和平工作（ペル・ヤコブソン工作）に関わる	**4月5日** ソ連、日ソ中立条約不延長を通告 **4月30日** ヒトラー、ベルリンの地下壕で自殺 **5月8日** ドイツ、無条件降伏 **7月17日** 米英ソ、ポツダム会談（26日にポツダム宣言発表） **8月6日** 広島へ原爆投下 **8月9日** 長崎へ原爆投下。ソ連参戦 **8月14日** 御前会議、ポツダム宣言受諾を決定
1949	**昭和24**	**3月** ハック、スイスにて62歳で死去	

資料提供機関

国立国会図書館、防衛研究所戦史研究センター史料室、
国立公文書館アジア歴史資料センター、外務省外交史料館、
プリンストン大学図書館、イギリス国立公文書館、
（旧西ドイツ）外務省外交史料館、川喜多記念映画文化財団、
共同通信社、水交会

お世話になった方々（敬称略）

・資料提供、取材協力者

岩崎隆　井田憲之　岸富美子　ベルント・マーチン
田嶋信雄　田中英志　三宅正樹　松崎昭一　藤栄　石松博史

・談話提供者（故人）

藤村義朗　酒井直衛　エリザベート・ステファネック
保科善四郎　内田藤雄　レイナルド・ハック
ルイギ・アンチェスキー　佐伯清　川喜多かしこ
フォン・ラウマー夫人

・海外取材時の協力・資料翻訳

マリオン・ズアー　土井あや子　野口修司　西崎恭子
小山芙美子　辻絵里　内田義雄

中田整一（なかた せいいち）
ノンフィクション作家。一九四一年生まれ。熊本県出身。六六年NHK入局。プロデューサーとして、現代史を中心としたドキュメンタリー制作に携わる。文化庁芸術祭優秀作品賞、日本新聞協会賞、放送文化基金個人賞など受賞多数。スペシャル番組部長などを経て退局後、大正大学教授を経て、執筆に専念。二〇〇五年に刊行した『満州国皇帝の秘録――ラストエンペラーと「厳秘会見録」の謎』（幻戯書房）で第六十回毎日出版文化賞、第三十五回吉田茂賞を受賞、一〇年『トレイシー――日本兵捕虜秘密尋問所』（講談社）で第三十二回講談社ノンフィクション賞を受賞。他の著書に『盗聴 二・二六事件』（文藝春秋）、『最後の戦犯死刑囚――西村琢磨中将とある教誨師の記録』（平凡社新書）、『四月七日の桜――戦艦「大和」と伊藤整一の最期』（講談社）など、編著に『真珠湾攻撃総隊長の回想 淵田美津雄自叙伝』（講談社）がある。

ドクター・ハック――日本の運命を二度にぎった男

二〇一五年一月二十一日 初版第一刷発行

著者 中田整一
発行者 西田裕一
発行所 株式会社平凡社
〒一〇一-〇〇五一 東京都千代田区神田神保町三-二九
電話 〇三-三二三〇-六五八〇〔編集〕
〇三-三二三〇-六五七二〔営業〕
振替 〇〇一八〇-〇-二九六三九
平凡社ホームページ http://www.heibonsha.co.jp/
印刷所 星野精版印刷株式会社／株式会社東京印書館
製本所 大口製本印刷株式会社
DTP 平凡社制作

ISBN978-4-582-83680-6 C0020 NDC 分類番号 209.7
四六判（19.4cm） 総ページ 344
落丁・乱丁本のお取り替えは、小社読者サービス係まで直接お送りください（送料は小社で負担いたします）。